AF551302

Andreas Nerlich

Finessensepperl

Andreas Nerlich

„Nix G'wiss woas ma ned"

Der Münchner Finessensepperl
Leben und Tod des Joseph Huber

Eine medizinisch-historische Untersuchung

Anton H. Konrad Verlag

Titelbild: *„Finessen-Sepperl". Kolorierte Lithographie, Stadtarchiv München (DE-1992-HV-BS-A-05-58), vgl. unten Abb. S. 13*
Frontispiz: *Der Finessensepperl. Ölgemälde von Joseph Hauber um 1810 nach einem kolorierten Glasdiapositiv aus der Sammlung Karl Valentin, Original im Stadtmuseum München (IIc/41)*

Hergestellt und gedruckt mit freundlicher Unterstützung durch den

Die Deutsche Bibliothek verzeichnet diese Publikation in der Deutschen Nationalbibliografie; detaillierte bibliografische Daten sind im Internet unter https://www.dnb.de/ abrufbar.

Informationen über unser Verlagsprogramm:
https://**www.konrad-verlag.de**

ISBN 978-3-87437-629-7

Inhalt

Einführung

„Nix G'wiss woas ma ned" – dieser Spruch ist weit über die Grenzen Altbayerns hinaus bekannt. Er dient seit mehreren Generationen vor allem den Bayern als Wahlspruch, wenn diese entweder wirklich nichts Konkretes wissen – oder aber, wenn sie sich nicht festlegen wollen. Der Spruch geht zurück auf ein Alt-Münchner Original, den als „Finessensepperl" bekannten Joseph Huber, dessen Leben in bewegte Zeiten, nämlich die Epoche des Aufbruchs in die Moderne, fiel. Diese Umbruchzeit war erfüllt mit politischen und kriegerischen Ereignissen und Neuerungen, deren Wirkung bis in unsere heutige Zeit ausstrahlt. So folgte – wenngleich mit erheblicher zeitlicher Verzögerung – auch in Bayern nach der Französischen Revolution und den nachfolgenden Koalitions- oder „Napoleonischen" Kriegen ein gewaltiger gesellschaftlicher Umbau. Dieser Wandel führte schließlich dazu, dass sich in Bayern ein Übergang des bayerischen Kurfürstentums zum zunächst noch absolutistischen, dann konstitutionellen Königreich mit wachsendem Einfluss des Bürgertums auf Leben und Gesellschaft vollzog und den Eintritt in die Biedermeierzeit einläutete.

Der Finessensepperl war eines der damals stadtbekannten Originale und schon die Tatsache, dass sich sein oben genannter Wahlspruch bis in die Gegenwart erhalten hat, dokumentiert seine tiefe Verankerung in Leben und Wahrnehmung der damaligen Münchner Stadtbevölkerung. Als nach außen hin einfältiger Volksnarr auftretender, vom inneren Wesen her jedoch als der „Diogenes von München" bezeichneter Mann wanderte er der Überlieferung nach unablässig im damals noch überschaubar großen München umher, stets bewaffnet mit seinem Henkelkörbchen, in dem ein irdener Topf die gesammelten Speisereste enthielt, die der Finessensepperl sich in Münchner Wirtshäusern, aber wohl auch in den Küchen privater Personen (darunter auch „Standespersonen", also Vertreter der adeligen Elite und reiche Bürger) zusammensammelte. Davon schien er seinen Lebensunterhalt zu bestreiten.

Der Finessensepperl und ein Münchner Radiweib. Nach einem Original von Josef Widmann um 1910

Noch bedeutsamer als diese offensichtliche Omnipräsenz im Stadtbild Münchens war seine eigentliche Beschäftigung, nämlich die eines geheimen Nachrichtenüberbringers, besonders eines „Postillion d'amour", der für das Liebesleben der damaligen Stadt eine anscheinend nicht unbedeutende Rolle spielte. Der leichte Zugang zu allen Häusern der Stadt und die bereits erwähnte stete Präsenz des nach außen hin Einfältigen erleichterten sein Geschäft, für das er – je nach Art des Inhalts und vermutlich auch Gefahr des Transportes – eine ansehnliche Entlohnung erhielt. Darüber hinaus scheint der Finessensepperl auch zahlreichen Streichen und Späßen nicht abhold gewesen zu sein, die oft recht derb ausfielen und einen heutigen Betrachter nicht immer zum Lachen bringen, jedoch in der damaligen Zeit offenbar durchweg als lustig und „mit Finesse" erschienen.

Über das Leben des Finessensepperl gibt es unzählige Berichte, Erwähnungen, Anekdoten und Legenden. Schon zu seinen Lebzeiten erschien 1818 ein gedrucktes Büchlein[1] in unbekannter Auflagenhöhe, das auf 78 Seiten und gegliedert in 149 Kapitel über Leben und Ereignisse des Sepperl berichtete und das – wie noch detaillierter zu betrachten ist – angeblich autobiografische[2] Teile enthalten soll. Immerhin scheint dieses eine derart weite Verbreitung gefunden zu haben, dass bald (1831)[3] schon vermerkt wird, dass das Büchlein vergriffen und nicht mehr erhältlich sei. Auch in den Jahren nach seinem Tod 1829 wird vielfach vom Finessensepperl berichtet, und dies in oft sogar noch viel umfangreicherem Ausmaß als zu seinen Lebzeiten. Ja, es gibt sogar eine regelrechte Serie von Berichten und Zusammenstellungen aus Finessensepperls Leben, die in die Jahrzehnte nach seinem Ableben fallen, so, als ob erst dann sein Wirken und seine Streiche und Späße ernsthaft wahrgenommen worden seien.[4] In diesen auf seinen Tod folgenden Jahrzehnten war die „mediale Präsenz" des Finessensepperl (die sich naturgemäß damals lediglich auf das gedruckte Wort und Bild erstrecken konnte) immer noch so groß, dass sein Andenken ungebrochen scheint, auch wenn sich dieses zunehmend auf seine Tätigkeit als Postillion d'amour und den eingangs erwähnten Sinnspruch „Nix G'wiss woas ma ned" reduzierte. Nach einer Unterbrechung während des Zweiten Weltkrieges und der unmittelbaren Nachkriegszeit vollzog sich die Wiederentdeckung des Finessensepperl erst wieder in neuerer Zeit – möglicherweise im Zuge einer geschichtlichen Rückbesinnung auf die „gute alte Zeit" des Königreichs Bayern? Dabei ist einigen der Berichte nach seinem Tode gemeinsam, dass sich immer wieder Unrichtigkeiten in die Berichterstattung einschlichen, die offensichtlich daher rührten, dass häufig ungenaue Recherchen und lediglich eine ungeprüfte Übernahme von früheren, oft legendarischen Berichten erfolgten.

Als herausragendes Beispiel für eine solche Fehlinformation ist die Erwähnung des Finessensepperl in dem Buch „G'spassige Leut" von 1977[5] zu nennen, in dem eine frühere fehlerhafte Information wiedergegeben wird, nämlich dass eine angebliche Aufbewahrung des Skelettes des Finessensepperl in der Anatomie nie stattgefunden habe. Entgegen diesen Angaben – und wie wir noch näher betrachten wollen – wurde das Skelett des Joseph Huber tatsächlich nach seinem Tode sorgfältig präpariert und in die damalige anatomische Sammlung aufgenommen, über die es dann in die pathologisch-anatomische Sammlung des Pathologischen Instituts der Münchner Universität überführt wurde und dort ein leider wenig beachtetes Dasein fristete. Es finden sich einzig einige Erwähnungen in mehreren Lehrbüchern der Jahre 1911–1936 (dort unter den Begriffen von psychiatrischen Störungen bei Mikrozephalie[6])[7], und in einer (Nach-)Untersuchung des Skeletts in den 1990er Jahren (durch den Autor dieses Buches, der damals Assistenzarzt am Pathologischen Institut der Universität war) wurde eine soweit damals technisch mögliche Analyse am Skelett des Finessensepperl vorgenommen.[8] Nachdem kürzlich dieses Skelett als Dauerleihgabe an die Siegfried-Oberndorfer-Lehrsammlung am Institut für Pathologie des früher städtischen Krankenhauses

1) Anonymus. Der aufrichtige und wohlerfahrene Finessen-Mann wie er leibt und lebt; oder: Leben, Thaten und Schicksale des Herrn Joseph Huber, Finessensepperls aus München. Zweite, vielvermehrte, gesalzene und gepfefferte Originalausgabe. Zängl'sche Schriften München, 1818.

2) So sind die ersten 18 Kapitel („Erste Abtheilung") tituliert: „Des kleinen Finessenmanns Geburt, Leben, Thaten und Schicksale – größtentheils von ihm selbst erzählt".

3) Der deutsche Horizont. Ein humoristisches Blatt für Zeit, Geist und Sitte. 1. Jg., Nro. 47, 21. Oktober 1831.

4) Hierbei muss allerdings beachtet werden, dass die Zahl an Druckerzeugnissen (Zeitungen, Broschüren und Bücher) ab etwa den 1820er Jahren deutlich zunahm, so dass allein schon aus solchen „quantitativen" Gründen eine häufigere Erwähnung möglich sein könnte.

5) König H. G'spassige Leut. Verlag Umverhau München, 1977.

6) Als Mikrozephalie wird eine anomal geringe Größe des Gehirns bezeichnet, die in historischen Berichten mit „Idiotie" und geistigem Unvermögen assoziiert wurde – eine inzwischen völlig unhaltbare Annahme, die in der heutigen Lehrmeinung nicht mehr existiert.

7) Weygandt W. Aus der Geschichte der Erforschung und Behandlung des jugendlichen Schwachsinns, in: Vogt H., Weygandt W. (Hrsg.) Handbuch der Erforschung und Fürsorge des jugendlichen Schwachsinns, Fischer Verlag Jena, 1911, S. 1–31; Glüh D. Über Mikrocephalie, in: Vogt H., Weygandt W. (Hrsg.) Zschr. Erforsch. Behandl. Jugendl. Schwachsinn 6, Fischer Verlag Jena, 1913, S. 207–223; Weygandt W. Der jugendliche Schwachsinn. Enke Verlag Stuttgart, 1936, S. 4.

8) Nerlich A., Peschel O., Parsche F. Warum war der „Finessensepperl" so klein? Münchn. Med. Wschr. 133, Heft 50, 1991, S. 12–16.

München-Schwabing übernommen werden konnte, ließ sich eine erneute, aktuelle naturwissenschaftliche Untersuchung durchführen.

Diese Entwicklung bietet Ansätze, das Leben des Joseph Huber neu zu bewerten. Diese Annahme ergibt sich auch aus der Erkenntnis, dass der „Wert" von menschlichen Überresten, seien es nur noch Knochen (und Zähne) oder ganze mumifizierte Leichname, darauf beruht, dass diese gleichsam als Bioarchive angesehen werden können, aus denen sich im günstigen Fall individuelle und ggf. biografische Daten auslesen lassen.[9] So konnten gerade in jüngster Zeit geschichtlich interessante Zusammenhänge aus Mumien und Skeletten ermittelt werden, die für durchaus überraschende Erkenntnisse sorgten.[10] Auch im hier vorliegenden Fall soll das ausgezeichnet erhaltene Skelett des Finessensepperl, das im Jahre 1829 präpariert wurde, Ausgangspunkt für eine naturwissenschaftlich basierte, jedoch auch die geschichtlich bekannten Daten einbeziehende Rekonstruktion des Lebens und Leidens der historischen Person Joseph Huber, genannt Finessensepperl, sein.

Quellenlage und Untersuchungsmöglichkeiten

Neben dem vorgenannten Skelett des Finessensepperl beruht die vorliegende biografische Betrachtung auf zahlreichen schriftlichen Dokumenten, die von dem Münchner Original berichten. Diese fallen in zwei verschiedene Kategorien, nämlich in die Aufzeichnungen in amtlichen Schriftstücken – so z. B. damalige Polizeiaufzeichnungen, sein sog. Personal-Meldebogen (ein Vorläufer des heutigen Personalmelderegisters[11]), Sterbeurkunde und Bestattungseintrag – und in die Berichte, die von und über den Finessensepperl v. a. in Zeitungen und kleinen Büchlein erzählen. Diese wiederum müssen getrennt betrachtet werden nach den noch zu seinen Lebzeiten verfassten Berichten und solchen Schriften, die erst nach seinem Ableben über ihn Bericht erstatten oder ihn zumindest erwähnen. Dementsprechend ist leicht verständlich, dass diese verschiedenen Kategorien an Aufzeichnungen als von ganz unterschiedlicher Glaubwürdigkeit im Hinblick auf Authentizität der berichteten Ereignisse und Äußerungen zu betrachten sind. Darüber hinaus fällt jedoch auf, dass schon fast regelhaft bereits die Dokumente aus seiner Lebenszeit legendarische Berichte und Erzählungen enthalten und kein Beispiel darunter ist, das als nüchterne biografische Beschreibung gelten kann. Dies ist insofern erstaunlich, als schon das zuvor genannte Büchlein über den „Finessen-Mann" von 1818[12] wohl nur scheinbar konkrete biografische Informationen liefert, obwohl dieses wie zuvor bereits dargestellt in den ersten Kapiteln angeblich vom Finessensepperl selbst aufgezeichnet wurde – zumal Art, Sprache und Aufbau dieses umfangreichen Dokuments sowie auch der anderen Reports sich für unsere heutigen Ohren vergleichsweise seltsam anhören und die oft so bezeichneten „Späße" eher wie derbe und manchmal recht rüde Anekdoten anmuten. Dennoch kann der aufmerksame Betrachter der Dokumente auch aus diesen Berichten immer wieder gewisse biografisch bedeutsame Informationen extrahieren – und diese dann letztlich mit den naturwissenschaftlichen Beobachtungen anhand der Skelett-Untersuchung abgleichen.

Zwar sind die naturwissenschaftlichen Untersuchungen auf das Skelett beschränkt, liefern aber dennoch eine ganze Reihe von Informationen. Dabei kommen vor allem vier Untersuchungsansätze zur Anwendung: eine intensive äußere Betrachtung einschließlich einer Vermessung der Skelettelemente; des Weiteren eine

9) Nerlich A. Ent-wickelt und ent-rätselt. Die Rolle von Mumien als „Bioarchive" am Beispiel der Mumie aus der Orientalischen Sammlung des Museums Kloster Banz. In: Fackler G. et al. (Hrsg.) Human remains. Wbg Darmstadt, 2022, S. 323–334.

10) Als Beispiele hierfür: Nerlich A. Prinzessin Wackerstein, Konrad Verl. Weißenhorn, 2019; Nerlich A. Baron von Jordan – Flügeladjutant des Königs, Konrad Verl. Weißenhorn, 2022; Nerlich A. Die Mumie des Königs General. Heinrich LII. Reuß-Köstritz: Lebensgeschichte eines bayerischen Generals zu Napoleons Zeiten. München, 2016. Nerlich A., Lehn C., Horn P., Bachmeier B., Hagedorn H., Szeimies U., Hölzl S., Röcker P., Fernandes R., Hamann C., Rohrbach H. Interdisziplinäre naturwissenschaftliche Untersuchungen der Gebeine der Klostergründer Adalbert und Otkar von Tegernsee. In: Sommer C. S. (Hrsg.) Die Kirche St. Quirinus in Tegernsee und ihr Stiftergrab, Volk Verl. München, 2020, S. 93–128.

11) Die Münchner Personalmeldebögen dürften etwa Mitte der 1820er Jahre als offizielle Dokumente eingeführt worden sein, möglicherweise als Folge des „Gesetzes für die Ansässigmachung und Verehelichung" in Bayern, gedruckt im Verl. Drausnick, Bamberg 1825 [freundliche Mitteilung von Herrn A. Löffelmeier, M. A., Stadtarchiv München].

12) Anonymus, 1818 (s. Anm. 1).1

Ganzkörper-CT-Untersuchung, eine Untersuchung der Stabilisotopen-Verhältnisse in verschiedenen Skelettabschnitten, von Zahnbein wie auch in einer Probe des straffen Bindegewebes der Gelenkkapsel und schließlich feingewebliche Untersuchungen an Knochen und Zahn. Insbesondere die Stabilisotopen-Daten geben Aufschluss über die Ernährungs- und Stoffwechselsituation zu unterschiedlichen Lebenszeiten. Dabei hilft die Untersuchung des Zahnbeins der Zahnwurzel des einzig erhaltenen Zahns bei der Einschätzung für die Versorgungs- und Ernährungs-Situation in Kindheit und Jugend; im Vergleich dazu geben Knochenproben aus dichtem Röhrenknochen (Oberschenkel-Kompakta) Aufschluss über die Versorgungslage in den letzten ca. 20–30 Lebensjahren, diejenigen von spongiöserem Knochen (Rippe) über etwa 10 Jahre, und die Probe eines Knochenstückchens aus der Schädelkalotte kann als ein Surrogat über mehrere Jahrzehnte gelten. Dem gegenüber sind in dem sehr dichten kollagenen Bindegewebe der Gelenkkapsel Information über die letzten wenigen Jahre gespeichert. Es lassen sich also – gleichsam zeitlich gestaffelt – Informationen über den Versorgungs-Zustand des Finessensepperl immer wieder punktuell, teils auch summarisch, über seinen ganzen Lebenszeitraum ermitteln. Zu guter Letzt nutzen wir feingewebliche Informationen wie zuvor genannt, um Daten über die generelle Stoffwechselsituation, insbesondere aber auch über das tatsächliche Lebensalter des Finessensepperl ableiten zu können.

Makroskopische und CT-Untersuchung erlauben darüber hinaus Erkenntnisse über körperliche Aktivitäten sowie eventuelle Krankheitszeichen einschließlich möglicher Verletzungen etc. Die bereits erwähnte frühere Untersuchung von vor über 30 Jahren nutzte umfangreiche Röntgenbild-Analysen aller Skelettabschnitte. Dementsprechend ist zudem der Vergleich der methodisch unterschiedlichen Untersuchungsansätze, hier besonders von Röntgenbild und CT-Analyse in einem Abstand von 30 Jahren, von weiterem – nicht nur naturwissenschaftlichem – Interesse.

Dokumente und Erwähnungen zum Finessensepperl zu seinen Lebzeiten

Nix G'wiss woas ma ned – Herkunft, Geburt und Jugendjahre

Schon die Geburt des Joseph Huber, des späteren Finessensepperl, ist ein Mysterium. Die bereits mehrfach erwähnte, von anonymer Hand verfasste Broschüre über den „Finessen-Mann" von 1818, die wie berichtet von ihm selbst niedergelegte Angaben enthalten soll, gibt in der Titelzeile als Geburtsjahr das Jahr 1775 an. Der amtliche Personalmeldebogen verzeichnet seine Geburt im Jahr 1776 (ohne weitere Tages- oder Monatsangabe[13]).[14] Betrachtet man hingegen die amtlichen Einträge der Sterbematrikel wie auch des offiziellen Bestattungs-Verzeichnisses jeweils von 1829, ist in diesen beiden Dokumenten gleichlautend ein Sterbealter von 66 Jahren amtlich niedergelegt. Demnach müsste der Finessensepperl Joseph Huber im Jahr 1762 oder 1763 (je nach dem Erreichen des 67. Lebensjahres zum Todeszeitpunkt) geboren worden sein. Die Häufigkeit des Familiennamens „Huber" (oder in früheren Zeiten auch oft „Hueber" geschrieben) macht eine Identifikation eines Taufeintrages trotz möglicher Eingrenzung des Geburtszeitraumes erheblich schwerer.

Dennoch ist es der Sache dienlich, die mutmaßlichen Selbstangaben des Joseph Huber aus dem vorgenannten Büchlein näher anzusehen, um diese anschließend kritisch bewerten zu können: Joseph Huber schreibt hier, dass sein Vater den Namen „Marx" (d. i. Marcus) getragen haben soll und Werkmeister war.[15] Seine Mutter hieß Anna. Vater Huber sei stets rechtschaffen, ehrlich und erfinderisch gewesen; dieser habe viele Handarbeiten durchgeführt, so auch die (damals noch technisch durchaus herausfordernde) Herstellung von buntem Papier, an der sich der junge Sepperl gerne beteiligt habe.

Der Sepperl sei im Sternzeichen Zwilling – somit in der Zeit zwischen Mai und Juni – in München geboren worden[16]; das genaue Geburtsjahr gibt dieser „autobiografische" Textteil nicht an, das Geburtsjahr 1775 ist wie erwähnt lediglich in der Kopfzeile des Titelblattes angegeben (s. oben). Als Kind spielte er in München im Englischen Garten[17], ging zur Schule, erlernte das Lesen und Schreiben, besuchte die Kirche (evtl. eine Klosterschule[18]). Weiterhin soll der Sepperl als Kind dick gewesen sein, sein Lieblingsbuch war „Till Eulenspiegel".

Als junger Mann soll der Sepperl schwer verliebt gewesen sein. Autobiografisch gesteht er, er wisse allerdings nicht mehr, ob er verheiratet war oder nicht. Dies kann übrigens erhellt werden durch den mehrfach aufgeführten amtlichen Personalmeldebogen, der ihn als ledig und von katholischer Religion verzeichnet. Mit 26 Jahren habe der Verlust der Eltern ihn zu

13) Stadtarchiv München, Personalmeldebogen (PMB) Buchstabe „H".

14) Hierbei muss allerdings berücksichtigt werden, dass diese PMB der Residenzstadt München (auch als „Familien-Bogen" bezeichnet) erst ab ca. 1825 geführt wurden [s. Anm. 11], somit alle in dem Bogen aufgeführten Informationen entweder nach 1825 eingetreten oder aus früherer Zeit überliefert und nachträglich festgehalten worden waren. Damit war es natürlich leicht möglich, dass bewusst oder unbewusst große Abweichungen von tatsächlichen Daten und Ereignissen in diese Meldebögen eingeführt wurden.

15) Der Eintrag in die Sterbematrikel des Finessensepperl gibt ihn allerdings als „Kutscher-Sohn" an (AEM, Matrikel Sterberegister CB288, M9057, S. 223); Gleiches gilt für den Personalmeldebogen, der ihn ebenfalls als „Kutschers-Sohn" führt; im Nachlassverzeichnis wird der Sepperl hingegen als „Sekretärssohn" bezeichnet (StA-Mü, AG München Nachlassgericht, Fasz. 27; Buchstabe „H", Nr. 55).

16) Auch der bereits erwähnte offizielle Personalmeldebogen gibt als Geburtsort „München" an (StadtArch München, PMB, Lit. H)

17) Der „Englische Garten" in München wurde auf Anordnung des Kurfürsten Karl Theodor zwischen 1789 und 1792 angelegt und am 1. April 1792 eröffnet. Zu diesem Zeitpunkt wäre der Finessensepperl – bei einem Geburtsjahr 1762/63 – schon 30 Jahre alt gewesen; sollte er erst 1775 geboren sein, wäre er immerhin 1792 auch schon 17 Jahre alt gewesen!

18) Dies ist von besonderer Bedeutung, da in späteren anekdotischen Erzählungen immer großer Wert darauf gelegt wurde, dass der Finessensepperl angeblich weder lesen noch schreiben konnte.

einer Flucht aufs Land verleitet. Er durchstreifte Ort um Ort, verdingte sich bei Bauern, kehrte allerdings zu nicht angegebener Zeit nach München zurück und begann dort, als verschwiegener Bote durch die Straßen zu streifen, von allen gern gesehen und anerkannt. Sepperl habe eine sehr einfache Lebensweise geführt unter dem Motto: „Je mehr, je lieber; wenn ich etwas davon habe." Dabei habe er jedoch sehr genügsam gelebt, brauchte keinen Schneider oder Schuster und ging keiner Mode nach. Er sei nicht heikel gewesen und in vielen Stadtküchen gut bekannt, die ihn stets gut versorgt hätten. Zudem gibt dieser Text an, dass Sepperl ein Tagebuch geführt habe.[19] Er vermied alles Aufsehen und war mit allem zufrieden, getreu dem Spruch: „Muß schon gut sein, wie's halt ist in der kugelrunden Welt." Hunger und Durst seien seiner Ansicht nach die besten Lehrmeister; er selbst äußert zudem: „Ich denke, man mag mich, weil ich klein und niedlich bin"; auch wenn man einen Narren/Tollpatsch („Tapperl") aus ihm machen wolle, so sei er's auch zufrieden, besonders, wenn er etwas davon habe; im Geldzählen habe er große Kunst, in Kommissions-Geschäften könne man auf seine Verschwiegenheit zählen. Ein weiterer bedeutsamer Spruch lautete: „Umsonst ist der Tod!" – soweit die wesentlichen „autobiografischen" Ausführungen aus dem Jahr 1818.

Schon Art und Aufbau dieser Lebensbeschreibung des damals ja noch lebenden Sepperl geben Anlass zu einigen Zweifeln. Nicht nur die Problematik des Geburtsjahres (und damit des Lebensalters zum Zeitpunkt der Abfassung der Lebensgeschichte), auch die Tatsache, dass der Sepperl selbst angibt, erst nach Jahren der Wanderschaft wieder nach München gekommen zu sein und dann dort gleichsam seine Bestimmung gefunden zu haben, wirken eher wenig glaubwürdig. Auf die Diskrepanzen in den Angaben zum Beruf seines Vaters wie auch bezüglich der zeitlichen Problematik in der Anlage des zuvor genannten Münchner Englischen Gartens, aber auch seine Fertigkeiten von Lesen und Schreiben betreffend wurde schon hingewiesen. Dennoch scheint der Geburtsort München plausibel, ebenso die Tätigkeiten des verschwiegenen Stadt-Boten und die zitierten Sinnsprüche – auffälligerweise gibt jedoch dieser „autobiografische" Teil der Broschüre nicht den später prägenden Spruch „Nix G'wiss woas ma ned" an![20]

Unterstellt man also eine Münchner Herkunft und ein mutmaßliches Geburtsjahr 1762/1763, lässt sich in den Taufmatrikeln der damals existierenden Stadtpfarreien nach dem „Joseph Huber" suchen – keine ganz leichte Aufgabe, da die Residenzstadt München damals 5 Pfarreien zählte[21], zu denen im Zweifelsfall auch noch jene der Vorstadt „Au"[22] wie auch die mehrerer damaliger Rand-Gemeinden hinzuzurechnen sind.[23] Überraschenderweise ist die Ausbeute, wenn man den Allerweltsnamen „Hu(e)ber", nur männliche Getaufte mit dem Namen Joseph (bzw. zumindest einem Vornamen Joseph) und den genannten, etwas weiter gefassten Zeitraum durchgeht (siehe Tabelle I), dabei gar nicht so groß. Leider findet sich darunter dennoch keine Konstellation, die vollständig deckungsgleich mit den Angaben der Broschüre (also Namen, Vornamen der Eltern und Beruf des Vaters, Geburtszeitraum in den Monaten Mai/Juni) wäre.

Eine sorgfältige Durchsicht der Taufmatrikeln der Münchner Pfarreien der Jahre 1760 bis 1765 ergibt lediglich 8 plausible Treffer. Hinzu käme evtl. ein möglicher Kandidat aus einer der Pfarreien aus dem unmittelbaren Münchner Umland: 12. März 1762, Joseph Hueber, Vater Johannes Philipp Huber mit Frau Maria, Pfarrei Hl.-Kreuz Forstenried.

Eine analoge Suche in den Matrikeleinträgen der genannten Pfarreien für die beiden alternativ genannten Geburtsjahre (lt. „Finessen-Mann" 1775; lt. Personalmeldebogen 1776) ergibt ebenfalls erstaunlich wenige Treffer, die zumindest einen männlichen Täufling namens Joseph Hu(e)ber in München angeben (siehe Tabelle II).

19) Dies würde einerseits die zuvor angegebene Fertigkeit des Lesens und Schreibens unterstreichen; andererseits findet sich an keiner anderen Stelle und bei keiner sonstigen Erwähnung ein Hinweis auf dieses Tagebuch.

20) Dieser ist allerdings in den folgenden Kapiteln des Büchleins zum „Finessen-Mann" dokumentiert.

21) Pfarreien: Hl. Familie, Heilig-Geist, St. Margret, St. Peter, Zu unsrer lieben Frau (ab 1825 Dom).

22) Pfarrei Maria-Hilf.

23) Pfarreien: Hl.-Blut Bogenhausen, Hl.-Kreuz Forstenried, Hl.-Kreuz Giesing, St. Lorenz Oberföhring, St. Michael Berg am Laim, St. Michael Lochhausen, St. Michael Perlach, St. Peter und Paul Feldmoching, St. Peter und Paul Trudering, St. Quirin Aubing.

Der „Finessen-Sepperl" auf einer kolorierten Lithographie in der Bildersammlung des Historischen Vereins

Tabelle I – Geburtseinträge Matrikeln Pfarreien München „Joseph Hu(e)ber“ 1760–1765

Jahr	Tag	Namen	Vater	Beruf	Mutter	Geb.-Name	Pfarrei
1760	15. Feb	Josephus	Josephus	Drechsler (Zimmermann)	Theresia	Priklein	St. Peter
1762	29. Mrz	Josephus	Johannes	Schmidknecht u[nd] Tagwerker	Anna	Schneiderin	Maria-Hilf-Au
1762	20. Jun	Joannes Bapt. Aloysius	Mathias	civus et sutor	Maria Anna	Schelhornin	St. Peter
1762	3. Jul	Josephus Maria Udalricus	Johannes	Kaufmann (mercator)	Anna Elisabeth	Elevin	St. Peter
1763	20. Mrz	Aloysius Josephus	Josephus	faber lignarius	Theresia	Priklein	St. Peter
1764	1. Apr	Josephus Francisc[us] de Paula	Johannes	Goldblasierer	Maria Theresia	Schneiderin	St. Peter
1765	25. Mai	Josephus	Andreas	Handwerker (operarius)	Rosa	Buecherin	Maria-Hilf-Au
1765	6. Feb	Josephus Antonius	Mathäus	Bürger und Schuster (sutor)	Maria Anna	Schelhornin	St. Peter

Tabelle II – Geburtseinträge Matrikeln Pfarreien München „Joseph Hu(e)ber“ 1775–1776

Jahr	Tag	Namen	Vater	Beruf	Mutter	Geb.-Name	Pfarrei
1775	21. Jan	Josef Seb. Michael	Johann Michael	churfstl. Sequestrationsrichter	Maria Monica	Kaufmännin	Hl. Geist
1775	29. Jan	Josephus	Martin	Schmidmeister	Catharina	Stollin	Zu unsrer lieben Frau
1775	22. Mrz	Philipp Joseph	Matthias	Hausknecht	Theresia	Gastlin	St. Peter
1775	29. Sept	Joseph Michael	Aloys	Sutor (Schuster)	Catharina	Vötterlin	Maria-Hilf-Au
1775	24. Okt	Josephus	Franz Anton	scribentus (Schreiber)	Maria Anna	Steyrin	St. Peter
1776	25. Jul	Joseph	Joseph	Rusticus (Bauer) in Piping	Elisabeth	Schlezbaum	St. Quirin

Dabei fällt jedoch auf, dass es keinen Taufeintrag gibt, der alle zuvor aufgeführten und diskutierten Kriterien einschließt, so dass also der einzig passende Eintrag fehlt. So mag das genaue Geburtsjahr nicht zutreffen (s. o. 1762 oder 1763 bzw. 1775/1776); die Angabe des Geburtszeitraumes im Sternzeichen Zwillinge (also Mai oder Juni), der Vorname des Vaters (Marcus) und der Mutter (Anna) und der Beruf des Vaters (Kutscher/Secretär) sind ebenso nicht bei einem Eintrag gemeinsam vorhanden. Schließt man die Überlegung aus, dass der Finessensepperl unter Umständen überhaupt nicht in München geboren wurde (was sowohl nach den „autobiografischen" als auch nach den amtlichen Aufzeichnungen doch als recht unwahrscheinlich einzustufen ist), sind also die vorgenannt aufgeführten Kriterien offensichtlich zumindest teilweise inkorrekt! Allein, wir wissen nicht, welche der Aussagen nicht zutrifft. Schließlich sollte nicht unerwähnt bleiben, dass in den meisten Taufmatrikeln – insbesondere bei Geburten aus der einfacheren Bevölkerung – nicht immer alle dem Täufling verliehenen Vornamen verzeichnet wurden,[24] so dass der Sepperl auch seinen Namen gewechselt haben könnte (was nicht unmöglich und nicht einmal ungewöhnlich gewesen wäre). Ebenso könnte der Vater seinen Beruf gewechselt oder mehrere Berufe nebeneinander ausgeübt haben. Schließlich fällt auch ein aufgelisteter Treffer bei zwei Geburtseinträgen mit gleichen Eltern auf, einmal mit einem Johannes und einmal mit einem Josephus, wobei Ersterer in den mutmaßlichen Geburtszeitraum fällt; der Vater Matthäus käme dem Evangelisten Marcus sehr nahe, die Mutter Maria Anna würde ebenfalls zum kolportierten Mutternamen passen, schließlich würde die Geburt des „Johannes" mit Jahr und Monat gut übereinstimmen, so dass hier vielleicht gar ein Namenswechsel stattgefunden hat?

Nix G'wiss woas ma ned – der Spruch des Finessensepperl kommt also bereits in Bezug auf seinen Geburtstag, seine Eltern und das dadurch definierte unmittelbare soziale Umfeld des Säuglings zur Anwendung.

Grundsätzlich Gleiches gilt auch für seine Jugend und junges Erwachsenenalter. Die hierzu existierenden „autobiografischen" Hinweise sind mehr als schwammig und überdies teils auch nicht besonders glaubwürdig. Letztlich offenbleiben muss auch, ob der Finessensepperl nun lesen und schreiben konnte, wie er dies angeblich selbst berichtete und was im Widerspruch zu mehrfachen späteren Berichten steht, die gerade anhand des Unvermögens zum Lesen und Schreiben die große Vertraulichkeit des Finessensepperl in seiner Funktion als Postillion d'amour unterstreichen wollten. Auch über diese Tatsache muss somit Unklarheit bestehen bleiben.

Sepperl schreibt zudem, dass er nach dem Tod seiner Eltern – er sei damals 26 Jahre alt gewesen, was somit mutmaßlich in den Jahren 1788/1789 oder 1801/1802 gewesen sein könnte – für begrenzte Zeit „durch das Land zog", sich also als Wandersbursche verdingte. Unklar bleibt, wie genau er währenddessen seinen Lebensunterhalt verdiente, ebenso, wo er unterwegs war und wie lange. Passende Sterbeeinträge zu den Eltern des Finessensepperl zu dem zuvor angegebenen, errechneten Zeitraum lassen sich auch nicht finden.

Klar aber ist, dass Joseph Huber vor dem Jahr 1810 in München seiner Aufgabe als „Stadtpostillion" nachgegangen sein muss, denn zum Ende des Jahres 1810 findet sich die erste Erwähnung des Sepperl in einer Münchner Zeitschrift, auf die noch näher eingegangen werden soll. Wie lange er zu diesem Zeitpunkt bereits durch die Stadt gelaufen war und Briefchen ausgetragen hatte, ist leider nicht dokumentiert und somit nicht zu ermitteln.

---

24) So fallen bei der kritischen vergleichenden Durchsicht der Taufeinträge zwischen verschiedenen Pfarreien doch erhebliche Unterschiede in Umfang und Qualität der Eintragungen auf: Beispielsweise weisen die meisten Taufeinträge in der Stadt-Pfarrei Zu unserer lieben Frau mehrere Namen auf, wenn dies auch bei adeligen Taufkindern im Vergleich zu Täuflingen von einfachen Bürgern oder Nicht-Standes-Personen noch deutlich häufiger zu finden ist. Dem gegenüber ist in Pfarreien des Münchner Umlandes in der Regel jeweils nur ein Taufname verzeichnet.

Blick aus dem Englischen Garten auf München. Gemälde von Simon Warnberger, vor 1800

Der historische Rahmen und die Stadt München zur Zeit des Finessensepperl

Die bereits mehrfach erwähnten angeblich autobiografischen Teile der Broschüre geben an, dass der Finessensepperl etwa im Jahre 1799 nach München zurückkam – auch dieses ohne weiteren harten Beleg und somit für sich allein unsicher. Geht man davon aus, dass der Finessensepperl zu diesem Zeitpunkt tatsächlich nach München zurückkehrte, so kam er in eine sich rasch verändernde Stadt – in eine neue Zeit mit einigen Umbrüchen. Es ist also an dieser Stelle erforderlich, einen Blick auf die geschichtliche Rahmensituation der Stadt München und ihre Entwicklung im genannten Zeitraum zu werfen.

Zum Zeitpunkt der Geburt des Joseph Huber – sei es nun 1762/63 oder 1775/76 – war München Residenzstadt des Kurfürstentums Bayern unter der Regentschaft des Kurfürsten Max III. Joseph[25] aus dem Hause Wittelsbach. Nach dem Tod des kinderlosen Regenten 1777 und damit dem Erlöschen der bayerischen Linie des Wittelsbacher Hauses übernahm der pfälzische Kurfürst Karl Theodor[26] als Vorstand der pfälzischen Linie der Wittelsbacher die bayerische Kurwürde und Regentschaft. Obwohl Karl Theodor bestimmungsgemäß seine Residenz von Mannheim nach München verlegte, blieb seine Bindung an die Residenzhauptstadt München begrenzt; der neue Regent verfolgte sogar das Ziel, Bayern gegen umfangreiche Herrschaftsgebiete in Belgien zu tauschen, die der Habsburger Monarchie gehörten. Trotz der folgerichtigen Spannungen zwischen dem Kurfürstenhof und der Bevölkerung in München entwickelte sich unter Karl Theodor die Stadt weiter: Bedeutsam war die Anlage der Parkanlage des Englischen Gartens. Immer wieder aufflammende Streitigkeiten führten mehrmals dazu, dass Karl Theodor seinen Hof nach Mannheim verlegte. Auch lag eine drückend hohe Schuldenlast auf dem Land, die die wirtschaftliche Entwicklung behinderte.

Geht man davon aus, dass der junge Joseph Huber einige Zeit unterwegs war, so muss er von der größten politischen Änderung der Zeitperiode, der Französischen Revolution 1789, während seiner Reise gehört haben. Als unmittelbare Folge der Revolution kam es ab 1792 zu kriegerischen Auseinandersetzungen zwischen der jungen französischen Republik einerseits und den monarchisch geprägten „alten Mächten“ – insbesondere einer breiten Koalition aus dem österreichisch geführten Heiligen Römischen Reich Deutscher Nation mit seinen mehr oder minder souveränen Mitgliedern (so dem Kurfürstentum Bayern, dem Königreich Preußen u. v. m.) sowie dem traditionell anti-französisch eingestellten England – andererseits, an denen sich das kurfürstliche Bayern nur äußerst zögerlich und begrenzt beteiligte und sich schließlich einfach für neutral erklärte. Dennoch fand ein Teil dieses ersten Koalitionskrieges auf bayerischem Boden statt, eine französische Armee erreichte sogar München, das allerdings „nur“ belagert und peripher in kurze Kämpfe einbezogen wurde.[27]

Nach Waffenstillstand und dem Abzug der Franzosen 1796 unter dem Kurfürsten Karl Theodor trat eine Waffenruhe ein; in ergebnislosen Verhandlungen, so insbesondere auf dem Friedenskongress von Rastatt 1797–1799, konnte jedoch kein Frieden zwischen den Kontrahenten erzielt werden, so dass die Kriegshandlungen 1799 erneut ausbrachen, von denen allerdings Bayern zunächst nur indirekt durch Entsendung eines Militärkontingents auf österreichischer Seite (bezahlt von englischen „Subsidien“-Zahlungen) betroffen war. In dieser Zeit für München (und Bayern) bedeutsam war ein Wechsel des Regenten: Der Anfang 1799 plötzlich verstorbene Kurfürst Karl Theodor wurde durch den jungen Herzog Max IV. Joseph aus der wittelsbachischen Linie Pfalz-Zweibrücken beerbt, der ab Februar 1799 die Regierungsgeschäfte in München übernahm. Der neue Regent war ursprünglich eigentlich nicht für die Position des Kurfürsten vorgesehen, geschweige denn vorbereitet worden. Da Karl Theodor ohne erbberechtigten männlichen Nachkommen blieb und der ältere Bruder von Max Joseph, Karl II.

---

25) Maximilian III. Joseph (1727–1777), Kurfürst seit 1745, absolutistischer Herrscher, versuchte in seiner Regentschaft Reformen der Verwaltung anzuschieben, was jedoch angesichts chronischen Mangels der Staatsfinanzen nur in Ansätzen gelang. Max III. Joseph starb kinderlos.

26) Karl Theodor (1724–1799), 1742 pfälzischer Kurfürst und seit 1777 auch Kurfürst von Bayern, starb ebenso ohne männliche Erben 1799.

27) Bedeutsam ist lediglich ein kurzes Artillerie-Scharmützel um den „Roten Turm“ des Isartors (Vorwerk der Münchner Stadtmauer zur Isar), der von Franzosen angegriffen und beschossen wurde.

München um 1765 – Blick aus der Stadt nach Osten über den „Roten Turm“ auf das rechte Isarufer. Der Rote Turm wurde 1796 durch österreichischen Artilleriebschuss stark beschädigt und anschließend abgerissen. Ölbild von Joseph Stefan

August Christian von Pfalz-Zweibrücken, selbst schon 1795 und ohne männlichen Nachkommen verstorben war, rückte Max Joseph als Kurfürst Max IV. Joseph am 16. Februar 1799 nach. Mit ihm – und insbesondere unter dem Einfluss des wichtigsten Staatsministers Maximilian Baron (später Graf) von Montgelas – war das Kurfürstentum an den weiteren sog. Koalitions- oder Napoleonischen Kriegen beteiligt. Der vorsichtig und klug agierende Regent führte das „Kurfürstentum Baiern“ aus dem „Alten Reich“ (Heiliges Römisches Reich Deutscher Nation) über den napoleonisch dominierten Rheinbund (in dem er 1806 zum König Max I. Joseph erhoben wurde) zum souveränen „Königreich Baiern" (seit 1825 „Bayern“ geschrieben). Das Kurfürstentum und spätere Königreich wechselte während der 13 Koalitionskriege zweimal die Fronten und stand dabei jeweils auf der Gewinnerseite, war allerdings auch mehrmals selbst Schauplatz von Kriegshandlungen sowie von Truppendurchzügen feindlicher und verbündeter Militärs – die jeweils mit Raub und Gewalt eine regelrechte Schneise der Zerstörung hinterließen.

München war vor der genannten Umbruchzeit natürlich wesentlich kleiner und noch durch eine Befestigung in Form einer durchgehenden Stadtmauer begrenzt. Lediglich auf der rechten Isarseite existierte seit dem 18. Jahrhundert bereits eine nennenswerte Vorstadt, die „Au“, die außerhalb des Festungsgürtels lag. Dementsprechend war der Stadtzugang nur über die Tore möglich, der Zugang wurde durch Stadtwächter kontrolliert.

Die Bevölkerung der Stadt München war vom Jahr 1650 (also nach dem Dreißigjährigen Krieg) von etwa 15000 Individuen bis 1781 auf 37840 Personen angewachsen.[28] Letztere Zahl wurde von dem bekannten

Lorenz (von) Westenrieder. Moritz Kellerhoven, 1803

Münchner Gelehrten und Schreiber Lorenz Westenrieder[29] festgehalten, der in jenem Jahr eine umfangreiche Beschreibung der Stadt München[30] verfasste. Seinen Aufzeichnungen zufolge lebten die Einwohner Münchens zu diesem Zeitpunkt in 1488 Häusern; die Zahlen im Detail zeigten 78 hier lebende inländische Adelspersonen; 14706 männliche und 15853 weibliche Erwachsene standen 3598 männlichen und 3679 weiblichen Kindern unter 15 Jahren gegenüber. Die Geburtenrate belief sich auf 1507 Neugeborene, die Sterberate wies mit 1613 Toten in diesem Jahr (1781) einen leichten Sterbeüberschuss auf. In vorangehenden Jahren hatten sich Geburten- und Sterbeüberschüsse abgewechselt, das rasche Bevölkerungswachstum dürfte somit vorwiegend auf den Zuzug von Personen aus dem umliegenden ländlichen Raum zurückzuführen sein.

Eine neuerliche amtliche Bevölkerungszählung aus dem Jahr 1794 ergab 32477 Einwohner.[31] Die Differenz zu der geringfügig höheren Bewohnerzahl von 1781 dürfte daran liegen, dass die neuerliche Zählung „Militär-Graden-Personen" nicht miterfasst hatte. In seinem „Spaziergang durch München" beschreibt der Geograph Adrian von Riedl 1796[32] die Zahl der Getauften und Begrabenen der Jahre 1785–1795 und schätzt daraus, dass man *„nach der Proportion [...] für die Bevölkerung annehmen mag, so darf sie, um richtig zu seyn sich nicht weit von 45.000 Menschen entfernen.*" Hierbei muss jedoch bedacht werden, dass dies nur eine grobe Schätzung darstellt – die eventuell auch die Bevölkerung der Vorstadt und im Vorfeld der Stadt Wohnende einbezog.

Mit dem zunehmenden Wachstum der Stadtbevölkerung war das Konzept der Stadtfestung mit ihrem begrenzten Platz jedoch nicht dauerhaft vereinbar. Schon zur Mitte des 18. Jahrhunderts hatte sich die erwähnte Vorstadt in der Au auf der östlichen Isarseite entwickelt, die außerhalb der Festung lag.[33] Westenrieder hatte 1781 in der Au bereits eine zusätzliche Bevölkerung von 4793 Personen beschrieben, die dort in 343 Häusern lebten.[34]

Die Bautätigkeit blieb jedoch nicht nur auf die Vorstadt Au beschränkt: Patrizier und Adelige begannen auch an anderen Stellen vor der Stadt Wohnsitze, Schlösschen und Gärten anzulegen. Auch die Bereiche der Festungsanlagen wurden zunehmend in den Häuserbau einbezogen, es entstanden Floßländen, Wirtschaftsbetriebe, Gasthäuser, Bräukeller, auch Klosteranlagen vor der Festungsmauer. Beispielhaft legte Graf Tattenbach

28) Bauer R., Piper E. München – Die Geschichte einer Stadt. Piper Verl. München/Zürich, 1993, S. 146.

29) Lorenz Westenrieder (1748–1829); Theologe, Pädagoge, Historiker und Publizist der Aufklärung. Er gilt als „Wiederentdecker" der bayerischen Vorgeschichte, beschäftigte sich aber auch mit dem Bayern seiner Gegenwart. Darüber hinaus war er ein Münchner Lokalpatriot.

30) Westenrieder L. Beschreibung der Haupt- und Residenzstadt München, Strobl München, 1782 (Nachdruck im Original Gerber Verlag München 1984), S. 216–232.

31) Hetzer G., Flierl B., Heimers M. P., Vedernikova G. Städte im Aufbruch, München und Moskau 1812–1914. Bay. Hauptstaatsarchiv München, 2009, S. 37.

32) Riedl A. Reiseatlas von Bayern – Spaziergang durch München. Krauss München, 1796, S. 20.

33) Stadtatlas München. Karten und Modelle von 1570 bis heute. Verlag Schiermeier München, 2003, S. 34.

34) Westenrieder L., a. a. O., S. 232–236.

München im Jahr 1803. Oben links ist bereits durch die Niederlegung der Bastion vor dem Neuhauser Tor der Karlsplatz geschaffen, oben rechts entwickelt sich der Englische Garten. Stadtplan von Joseph Pachmair

ein Lehen außerhalb der Stadtmauer an, das künftig „Lehel" genannt wurde und auch ärmeren Personen eine Ansiedlung erlaubte. Im Jahr 1791 lebten bereits 10 % der Stadtbevölkerung außerhalb der ursprünglichen Mauern Münchens.[35]

Unter dem Einfluss des britisch-amerikanisch-stämmigen kurfürstlichen Beraters Benjamin Thompson, Graf Rumford[36], ließ Kurfürst Karl Theodor 1791 die Bastion vor dem Neuhauser Tor niederlegen, um Platz für eine Stadterweiterung zu schaffen.[37] Damit war das Festungskonzept bereits im Grundsatz aufgegeben.[38] Mit der Regierungsübernahme durch den jungen Kurfürsten Max IV. Joseph 1799 und im Zuge der Koalitionskriege 1800–1809 verlor München zusätzlich seine Bedeutung als Festungsstadt vollständig; in dieser Zeit

35) Bauer R., Piper E., a. a. O., S. 146.

36) Benjamin Thompson (1753–1814), seit 1791 Reichsgraf Rumford, war ein amerikanisch-stämmiger Offizier, Politiker, Experimentalphysiker, Waffentechniker und Erfinder. Graf Rumford organisierte die kurbayerische Armee neu, war maßgebliche Triebfeder für die Anlage des Englischen Gartens und hatte als Erfinder der „Rumford-Suppe" auch auf die Versorgung armer Bevölkerungsschichten erheblichen Einfluss.

37) Eine umfangreiche Darstellung einschließlich des zeitlichen Verlaufes zur Niederlegung der Festungsanlagen von München ist

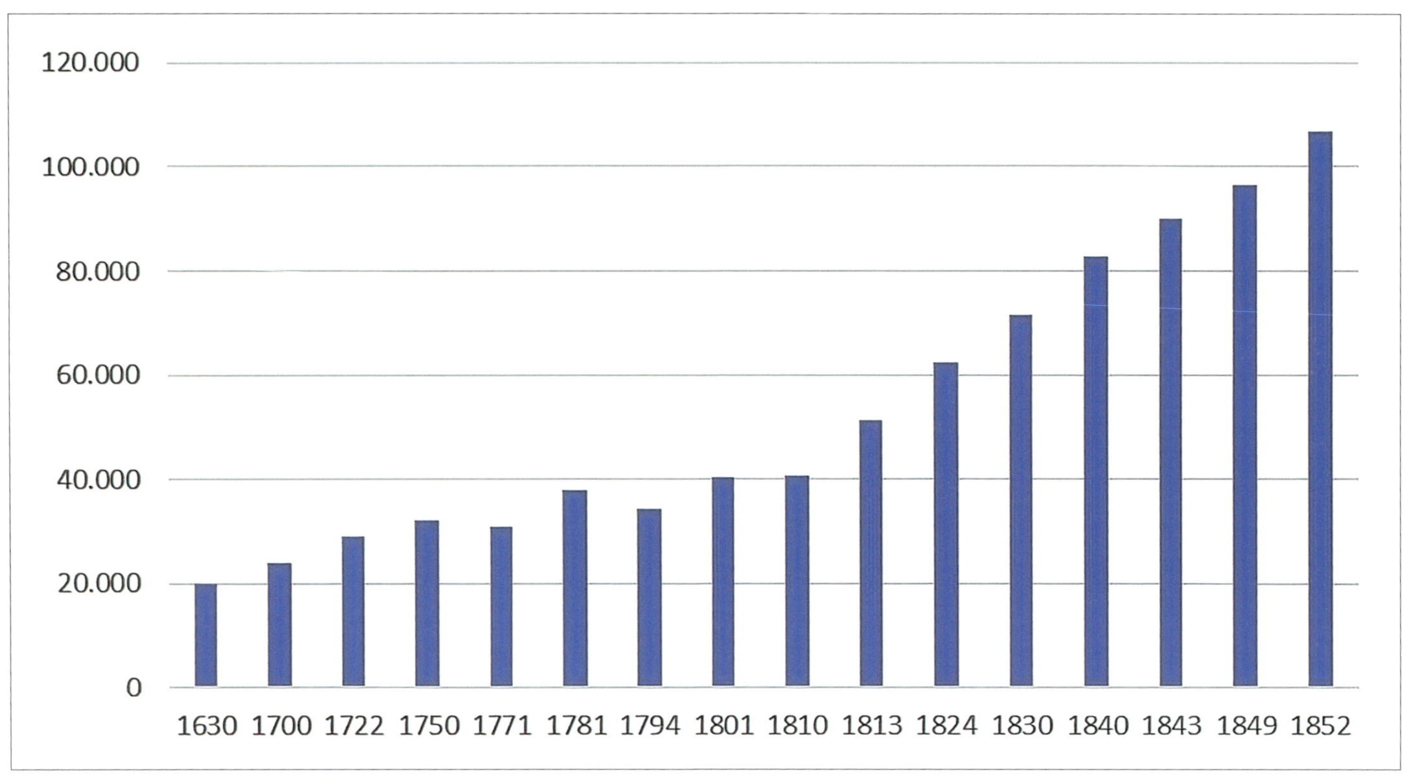

Entwicklung der Bevölkerungszahlen Münchens zwischen 1600 und 1850

entstanden die Max- und die Ludwigsvorstadt, Erstere nach Nordwesten, Letztere nach Südwesten hin.

Das Bevölkerungswachstum der Stadt München hielt in den folgenden Jahren zwar grundsätzlich weiter an, die Population blieb jedoch zunächst auf einem Niveau um 40000 Einwohner, bis mit dem Ende der Napoleonischen oder Koalitions-Kriege ein regelrechter Wachstumsschub einsetzte – zum einen durch die Erweiterung der Stadt über die von König Max I. Joseph geschleifte Festungsmauer hinaus, zum anderen durch die zunehmende wirtschaftliche Konsolidierung nach dem Ende der Kriegsperiode und einen Zuzug von Personen aus dem Umland. Diese Entwicklung beschleunigte sich sogar noch in der anbrechenden Biedermeierzeit, so dass die Einwohnerzahl um 1850 die Marke von 100000 Personen überschritt (s. Grafik)[39] .

Die Napoleonischen Kriege führten neben der vorgenannten Umstrukturierung der Residenz- und Hauptstadt München auch zu erheblichen politischen und sozialen Verschiebungen in der Stadt. Die Herrschaft vom Typ der „Ancien Régimes" nach Prägung eines absolutistischen Herrschertums[40] wich einem aufgeklärten Königtum. Besonders der lenkende Einfluss des ersten Ministers Graf Maximilian Montgelas führte dazu, dass Bayern bereits 1808 einen ersten Anlauf zu einer vom Herrscher sich selbst auferlegten Verfassung unternahm. Auch wenn Widerstände insbesondere aus dem Adel dazu führten, dass die Konstitution erst nach dem Ende der Koalitionskriege, und zwar 1818, in Kraft treten konnte, so war diese freiwillige Aufgabe von

---

zu finden bei: Grobe P. Die Entfestigung Münchens. Neue Schriftenreihe Stadtarchiv München, Heft 27, 1970, S. 1–48.

38) Bauer R., Piper E., a. a. O., S. 147.

39) https://de.wikipedia.org/wiki/Einwohnerentwicklung_von_München [Zugriff am 1.4.2023]. – Bei den angegebenen Daten ist zu berücksichtigen, dass die Zahlen von 1630 bis 1750 und 1801 bis 1824 auf indirekten Angaben, wie der Zahl Steuerpflichtiger, der Größe von Haushalten etc., beruhen. Die Zahlen von 1771 und 1794 sind – wie aufgeführt – amtlichen Bestimmungen entnommen, ebenso die ab dem Jahr 1824, welche Daten der offiziellen Bevölkerungs-Registratur (einschließlich Volkszählungen) darstellen.

40) Hier ist einzuwerfen, dass in zahlreichen Fürstentümern des Heiligen Römischen Reichs Deutscher Nation die Adelsschicht wie auch der Klerus erhebliche politische Einflüsse durch Kontrolle und Gewährung der Finanzen ausüben konnten.

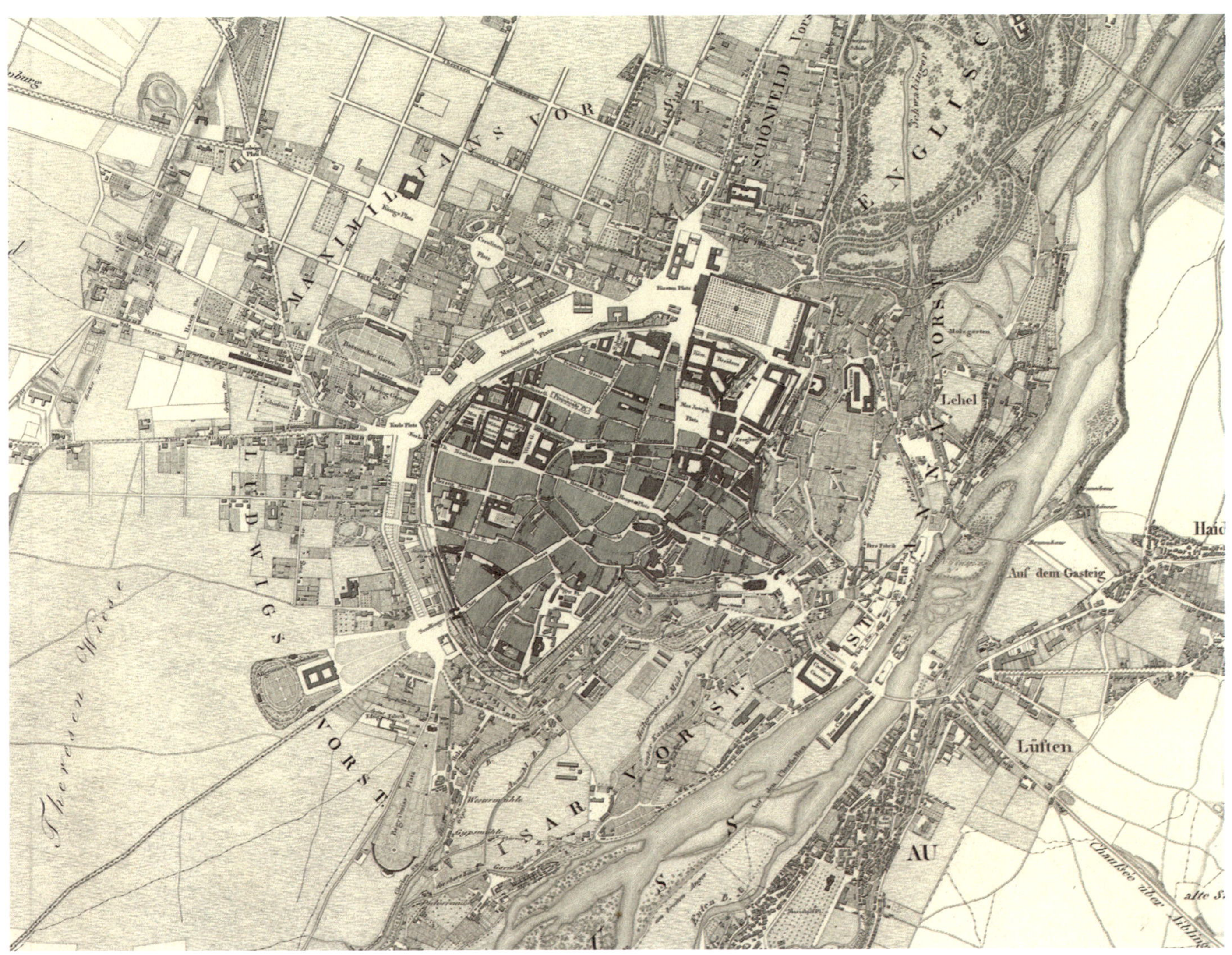

München im Jahr 1820. Topographisches Büro

Rechten des Monarchen in Europa herausragend und Bayerns Reformen damals nahezu revolutionär.
Mit dem Ende der immer wiederkehrenden Kriege 1814 setzte eine lange Friedensperiode ein, die für München und Bayern nicht nur zu einer wirtschaftlichen Erholung führte. Insbesondere unter dem Nachfolger des Königs Max I. Joseph, seinem Sohn Ludwig I., war die Zeit reif für zahlreiche Neuerungen.
Hatte der erste bayerische König Max I. Joseph sowohl durch die äußeren Umstände der Kriegszeiten und wirtschaftliche Stagnation als auch eigene Freigiebigkeit die staatlichen Finanzen des Königtums Bayern immer ganz knapp an der Staatspleite entlangmanövriert, konsolidierte mit dem Regierungsantritt seines Sohnes Ludwig I. im Jahr 1825 ein strenges Sparregiment, parallel mit dem allgemeinen wirtschaftlichen Aufschwung, die Staatsfinanzen und so kam es zu einer Verbesserung der wirtschaftlichen Situation des Landes. Dies führte zu einem weiteren Wachstum der Stadt, deren neue Außenbezirke zudem durch die Bauwut des neuen Königs für seine Kunstprojekte (Pinakotheken, Glyptothek, Propyläen, Siegestor etc.) ein moderneres Gepräge erhielten. In den Vorstädten führte ein regelrechter Bau-Boom zur Anlage von Adelshäusern und kleinen Palästen, die der Stadt zunehmend moderne Züge verliehen. Beispielhaft ist hier die Ludwig-

Gesamtansicht von München um 1820 vom Gasteigberg aus. Franz Thomas Weber, Augsburg

Straße mit ihren Prachtbauten und dem breiten Straßenzug zu nennen.

Die Stadt hatte sich verändert – aber auch die Bevölkerung änderte sich: Nicht nur ihre Zahl wuchs, der zunehmend moderne Charakter der Stadt lockte zusehends Fremde an, ab 1826 noch verstärkt durch die Umsiedelung der Landesuniversität von Landshut nach München, die zahlreiche Gelehrte und Wissenschaftler in die Stadt führte. Auch das bislang beschauliche Leben einer kleinen Residenzstadt wurde zunehmend geschäftiger, gekoppelt mit einem umtriebigeren Umgang der Menschen miteinander. Die öffentliche Wahrnehmung der bisherigen Alt-Münchner Originale mit ihrem eher derben, bodenständigen Auftreten wurde nach und nach abgelöst durch das Erscheinen von Künstlern und Gelehrten – es gab „Cercles“, jährliche Kunstausstellungen und die Museen des Königs Ludwig I. füllten sich mit Kunst und Kultur.

In der einfachen Bevölkerung blieben jedoch die Geschichten und Erzählungen der wenigen Sonderlinge, ihrer Späße, Sprüche und Streiche unvergessen. So blieb auch der Finessensepperl in steter Erinnerung – wobei sein Spruch „Nix G'wiss woas ma ned“ diese Erinnerungskultur dominierte.

Zunächst wollen wir uns nun aber den geschichtlich verbürgten Berichten und Erwähnungen des Sepperl widmen, gefolgt von einem Überblick über seine Taten und Werke – oder zumindest darüber, was über ihn gesagt und festgehalten wurde.

Erste Berichte und Erwähnungen des Finessensepperl

Eine erste sehr wahrscheinlich, jedoch nicht mit letzter Sicherheit zuzuordnende Erwähnung des Finessensepperl findet sich in einem der später nochmals zu behandelnden täglichen Polizeirapporte, die der Münchner Polizeidirektor von Stetten an den ersten Staatsminister, Graf Montgelas, wie auch an König Max I. Joseph selbst richtete. Diese zumeist vierseitigen Berichte erzählten der Staatsspitze jeden Tag von wichtigen Ereignissen in der Stadt München – manchmal auch aus umliegenden Ortschaften und Gegenden Bayerns –, von denen der Polizeidirektor der Meinung war, dass sie den Minister und den König interessieren könnten. Besonders der stets wissbegierige König erhielt somit ein tagesaktuelles Bild von besonderen Vorkommnissen, wobei je nach gerade herrschender Nachrichten- und Ereignislage mal mehr, mal weniger Platz auch für „Nebensächlichkeiten" oder Gerüchte übrig blieb. Diese Polizeiberichte sind – nahezu vollständig – ab dem 11. Januar 1808 bis in die letzten Tages des Jahres 1814 erhalten und bieten einen einzigartigen Einblick in das Leben Münchens zu jener Zeit.[41]

Unter dem 7. Dezember 1808 findet sich folgender Eintrag am Ende des Rapports[42], der sich deutlich farblich und nach der Breite der verwendeten Feder von den vorhergehenden Informationen absetzt und somit mutmaßlich noch separat vor der Abgabe des Reports angefügt worden war: *„Noch befindet sich Huber, welcher gestern so sehr misshandelt wurde, im Leben und ob derselbe gleich sehr schwach ist, so scheint doch Hoffnung zu dessen Genesung vorhanden zu seyn. – […] – unterthänigst gehorsamster Stetten".*

Der Polizeidirektor beschreibt also eine schwere, aber nicht lebensgefährliche Verletzung eines „Huber" – die Bezeichnung „Finessensepperl" dürfte zu diesem Zeitpunkt nur im Volksmund im Gebrauch gewesen sein – ein Ereignis, das sich später in einer berichteten Anekdote durchaus wiederfindet.[43]

Mit Sicherheit taucht, wie schon zuvor erwähnt, eine Nennung des Sepperl erstmals Ende 1810 in einer Zeitschrift auf. Im „Gesellschaftsblatt für gebildete Stände" vom Anfang 1811 wird im Rahmen einer Fortsetzungsreihe über „Erinnerungen, Bemerkungen, Abentheuer und Empfindungen auf meiner Reise von München nach der Au – im Dezember 1810"[44] unter der Rubrik „Der Ciniker" [also: Der Zyniker] eine Begegnung des Autors mit dem Finessensepperl ausführlich beschrieben und dabei eine umfangreiche wie auch aufschlussreiche Charakterisierung des Sepperl gegeben: *„Muß schon gut seyn, wie es halt ist," – rief mir eine sonderbare Stimme von oben herab zu. – Ich blickte den Berg hinan, da sehe ich in den Schnee gekauert eine Gestalt, wie Callots*[45] *Pinsel sie kaum entwarf – ein kleines, ausgetrocknetes Männchen, mit einem dreyfingerbreiten Gesichte, aus dessen juchtenfärbigen Einbande zwey rund Katzen-Augen stieren – Gram und Elend mögen wohl die Stirne gefurcht haben, aber die tiefen Falten um den zu einem ewigen Lächeln gespitzten Mund, hat die Satyre selbst gezogen. – Ich kann nicht beschreiben, welchen Eindruck dies Gesicht hervorbringt, diese eiserne Gleichförmigkeit bey der höchsten Beweglichkeit, dieser Ausdruck von Spitzbüberey neben den schlaffen Zügen guthmütiger Dummheit – dies ganze drollige Gemische von Pavian und Heroen, welches unter einer alten Mönchs-Kappe hervor so spöttisch auf uns Alltags-Menschen guckt. – Wie? Bin ich so ein schlechter Maler? Hat man ihn noch nicht erkannt? – Ruft noch kein Münchner aus: das ist unser schlauer Dummkopf, der Bettler-König – der Diogenes von München – mit einem Worte: der Fineßen-Sepperl? – Er war es, und beym Himmel, ich wünsche jedem Unglücklichen, der eben mit der Welt und mit sich selbst hadernd auf dem Wege zum Grabe oder zum Tollhaus ist, daß ein glücklicher Zufall ihm diesen praktischen Philosophen entgegen führe. – Seine einfache Lehre wird gewiß Jeden ergreifen, welcher ihn begreifen kann. Ich schätze mich glücklich, daß er mir eben auf meiner Reise aufstieß, und mit Gelegenheit giebt in diesen Blättern auf seine seltenen Verdienste hinzuweisen. Er sammelt keine*

41) HStA München, MInn 45125–45164, sowie 45173 (Letzteres für das Jahr 1811 ab Februar).

42) HStA München, MInn 45125, 7. Dezember 1808.

43) S. hierzu insbesondere Kap. 41 der Schrift des Anonymus, 1818 (s. Anm. 1).

44) Gesellschaftsblatt für gebildete Stände [Zeitschrift], München, Jg. 12, Bd. I, Nro. 19, 9. März 1811, S. 155–157.

45) Jacques Callot (1592–1632), französischer Zeichner, Kupferstecher und Radierer, war besonders bekannt für seine karikaturesken Darstellungen, die gerade Minderwüchsige und missgebildete Gestalten umfassten.

Schüler um sich her; aber alle Bewohner der Stadt bilden sein auditorium. Der große Sinn seiner Philosophie ist Ergebung [...].“

Diese Erwähnung eines Anonymus lässt erkennen, dass zu dem genannten Zeitpunkt 1810 der Finessensepperl bereits einen fest etablierten Bekanntheitsgrad in der Münchner Bevölkerung hatte. Der blumige Text beschreibt den Sepperl als kleines Männlein, hinter dessen äußerer Fassade von Einfalt sich ein unerwartet großes Maß an Schlauheit und Lebensweisheit verbirgt. Die Bezeichnung des Sepperl als „Diogenes von München“ ist eine sehr wohlwollende Hervorhebung, wie insgesamt die Beschreibung als durchaus positiv anzusehen ist. Bedeutsam ist allerdings auch, dass hier auf seine Haupttätigkeit, den Transport von heimlichen Botschaften, nicht eingegangen wird. Schon der am Beginn der Erzählung aufgeführte Spruch deckt sich jedoch mit der eingangs in der Lebensgeschichte des Finessenmannes[46] angegebenen Lieblings-Äußerung.

Die Tatsache, dass der Finessensepperl zu der Zeit schon eine gut bekannte Person in der Stadt war, erschließt sich auch aus der Annonce eines kleinen Büchleins mit dem Titel „*Der kleine Hausfreund oder neue Veilchenblätter der Freundschaft und Liebe geweiht. Ein Stammbuch für Freunde und Freundinnen. Enthält Finessensepperls Bildnis, Anekdoten aus seinem Leben, Denksprüche für besondere Feierlichkeiten, Aufsätze für Stammbücher, Devisen und Gesellschaftslieder nach bekannten Melodien. München, 8 kr.*“[47], welches „in der Mair'schen Buchhandlung zu Salzburg zu haben“ sei.[48]

Die erste sichere Erwähnung des Finessensepperl in einem offiziellen Rapport ist dem Bericht des Münchner Polizeipräsidenten von Stetten zu entnehmen. Die bereits zuvor erwähnten und erhalten gebliebenen täglichen Polizeiberichte an den ersten Staatsminister Montgelas und König Max I. Joseph[49] zeigen unter dem 27. Februar 1813 – also unmittelbar nach dem katastrophalen Rückzug der napoleonischen Grande Armée aus Russland – die Erwähnung des Finessensepperl[50]: „*Der berüchtigte Finessensepperl erlaubt es sich, seit einiger Zeit ein zwar höchst einfältiges Lied, das aber bei seinen Kunden doch Eingang findet, auf den Straßen über die Franzosen und Russen abzusingen und das folgender Weise lautet: Eins, zwei, drei – mit dem Napoleon ist's vorbei; zwei, drei, vier – die Russen sind bald hier. Mit Vergnügen wird dieses Lied aus dem Munde dieses kleinen Philosophen, wozu denselben, wie erst unlängst erwähnt, ein gar witziger Schriftsteller stempelt, angehört und, da es nicht schwer zu erlernen ist, nachgesungen und man hört es nicht selten an den Bierbänken ertönen: da nun dieser Finessensepperl ohnedies ein höchst unnützes Individuum ist, das bei weitem nicht so albern ist, als wofür es sich ausgiebt und viel Böses stiftet, so habe ich denselben, damit er sehe, daß er seine Albernheiten nicht so ganz ungestraft ausüben dürfe, auf einige Stunden in den Polizey-Arrest gesetzt.*“

Dieses Dokument, die sicher erste „offizielle“ Dokumentation des Finessensepperl, lässt den Sepperl in einem etwas anderen Licht erscheinen als zuvor: Zunächst wird er als „höchst unnützes Individuum“ beschrieben und seine Funktion als Stadtbote bzw. umherwandernder Taugenichts angegeben; dann jedoch geht es hier andererseits um ein recht brisantes politisches Sujet, in welchem dem Sepperl gar eine aufwieglerische Rolle zugeschrieben wird, indem er mit dem erkennbar werdenden Niedergang Napoleons – und der ungeheuer katastrophalen Niederlage der französischen Armee und der mit dieser verbündeten bayerischen Streitkräfte beim Russland-Feldzug 1812 – ein politisch „heißes“ Eisen thematisiert. Da zu diesem Zeitpunkt die genannte Niederlage und die verheerenden Verluste auch unter den Bayern in der Bevölkerung durchsickerten, sah sich die Staatsgewalt offenbar sogar gezwungen, den Sepperl aus dem Verkehr zu ziehen, gab doch dieser einem zunehmend anti-französischen Sentiment in der bayerischen Bevölkerung eine Stimme.[51] Diese „politische“ Seite des Finessensepperl sollte jedoch einzigartig bleiben, seine überlieferten Taten, Späße und Streiche waren ansonsten völlig unpolitisch.

---

46) Anonymus, 1818 (s. Anm. 1).

47) Intelligenzblatt des Königlich-bayerischen Salzachkreises. 13. November 1812, S. 1310.

48) Eine intensive Nachsuche nach der Broschüre in diversen Bibliotheken und Archiven Bayerns und Österreichs verlief ergebnislos. Möglicherweise handelt es sich dabei aber auch um eine ältere Version des Büchleins über den Finessen-Mann von 1818.

49) BayHStA München, MInn 45142, 27. Februar 1813; vgl. auch oben Anm. 41 und 42.

50) Es sei darauf hingewiesen, dass das nachfolgende Zitat hierzu, das auch in Brunbauer W. Der Lauscher. Rosenheimer Verlag, 1988, S. 166 angegeben ist, dort fälschlicherweise als Eintrag in den täglichen Polizeiberichten auf den 1. Februar 1813 gelegt wird.

Berichte und Legenden über den Finessensepperl zu dessen Lebzeiten

Sein „Besuch“ in der Polizei-Arrestzelle im Jahre 1813 scheint für den Sepperl ohne weitere Folgen geblieben zu sein – vermutlich auch, weil mit der Hinwendung des bayerischen Königs zur österreichisch-russisch-preußischen Koalition gegen Napoleon im September 1813 hier keine weiteren Reibungspunkte bestehen blieben.

Kurioserweise findet sich als chronologisch nächste Erwähnung des Sepperl eine Werbe-Annonce in einer bayerisch-schwäbischen Zeitung vom Dezember 1813[52]: *„Auf bevorstehende Christfeyertage empfiehlt sich auch einem hiesigen und auswärtigen Publikum mit seinem schon seit etlichen 30 Jahren von seinem Vater mit vielem Beifall aufgenommenen fein gemalten Tragant*[53]*, wobey sich der Finesse-Sepperl in München auszeichnet, und zweyerlei Gattungen esbaren und fein aufgelauf[enen] Marzeban, [...] Friedrich Henning der Jüng.[ere] am Brettermarkt.“*

Die genaue Natur der Verbindung des Nördlinger Lebküchners Friedrich Henning mit dem Finessensepperl muss offenbleiben – betrieb der Finessensepperl einen Vertrieb von Nördlinger Lebkuchen und Weihnachtsbäckereien? Wie könnte ein sonstiger Kontakt erklärt werden? Dies ist leider aus der Anzeige nicht zu erkennen – nix G'wiss woas ma ned!

Wesentlich konkreter ist die nächste Erwähnung des Sepperl in einer Stadtbeschreibung aus dem Jahr 1816. Der herzoglich leuchtenbergische Kabinetts-Sekretär Dr. Christian Müller[54], ein gebürtiger Thüringer, der mehrere Jahre im nach-napoleonischen München lebte, beschreibt in seiner umfassenden Darstellung „München unter König Maximilian Joseph I.“[55] unter anderem auch den Finessensepperl: *„[...] drängte sich dort die Menge um einen drolligen Finessensepperl – der Finessensepperl, d[as] i[st] der pfiffige Joseph, ist die lustige Person von M[ünchen], eine Mischung von Schalk und Narren, im Gewande eines Pulcinels*[56] *mit grauen Haaren, oder vielmehr ohne Haare, mit etwas Diebsgelüst und Rammelei versetzt. Ich habe diese Ausgabe von städtischen Wahrzeichen noch nie gesehen, und auch in M[ünchen] wird die Edition vergriffen seyn, wenn Finessensepperl einmal nicht mehr mit seinem Topfe und Löffel unter dem Arm, mit dem Weibermützchen, dem chamois Kaftan, den bunten Schleifen und dem silbernen Ordenskreuze um den Hals herumgeht – der Allen etwas Launiges in der eigenthümlichen Sprache des höchstkomischen Originals sagt: Nix gwiß weiß man nit – Nix vor Ungut, liebs Nannerl – Ein Gruß zu Haus – Grüß mer's Nannerl – etc. sind die Schibolets*[57]*, mit denen er sich überall heraushilft, und durch die er mancher treffenden Bemerkung kluger Narrheit – und närrischer Klugheit den verwundenden Stachel nimmt.“*

Diese zeitgenössische Beschreibung des Sepperl schildert ihn als den lustig-listigen Burschen, der stetig durch die Stadt wandert – sein äußerer Aufzug mit Kaftan, auffälliger Kappe und dem „Ordenskreuz“ werden hier chronologisch erstmals beschrieben, ebenso, wie er mit Topf und Löffel unter dem Arm herumspaziert, die der Sepperl zu seiner täglichen Versorgung benutzte.

51) Nach dem Seitenwechsel des damaligen Kurfürsten Max Joseph 1805 auf die Seite Napoleons und Beitritt in dessen Rheinbund 1806 hatte die zunächst stark pro-französische Stimmung in Bayern spätestens nach dem Koalitionskrieg 1809 durch anhaltende Einquartierungen französischer Truppen und hohe Kontributionen zum Unterhalt der französischen „Verbündeten“ nach und nach gelitten. Mit der Niederlage der Armee im genannten Russland-Feldzug 1812 – und den hohen personellen Verlusten auch der Bayern – kippte dann die Stimmung vollständig, und auch der König Max I. Joseph vollzog im September 1813 einen Wechsel auf die Seite der anti-französischen Koalition.

52) Nördlingisches Intelligenz- und Wochenblatt. Nro. 51, Freitag 17. Dezember 1813, Beilage S. 2

53) Tragant ist eine Pflanzengruppe der Schmetterlingsblütler (lat. Astragalus), die in Europa als Heilmittel, aber auch als Verdickungsmittel (Traganth) seit der Antike verwendet wurde. Das im vorliegenden Zusammenhang vermutlich gemeinte Verdickungsmittel besteht aus einem gummiartigen Gemisch von Polysacchariden, das als Bindemittel für Backwaren, Saucen und Speiseeis verwendet wurde.

54) Dr. Christian Müller (geb. 1790) aus Eisenach trat nach Aufenthalten in St. Petersburg und Paris um 1814 die Stelle eines Kabinetts-Sekretärs beim Herzog von Leuchtenberg Eugène de Beauharnais, Schwiegersohn des bayer. Königs Max I. Joseph, an und verfasste während seines Münchner Aufenthaltes eine umfassende Beschreibung der Stadt München und Umgebung und ihrer Bevölkerung. 1820 ging Müller mit Empfehlung des Herzogs nach Italien (vgl. Goedecke K. Grundriß der deutschen Dichtung aus den Quellen. 2. Aufl., 10. Bd.: Vom Weltfrieden bis zur französischen Revolution 1830, 8. Buch, 3. Abt., Verl. Ehlermann Dresden, 1913, S. 299–300).

55) Müller, Ch. München unter König Maximilian Joseph I. Ein historischer Versuch zu Baierns rechter Würdigung; 1. Theil, Verl. Kupferberg Mainz, 1816, S. 395–396.

56) Pulcinel ist die italienische Bezeichnung für einen Hanswurst.

57) Schibboleths (hebräisch) sind Wörter, an deren verschiedener Aussprache die Herkunft des Sprechers zu erkennen ist und die somit zu einer Art sozialer Erkennungsmarke werden.

Titelblatt der Broschüre über den Finessen-Mann von 1818. Kolorierter Kupferstich, anonym

Auch sind die typischen Sprüche – so besonders auch das „Nix G'wiss woas ma nit", dieses hier zum ersten Mal beschrieben, – vermerkt, die den Sepperl zeit seines Lebens kennzeichnen.
Alle von Dr. Müller beschriebenen Beobachtungen decken sich mit denen aus dem bereits eingangs und mehrfach erwähnten Büchlein über den „Finessen-Mann".[58] Da es sich bei der Broschüre 1818 laut Titelblatt um eine „zweite, vielvermehrte, gesalzene und gepfefferte Auflage" gehandelt haben soll[59], ist es möglich, dass die Müller'sche Beschreibung schon in Kenntnis einer Erstauflage des Büchleins erfolgt ist. So gesehen, ist die Chronologie der Berichte über den Sepperl mit Vorsicht zu betrachten.
Außer dem als autobiografisch deklarierten Teil des Buches sind in mehreren weiteren „Abtheilungen" und zahlreichen Kapiteln insgesamt 149 Einträge vorhanden. Zieht man den genannten autobiografischen Anteil („Erste Abtheilung") mit 18 Kapiteln ab, bleiben noch 131 Berichte über Taten, Aussagen und Ereignisse über bzw. mit dem Finessensepperl. Eine erhebliche Zahl von Erwähnungen zeigt ähnliche Vorkommnisse, so dass diese thematisch zusammengefasst werden können. In der Broschüre sind diese im Detail nachlesbar, deshalb wird auf eine einfache Reproduktion verzichtet.
Es ist leicht vorstellbar, dass zeitgenössische Leser des Büchleins die aufgeführten Anekdoten, Berichte, Sprüche und Erlebnisse des Joseph Huber für Tatsachen hielten und sich dadurch über das Leben im damaligen München (und dasjenige des Sepperl im Speziellen) ausgezeichnet informiert fühlten. Allein, schon einige zum Teil klassisch-stereotype Sprüche und Anekdoten, die auch für andere Personen und in anderen Zusammenhängen beschrieben worden sind, lassen Zweifel aufkommen, dass bei diesen tatsächlich aus dem Leben des Finessenmanns aus München berichtet wurde – oder ob hier nicht vielmehr eine Art „moralische Lehrschrift" unter dem „Deckmantel" des Finessensepperl abgefasst werden sollte. Dennoch enthält das Dokument zahlreiche interessante Informationen, die in Teilen auch in der Zeit nach Sepperls Tod unter verschiedenen Bezügen immer wieder berichtet wurden und sein Nachleben dokumentieren. Diese sollen nachfolgend gebündelt zusammengefasst und – bis auf wenige Kapitel, die entweder inhaltlich repetitiv oder ohne besondere Aussage sind – besprochen werden.

58) Anonymus, 1818 (s. Anm. 1).

59) Intensive Recherchen konnten allerdings keine erste Auflage ausfindig machen.

Aussehen, Gestalt und Kleidung des Finessensepperl

„In einer neuen, blauen Feyer-Kleidung stand er vor mir, eine Kappe von schwarzem Sammet auf seinem Kopf, ein glänzendes Kreuz um den Hals, mit eben so schönen Schuhschnallen, auf die er selbst mit Wohlgefallen herabsah. – Ein kleines ausgetrocknetes Männchen, mit einem dreyfingerbreiten Gesicht, aus dessen juchtenfarbigem Einbande zwey rund Katzen-Augen stieren. Gram und Kummer mögen wohl Furchen in die Stirn gegraben haben, aber die tiefen Falten um den, zu einem ewigen Lächeln gespitzten Mund, hat die Satyre selbst gezogen. Ein drolliges Gemisch aus Schalkheit und Gutmüthigkeit vereint sich in diesem Gesichte, welches unter seiner Kappe mit eiserner Gleichförmigkeit so kaltspöttisch auf uns Alltags-Menschen hinguckt." [Kap. 22]
„In seinem neuen Festkleide machte er mir dann persönlich einen Besuch. Ich betrachtete seinen reinlichen Anzug, der in einer dunkelblauen Jacke und Beinkleidern nach der neuesten Mode, reinem Hemde und weißen Strümpfen, neuen Schuhen mit schönen Schnallen, schwarz seidenem Halstuche und einer schwarz sammtenen Kappe bestand. Um seinen Hals hing ein mit Glasstein besetztes Kreuz an einer bunten Schleife. In diesem Anzuge brachte er mir einige Zeitungen. Ich fragte nach seinem Alter, Geburtsorte u. s. f. und erhielt folgende Antwort: ‚Nichts Gewisses weiß man nicht; in München bin ich geboren, etlich 40 Jahre alt. Die Schnallen sind von meinem Bruder, der nach Italien reiste, sonst ist nichts mehr übrig, weder Staub noch Laub!'" [Kap. 26]
„Mit Wohlbehagen durchzog ich die schön geputzten Hauptstrassen der Stadt. Hier war der Weg ganz versperrt. Die Menge drängte sich um einen drolligen kleinen Mann, genannt Finessensepperl, der allen etwas Launiges in der eigenthümlichen Sprache des höchst komischen Originals sagt: ‚Nix gewiß weiss ma nit. – Nix vor ungut, liebs Nannerl. – Ein Gruß zu Haus. – Grüß mer's Nannerl' u. s. w. sind die Schibolets, mit denen er sich überall aushilft und durch die er mancher treffenden Bemerkung kluger Narrheit und närrischer Klugheit den verwundenden Stachel nimmt." [Kap. 143]

„X.G.[?] machte dem S[epperl] Vorwürfe, daß er gar so unreinlich umhergehe, seinen Anzug so sehr vernachlässige und sich weder kämme noch wasche. ‚Gehe nur und wasche dich selbst zuerst […] denn du bist aller Orten so voll Flecken, daß du Jahr und Tage brauchst, um deine Unarten und Fehler abzuwaschen. Was kümmern dich meine Unarten. […]'“ [Kap. 44]

„Sepperl wurde einst bey sehr schmutzigem Wetter zu Gast gebeten, wo man ihm verschiedene Geheimnisse anvertrauen wollte. Die bestimmte Zeit war längst vorüber und der Erwartete erschien nicht. Endlich kam ein Mädchen und fragte ihn zürnend, warum er so lange ausbleibe? – Sieh mich an, Näni, sagte der, ich bin reinlich angezogen und habe neue Kleider, aber so zerrissene Schuhe, daß ich bey solchem Wetter nicht ausgehen, noch viel weniger bei deiner Herrschaft erscheinen darf – die List half. Das Mädchen kam bald mit neuen Schuhen zurück. Der hungernde S[epperl] eilte nun zum Mittagessen, wo er es sich recht wohl schmecken ließ und für die neuen Schuhe gehorsamst dankte.“ [Kap. 107]

„S[epperl] traf an der Isar eine Wascherin bey ihren Geschäften […] ‚Soll ich dich nicht auch waschen, S[epperl], sprach sie zu ihm, du hättest es wohl sehr nöthig?' ‚Das kann wohl seyn, versetzte S[epperl], aber du könntest mich niemals reinigen, da du selbst voll Flecken bist. Sorge zuerst für dich selbst, und dann denke auch an Andere!“ [Kap. 111]

„An einem schönen Frühlingsmorgen gieng S[epperl] neu gekleidet durch die Vorstadt Sch[önfeld?]. Er hatte im Garten […] einen Blumenstrauss geholt und ihn an seyn neues Kleid geheftet. Zwey Köchinnen kamen zu ihm und bewunderten seinen schönen Anzug und die bunten Blumen. Ich habe das Kleid nöthig gehabt, sagte S[epperl] weil das alte zerriß; […] aus dem Strauße theile ich euch einige Goldblümchen und Vergißmeinnicht. Ich brauche Geld und gebe darum gerne Jedem eine Blume zum Andenken, der mir Etwas giebt.“ [Kap. 112]

„Wie kannst du wohl in so lumpigen zerrissenen Kleidern umhergehen, – sprach ein Mädchen zu S[epperl], der im Hause ihrer Herrschaft etwas wichtiges ausrichten sollte; du darfst in diesem Anzuge nicht vor derselben erscheinen. – Schau, Näni, versetzte S[epperl]. Alles in der Welt zerreisst, so geht es auch meinen Kleidern. Bey dir sind nicht nur die Kleider, sondern auch Schuhe und Strümpfe zerrissen, vielleicht noch mehreres, gewiß auch – dein Herz. Heile zuerst deine offenen Wunden, und dann bitte deine Herrschaft um neue Kleider für mich, da ich in den zerrissenen nicht erscheinen darf, wie du selbst gesagt hast.“ [Kap. 124]

„Sepperl traf an einem schönen Frühlingsmorgen eine kleine Gesellschaft von Spaziergängern in den Lauben des englischen Gartens (bey München) an, unter denen sich auch ein Fremder befand, der schon Einiges von dem treuen Hausfreunde gehört hatte. Der Fremde betrachtete nun das komische Original von oben an bis unten und that einige Fragen an den sonderbaren Mann, der ihn recht genau in's Auge faßte. S[epperl] gab keine Sylbe Antwort, aber seinen Mund umzog ein satyrisches Lächeln. Der erzürnte Fremde hielt es für Spott und befahl deswegen dem launigen dummen Kerl – wie er den S[epperl] nannte – seine Strasse fortzugehen. Bey dem Weggehen brach er das Schweigen und sagte zu den Begleitern des Fremden: ‚Jetzt bin ich zwar stumm, doch gar nicht so dumm, wie der Herr da meint, wie er selber scheint!'“ [Kap. 136]

Typische Sprüche des Finessensepperl

„[…] so finden wir an jeder Ecken den kleinen wackeren Bruder, der uns mit leisem Achselzucken durch seinen Lieblings-Spruch ***‚Muß schon gut seyn, wie's halt ist'*** *von allen verwegenen Plane zurückruft und uns lehrt, mit ruhiger Gelassenheit unseren Weg fortzuwandern“* [Kap. 23].

„[…] ruft der weise S[epperl] Jedem freundlich entgegen: ***‚Behüt' euch Gott miteinander'“*** [Kap. 24].

„Keine Rose ist ohne Dornen“, sprach er zu mir; „mein Leben ist bald sauer, bald süß, bald helle, bald dunkel, so wird es dir auch gehen. ***‚Wie's halt ist'“*** [Kap. 25]

„Ein Herr Naseweis ließ ihn einmal zu sich auf sein Zimmer kommen und bestürmte ihn mit verschiedenen Fragen. […] Endlich neckte er ihn mit seinem gewöhnlichen Sprüchworte: ***‚Nichts Gewisses weiß man nicht'“*** [Kap. 28].

„Mein Kompliment z'Haus!“ [Kap. 29]

„Viel Wissen macht Kopfweh!“ [Kap. 31]

„Nichts für ungut, schöne Näni!“ [Kap. 34]

„[…] wenn ich etwas davon habe.“ [Kap. 35]

„Wie man's aber trifft in der Welt.“ [Kap. 119].

„Kleine Denksprüche, Ein- und Ausfälle aus J[oseph] H[ubers] Schreibpult:

An eine gemalte Frau: Höre auf dein Angesicht tagtäglich zu beschminken – sonst wird's zuletzt wie Kupferplättchen blinken.

Zwei Alt-Münchner Originale: links der Finessensepperl („ad vivum 1811") und rechts der ewige Hochzeiter („ad vivum 1811"). Radierung von Ludwig Emil Grimm (www.galerie-fach.de)

Dem zänkischen R[?].: Voll Hochmuth, Neid und Eigensinn – bringt zankend er den Tag dahin.
Einer vergeßlichen Köchin: Ins Stammbuch soll ich dir mit einem Verse dienen? Gott gebe dir Verstand und stärke deine Sinnen.
Einer Nascherin: Der Müssiggang und Hang zum Naschen – reißt jeden Kreuzer aus den Taschen.
Der geschwätzigen B[?].: Auf deinem Leichenstein – gräbt man einst diese Worte ein. – Im Leben hat sie viel durch ihr Geschwätz verdorben – und ist zuletzt noch an der Plaudersucht gestorben.
Einer Unreinlichen: Eine Jungfrau muß hübsch und rein – nicht garstig und nicht schmutzig seyn.
Einem der oft kränkelt: Deine vielen Kopf- und Leibesschmerzen – kommen nur aus dem verliebten Herzen.
Einer Heyrathslustigen: Ach! Jungfrau willst du nicht mehr bleiben – so will ich dich als Frau in's Stammbuch schreiben.
Einem Kammer-Mädchen: Näni, hüte dich den Willen – deines Kammerdieners zu erfüllen!
Einem Verläumder: Viel Kopf hat freylich S[epperl] nicht; – die Zunge nur – sie beißt und haut und sticht." [alle Kap. 134]

Tätigkeiten des Finessensepperl

„Wer weiß nicht, daß unser kleiner Freund auch ein unbestechlich treuer Diener der Liebenden ist? Durch seine Extrapost geht alles richtig und schnell. – Einst besorgte er den täglichen Briefwechsel zweyer Liebenden. Ein spähender Oheim wähnte eine geheime Verbindung seiner Nichte, und bot alle Mittel auf, sie zu erforschen. S[epperl] sollte sie entdecken, allein, weder durch Drohungen noch Geld konnte man es ihm ablocken. Kalt und dreist sprach er: ‚Der Herr ist eine Mannsperson, die Mamsell eine Weibsperson. Mehr weiß man nicht. Viel Wissen macht Kopfweh!'" [Kap. 31]

„Im Sonntagskleid durchzog Sepperl mit einem Briefe und einem kleinen Blumenstrausse in der Hand die Strassen der Stadt. Es war am Josephstage. ‚Willkommen, Herr Briefträger, redete ihn ein junger Herr an, du bist heute hübsch aufgeputzt und hast gewiß wichtige Geschäfte.‘ Indeßen wollte er etwas neugierig die Adresse des Briefes lesen; allein Sepperl wies ihm die Rückseite; dann verlangte er zu wissen, für wen der schöne Blumenstrauß bestimmt sey. […] ‚Gefällt dir dieser schöne Blumenstrauß? fragte [Sepperl] den Neugierigen. O ja! versetzte dieser. Nun, […] der schöne Blumenstrauß trägt mir gewiß ein paar Zwanziger ein, denn er ist für dich bestimmt.“ [Kap. 120]

„Zwey Jungfrauen […] kamen zu S[epperl] mit der Bitte: daß er ihnen einen Liebesdienst zu erweisen und sogleich einen Auftrag übernehmen möchte. Er war eben mit einer Arbeit beschäftigt und ließ sich nicht stören; […] ‚Da die Näni […] mich schon einmal angeführt, also wünsche ich nichts, als daß ihr beyde weiter geht, der Magd einen Zwölfer gebt, und so das Geschäft selbst besorgt, wozu ihr gar nicht zu vornehm seyd.‘“ [Kap. 42]

„Sepperl trug einst in seinem Korb verschiedene Sachen von bedeutendem Werthe, um für Jemanden Geld darauf zu borgen. Zwey Mädchen fragten ihn neugierig aus und sagten: die Sachen haben alle gar keinen großen Werth. – ‚ja, Näni, versetzte S[epperl], sie sind wenigstens kostbarer als ihr beyde; kommt nur und laßt euch schätzen, wir wollen dann sehen‘ – Nichts für ungut, schöne Näni!“ [Kap. 34]

„Man drang in ihn, Entdeckungen zu machen und Geheimnisse auszukramen. – Ich kenne wohl die Straßen der Stadt, die Häuser und Hausnummern, gab S[epperl] dem Fragenden zur Antwort, aber durch Mauern und Thüren dringen meine Blicke nicht: ich kann also nicht wissen, was im Innern des Hauses vorgeht: wenn du selbst hingehen und Erkundigungen einziehen willst, so will ich dein Wegweiser seyn, wenn ich etwas davon habe.“ [Kap. 35]

„Auf dem Markte hatte S[epperl] seinen Korb mit kostbarem Obst und Citronen gefüllt und war eben im Begriff, das Gekaufte an den Ort seiner Bestimmung zu tragen, als er bemerkte, daß ihn einige Neugierige auf seinem Wege verfolgten. […] Endlich wurde er von Einigen angehalten und mit der Plünderung seines Obstes bedroht, […] als er den Korb auf die Erde stellte, sich auf denselben festsetzte und mit lauter Stimme schrie: ‚ich weiß wohl, daß viele Hunde des Hasen Tod sind; […] eher will ich mich tod prügeln lassen, als die kostbaren Früchte den Räubern preis zu geben.‘ Mittlerweile kam man dem Schreienden zu Hülfe […].“ [Kap. 41]

„Mit einem großen Paquet und einem Briefe wanderte der kleine Mann durch die Stadt und wurde von einem Neugierigen aufgehalten. Sage mir: Wer hat dir dieses Paquet übergeben? Wohin mußt du es tragen? Wie heißt die Addresse des Briefes? – Ey, ey, lieber Herr! Viel Fragen macht Bauchweh und viel Antworten verursacht Fieber. Wenn dir an diesem allen gar so viel gelegen ist, so gib mir nur ein Trinkgeld, dann führe ich dich entweder zu dem Haus in Schönfeld zurück, wo ich den Brief erhielt, […] oder begleite dich […] in die Ludwig-Vorstadt, dann siehst du, wo ich ihn abgebe. Sieh, wer viel fragt, dem bindet man viele Bären auf.‘“ [Kap. 45]

„Eine Köchin hatte sich ein wenig am Bratspieße verwundet, und schickte den kleinen Hausfreund zum Wundarzt, der ein Heilpflaster verordnete. S[epperl] wartet in der Apotheke lange darauf, verlor endlich die Geduld und sagte: ‚Sie! Hier geht gar nichts zusammen; jetzt ist es hohe Zeit, daß ich das Pflaster bekomme; denn wenn ich nicht über Hals und Kopf davon laufe, so heilt die Wunde entweder zu, ehe ich zurückkomme, oder die Näni muß verbluten.‘“ [Kap. 80]

„Lange Zeit hatte schon S[epperl] bey einem Bierwirth auf Rechnung der Mamsell Borgeviel das Bier geholt. Die Rechnung war aber so groß, daß derselbe ohne Bezahlung nichts mehr hergeben wollte. Das edle Frauenzimmer […] sandte sofort ihren Hausfreund zum Weinwirth. Aber da er kein Geld hatte, wies man ihn ab. – S[epperl] ging nun mit leerer Flasche zum Brunnen, um sie mit Wasser zu füllen. – ‚Laß dir's wohl schmecken, sagte er zu seiner Freundin, als er nach Hause kam. Hier bringe ich dir helles Quellwasser, es ist […] das edelste Getränk, denn es enthält die Nüchternheit und kostet nichts. Trinke dasselbe nur so lange, bis du bey dem Bierwirth die Rechnung getilgt hast; alsdann soll der Wasserkrug wieder zum Bierkrug umgeschaffen werden.‘“ [Kap. 87]

„Ein etwas hungriger Austrager tadelte den Sepperl, daß er immer wie ein Hausknecht mit dem Korbe umhergeht. S[epperl] kam eben aus dem Bockkeller. ‚Siehe‘, sprach er zu dem erzürnten Freund, ‚ich habe so eben meinen Korb mit zwey Flaschen Bock und Braten gefüllt, […]. Befolge meinen guten Rath, trage auch einen Korb und wenn er leer ist, so gieb dir Mühe, ihn ebenfalls mit Brot und Bock anzufüllen, wozu ich dir guten Appetit wünsche.‘“ [Kap. 96]

„S[epperl] erregte in einer neuen blau rothen gestreiften Matrosenkleidung grosses Aufsehen. Zwey Mädchen beehrten ihn deßhalb mit dem Namen Hanswurst. Gut, sagte er, ich will so lange Hans heissen, bis ich die Wurst gegessen haben, die ihr mir auf der Stelle bezahlen müßt. Wollt ihr euch dazu nicht verstehen, so gehe ich sogleich zu eurer Herrschaft, und bitte sie zu untersuchen, wie viele Hausschlüssel ihr besitzt. Bey dieser Gelegenheit werdet ihr dann schon erfahren, daß ich Joseph heiße. Die Drohung half. S[epperl] erhielt Geld zu zwey Würsten – und schwieg.“ [Kap. 125]

„Finessen-Träume: Unter diesem Namen findet man neun Karten zum Lotto spielen. Auf 30 Blättern ist der bedeutende Mann in verschiedenen Gestaltungen abgebildet. Der Verfasser dieses Spiels erzählt in seiner Ankündigung Folgendes: ‚Der bekannte Sepperl sagte einst zu mir: du hast auf meinen Namen schon einmal eine Schlagkarte gemacht, diese ist zwar recht, allein ich bin nur dreymal darin zu sehen. Wirst du eine Karte herausgeben, wo ich dreißigmal vorkomme, so wird dein Verkauf auch dreyßigmal stärker seyn. Ich fragte ihn, ob er auch schon in der Lotterie gespielt habe? Er verneinte es mit der Bemerkung: er möchte gern Anderen das Glück des Gewinns überlassen.“ [Kap. 144]

Weitere „Lebenssprüche“ und Erlebnisse des Finessensepperl

„Mamsell K[?]. klagte bey S[epperl] über die Flüchtigkeit des Lebens, daß sie sich bereits dem dreissigsten Jahre nähere, ob sie gleich schon eine Weile darüber hinweg war. […] ‚Tröste dich, schöne Näni, du entfernst dich täglich mehr davon […], denn in zwey oder drey Jahren kannst du schon das Liedchen anstimmen: Vier Mal zehn ist Vierzig.‘“ [Kap. 40]

„S[epperl] entdeckte einmal im Kasten eines jungen Bedienten mehrere Sachen, die sich auf unrechtem Wege an diesen Ort verirrt hatten. […] [dieser] bat ihn dringend, diesmal die Augen zuzudrücken. ‚Ja, sagte S[epperl], aber zum letztenmale; denn du bist auf einem gefährlichen Wege. Drück ich noch einmal ein Auge zu, so wirst du es bei deinem Handwerk dazu bringen, dass man dir von Rechtswegen beyde Augen zudrückt. […] Nix für ungut.‘“ [Kap. 43]

„Ein Bedienter störte seine philosophische Ruhe durch eine Einladung. Schnell sollte er sich ankleiden und ihn begleiten. S[epperl] ließ sich Zeit. Der Bediente wurde unwillig und trieb ihn. […] ‚So, versetzte S[epperl] – so will ich nun noch so lange warten, bis du mir wieder Nachricht bringst, daß man mich nicht mehr erwarte; denn du kennst doch das alte Sprichwort: Eile mit Weile.‘“ [Kap. 46]

„S[epperl] stand an einem Fenster seiner Wohnung in tiefem Nachdenken. Hälst du Maulaffen feil? Riefen ihm zwey Vorübergehende zu […] O nein, versetzte S[epperl], ich habe nur warten wollen, bis sich Maulesel unter meinem Fenster einfinden würden; da mir nun dieses Glück so bald zu Theil geworden, so habe ich jetzt zu Hause nichts mehr zu thun.“ [Kap. 51]

„Herr von X[?] war ein großer Liebhaber vom Wein […] er hatte schon manche hundert Flaschen von allen Nationen verschlungen. […] Sepperl sprach zu ihm ‚und doch wette ich, du weißt nicht einmal, wo der beste Wein wächst.‘ Herr von X. zählte nun alle köstlichen Weingegenden nach auf und konnte das Rätsel nicht lösen. – Du giebts dir wirklich vergebliche Mühe […] denn der Wein wächst ja nicht, sondern die Trauben. Besser wäre es also den Wein Traubensaft zu heißen, so wie die Weinsäufer und Zechbrüder Bacchusknechte.‘“ [Kap. 72]

„S[epperl] gab einem Mädchen, das ihn mit schnellen Schritten auf der Strasse wandern sah, auf die freundliche Frage: Wohin so geschwinde, Sepperl? Die einfache Antwort: ‚Dahin, wo ich noch nicht gewesen bin.‘“ [Kap. 85]

„Ein schwarzbraunes, dabey sehr eitles modesüchtiges Mädchen […] hatte sich einmal im Sommer ganz weiß gekleidet und fragte den S[epperl], ob ihr diese Kleidung nicht recht gut stehe? O ja, antwortete dieser, du wirst gewiß alle Augen auf dich ziehen; denn du siehst darin aus, wie eine Fliege in der Buttermilch; deine Haut hat immer die Komissbord-Farbe, und in einigen Tagen wird auch dein Kleid in dieser Lieblingsfarbe prangen.“ [Kap. 93]

„Zu jener Zeit, wo eine Vorahnung nahender Erlösung alle Geister ergriff, und selbst Pöbel durchdrungen war, sagen die Gassenjungen Rußlands ihr Lieblingsliedchen auf offener Strasse. Der kleine maulfertige Leyermann hatte es auch gelernt und sang einst in Gegenwart einiger Bekannter: Eins – zwey – drey – die Franzosen sind entzwey; in Deutschland sind sie fett gemacht, in Rußland werden sie abgeschlacht! – Einem der Zuhörer behagte das Liedchen nicht; er gebot dem Sänger Stillschweigen, indem er ihm bey den beiden ersten Worten zweymal tüchtig den Takt schlug. Halt, sprach S[epperl] zu ihm, du verstehst das Ding nicht; es heißt ja eins – zwey – drey – bey diesen Worten machte er

Porträt des Finessensepperl. Ludwig Emil Grimm, Kohlezeichnung, datiert vom 13. August 1811, Privatbesitz

dreymal solche Bewegungen auf dem Rücken des unberufenen Tadlers […].“ [Kap. 101]

„Einige Freunde lasen am Rindermarkte die Zeitung, als eben S[epperl] mit seinem beladenen Korb daher kam. Er erwiederte ihren Zuruf mit seinem freundlichen „Grüß Gott beyeinander“ wurde aber nur ausgelacht. Einer tadelt seinen schlechten Anzug, und wies ihn fort, da er hier nicht am rechten Platze wäre. Ja, das weiß ich wohl, versetzte S[epperl], darum will ich dich an deinem Lieblingsorte stehen lassen; denn du gehörst mit Recht auf dem Rindermarkt. Bleibe also hier, so lange es dir gefällt, und willst du ein Zimmer miethen, so sind im Ochsen- und Eselsgäßchen noch einige zu ebener Erde leer, wo du zugleich Kameraden zu finden die Ehre haben wirst.“ [Kap. 103]

„S[epperl] fand den X.S[?]. am Schreibtisch mit ernsten Arbeiten beschäftigt. […] sprach zu ihn, daß du nun so fleissig bist: denn mir war immer bange, du könntest einmal am Müssiggang-Fieber sterben. Was hast du denn für wichtige Arbeiten, du bist ja ganz ins Nachdenken vertieft? Mein Tagebuch, versetzte X. das ich nun regelmäßig führe, sieh es einmal an, es giebt einen Beytrag zu meiner Lebensgeschichte. S[epperl] durchsah dasselbe und schrieb dann unter dem Titel ‚Tagebuch des X.S.‘ noch die Worte hin: oder Peter Lustig’s Sündenregister – Wahrheit ohne Dichtung.“ [Kap. 108]

„Zwey junge Herrn begegneten dem S[epperl] auf einem Spaziergange. Er suchte in seinem Korbe, und vergaß zur Seite zu gehen. Da er nun aus Versehen auf die Kommenden stieß, sagte der Eine unwillig: ‚Warum schaust du nicht vorwärts, ich brauche nicht jedem Maulaffen auszuweichen! – Aber ich wohl‘ versetzte [Sepperl] und zog ruhig seine Strasse fort.“ [Kap. 122]

„Ich habe deine Sprüchwörter und lustigen Einfälle gelesen, sagte ein Freund zu S[epperl]; aber es steckt doch im Grund nicht viel dahinter. Wenn man alles aufschreiben wollte, was du nicht weißt, so wurde das wohl ein hübsches Buch werden. Da hast du freylich recht, versetzte S[epperl], aber es würde gewiß auch ein sehr elendes Buch werden, wenn man Alles aufschreiben wollte, was du weißt. Man könnte ihm den einfachen Titel geben: Das Buch der Dummheit von Christian Gimpel.“ [Kap. 123]

„Schon manchmal hatte S[epperl] dem jungen Brausethal wesentliche Dienste geleistet. Da er sich nun in einer ökonomischen Verlegenheit befand, sollte S[epperl] abermals Hülfe schaffen; allein es gelang ihm nicht. Darüber wurde B. so unwillig, daß er den S[epperl] hart anfuhr, und ihm über seine Nachlässigkeit und Undienstfertigkeit heftige Vorwürfe machte. S[epperl] […] sprach […]: ‚nun ist es genug! Du hast mir unrecht gethan, höre also meinen Rath: Suche dir einen anderen Diener, denn mir behagt das wüthige Wesen nicht mehr; bestelle die Pillen in der Apotheke; eile zum Bader, um dir eine oder zwey Adern öffnen zu lassen, damit das böse wallende Blut herausspritze!‘“ [Kap. 126]

„Ein roher Mann drückte manchmal der geliebten Ehehälfte seine zärtlichen Gefühle etwas unsanft mit dem Stocke aus, den ihm dieselbe in der goldenen Zeit des Brautstandes zum Geschenk gemacht hatte. Dieses verdroß den S[epperl] […] um so mehr, da die fleißige Hausfrau eine solche Behandlung nicht verdiente. – ‚Nicht wahr, gestrenger Herr redete er einmal den Mann an, deine Frau hat dir diesen Spazierstock geschenkt?‘ ‚Ja, warum fragst du das?‘ ‚Weil du ihn zu einem Prügelstab entweiht hast. Höre, wenn du dein Handwerk nicht niederlegst, so bringe ich Morgen deiner Frau zwey tüchtige Ruthen, damit sie dir mit doppelten Streichen züchtigen und deinen Stab in Quiescenz [Ruhe] versetzen kann.‘“ [Kap. 129]

„Einst wollte ihm Jemand etwas von seinen kleinen Ersparnissen rauben und drohte ihm mit Schlägen. Man eilte auf sein Rufen zur Hülfe herbey und wollte den Menschen festhalten; allein er sagte ganz kaltblütig: Laßt den Narren gehen, er ist sonst ein guter Mensch, nur hat er das Diebs-Organ; allein das Sprüchwort kann noch an ihm wahr werden: man trägt den Krug zum Brunnen, bis er zerbricht.“ [Kap. 133]

„Als im Jahre 1811 der schöne Komet am Firmament leuchtete, betrachtete S[epperl] denselben mit großer Aufmerksamkeit, wurde aber von einigen Abendwandlerinnen gestört, die mit allerley spöttischen Reden auf ihn losstürmten. Lange blieb er in ruhiger Fassung, achtete das Geschwätz nicht und blickte andächtig zum Himmel hinaus. Endlich brach er ungeduldig das Stillschweigen und sprach zu dem jungfräulichen Chor: ‚Packt euch fort in euer Forstrevier! Fixsterne kann ich überall sehen, Kometen sind eine seltene Erscheinung. Dieser hat einen herrlichen Glanz, ihr aber verwandelt selbst die Dämmerung in Nacht und Dunkelheit. Mir ist, ich stehe vor einem Spinngewebe, fort, fort!‘“ [Kap. 138]

Künstlerunterhaltung in München. Rechts im Vordergrund der Finessensepperl sitzend, um 1812. Vorlage vermutlich von Ludwig Emil Grimm, Sammlung Carlo Proebst

Späße, Neckereien und Streiche von und mit dem Finessensepperl

„Ein kleiner aber wasserreicher Bach theilte den Garten des Herrn M[?]. in zwey Theile. S[epperl] war mit dem Gärtner wohl bekannt, welcher einmal seinen Spaß mit ihn zu treiben versuchte. Er lud an einem schönen Sommerabend den S[epperl] ein, im Bach seines Gartens zu baden. […] Mit einmal kommt der Gärtner und taucht ihm den Kopf so tüchtig unter, daß dieser ein jämmerliches Geschrey erhob […] Seine List sann auf Rache. […] bestellte S[epperl] bey dem Gärtner einen Blumenstrauß […] Diese […] Brücken musste der Gärtner [dabei] passieren; er sägte daher eine in der Mitte zur Hälfte durch und legte sie wieder an ihre Stelle. […] Der Gärtner rannte gerade über diese Brücke, sie brach und er purzelte in den Bach. – ‚Jetzt ist's gut, schrie ihm S[epperl] zu, wohl bekomm dir das Bad, wir sind nun quitt, du hast mich getaucht und ich habe dich gebadet. Wer Andern Gruben gräbt, der fällt oft selbst hinein.'" [Kap. 47–48]

„Auf dem Markte traf S[epperl] einen Bekannten, der einige Blumen kaufte. Wie viel Uhr ist es? fragte ihn dieser. ‚Das weiß ich nicht genau, versetzte er, und dir kann es ja gleichgültig seyn, da du mit Nichtsthun dein Tagewerk anfängst und vollendest. Für mich läuft die Uhr zu schnell, für dich aber zu langsam; das kann ich dir indessen bestimmt sagen: es ist die nächste Stund am Zeiger, und wenn er d'rauf ist, do schlägt's.'" [Kap. 57]

„Am ersten Tage des Aprils schickte ein Mädchen den kleinen Briefträger mit einem versiegelten Billet in die Apotheke. Darin stand geschrieben: Schickt den Sepperl weiter! Allein der Apotheker war klüger und gab ihm zur Antwort: wir verkaufen diese Waare nicht. Sepperl merkte den Spaß, sann auf Rache und brachte dem Mädchen die Nachricht: ‚die Herren in der Apotheke haben gesagt, du seyst ein Narr, Näni, und für Narren gebe es keine Pillen in der Apotheke; du sollst eine Reise nach Giesing machen, und im dortigen Irrenhause absteigen.'" [Kap. 71]

„Ein Bauer fuhr mit einem kleinen Rest Holz durch die Strassen und bot dasselbe feil unter dem gewöhnlichen Ausruf: Kauft Holz! S[epperl] ließ ihn vor einem gewissen Hause stille halten und befahl ihm abzuladen. Was gibst du mir für das Holz? fragte der Bauer. Nichts, versetzte S[epperl], du hast nur gerufen ‚Kauft Holz' vom Bezahlen habe ich kein Wort gehört; denn ich habe deine Waare nur für ein Muster angesehen und Muster bezahlt man nirgends […]." [Kap. 72]

„Ein Bote vom Lande fand in der ihm sonst wohlbekannten Wohnung eines Kartenmachers alle Thüren verschlossen. […] Auf der untersten Stiege traf er gerade den S[epperl] und fragte ihn, ob er den Kartenmacher kenne und ob er nicht wisse, wo der zu finden sey? O ja, versetzte der S[epperl], den Mann kenne ich gut, aber gestern abend ist ihm etwas sehr Wichtiges vorgefallen, daß er schnell ausziehen musste. Er logiert gegenwärtig in der Isar-Vorstadt an der Landstrasse nach Wolfratshausen nächst der Kirche Nro. 92 zu ebener Erde rechts und ist den ganzen Tag zu Hause, weil er sich einrichtet. Der Bote kam in die bezeichnete Strasse, fand auch die Kirche, und zuletzt nach langem Nachfragen auch den Kartenmacher im Leichenhause, wo er beygesetzt lag, indem er Tags vorher gestorben war." [Kap. 77]

„Zwey Freunde begleiteten den S[epperl] Abends nach Hause. Der Himmel war ganz mit Sternen besät. Da sie den kleinen Finessenmann zu necken gedachten, sagte der Eine mit spöttischem Lächeln zu ihm: Was meinst du wohl, S[epperl] wie viele Sterne glänzen jetzt am Himmel? – Das weiß ich wirklich nicht, antwortete S[epperl], aber dir wird es ein leichtes sein, mir zu sagen: wie viele Narren es auf der Erde giebt? – Wenn du nicht gewiß weißt, ob du dich auch darunter zählen darfst, so kann dir Jedermann darüber Auskunft geben." [Kap. 86]

„Einige lustige Bedienten wollten ihren Spaß mit ihm treiben. – Sepperl, sagte Anton, du mußt zu deiner hübschen Kleidung auch noch rothe Backen haben, komm, laß dich schminken. […] Allein, Anton schminkte ihn mit Stiefelwichse und wollte ihn mit einem Brief an O.[?] schicken. Sepperl forderte einen Spiegel, […] je mehr man ihm denselben verweigerte, desto mehr beharrte er darauf. Endlich nahm er einen Spiegel, beschaute sich, ließ ihn aber sogleich auf den Boden fallen, daß er zerschmetterte. – […] Sieh, Anton, der Anblick meines Gesichts hat mich so gewaltig erschreckt, daß mir vor Angst der Spiegel aus der Hand fiel […]." [Kap. 95]

„Auf einem kleinen Schubkarren führte S[epperl] einige Blumentöpfe nach dem Garten des Herren L[?]. Die dickleibige Hausmagd traf ihn auf der Strasse, und sagte: ‚Möchtest du mich nicht auch noch aufsitzen lassen, damit ich nach Hause fahren könnte? – Nein, sprach S[epperl], du gehörst ja nicht zu den Blumen des Gartens und überdieß habe ich noch niemals Fleisch geführt; wenn mich dein Herr Morgen in die Metzge sendet, dann will ich dir zu lieb den Karren

nehmen, und dich dorthin führen, wo es dir an Gesellschaft nicht fehlen wird.'" [Kap. 99]

„Zwey junge Herren trafen einst unsern Finessenmann auf der Strasse, als er gerade beym Krämer eine Dose voll Schnupftabak gekauft hatte. Sie wollten ein wenig mit ihm scherzen, nahmen ihn in die Mitte und sagten: Hör' einmal, Sepperl, was bist du eigentlich, ein Narr oder ein Schlaukopf? – Nichts Gewisses weiß man nicht – versetzte Sepperl, indem er seinen Begleitern eine Prise Taback anbot – aber ich glaube, ich stehe so zwischen beyden in der Mitte. B'hüt euch Gott beysammen!" [Kap. 104]

„Als S[epperl] in dem Jahrmarkt zu A[?]. durch die Reihen der Buden gieng, bemerkte er ein großes Gewölbe, in dem die Waaren in Kasten verschlossen lagen. Er stand eine Weile stille, dann fragte er den Kaufmann, was er eigentlich feil habe? –Ochsenzungen, antwortete er. So, versetzte S[epperl] und zwar lebendige, wie ich bemerke; deine Waare hat, wie es scheint, sehr guten Absatz gefunden, da nur noch eine einzige im Gewölbe steckt!" [Kap. 109]

„Ein alterndes Stubenmädchen, das tagtäglich ihr Gesicht mit Schminke übertünchte, ließ einen Porträtmaler rufen und bestellte ihn auf den folgenden Morgen, um sich malen zu lassen. Die bestimmte Stunde erschien: allein, der Maler kam nicht. S[epperl] erhielt daher den Auftrag, sich um die Ursache seines Ausbleibens zu erkundigen. Er gieng und brachte folgende Antwort: ‚Du sollst dein Gesicht acht Tage lang mit Essig oder Seifenwasser waschen und die Schminke zuerst wegschwemmen, dann wolle er wieder kommen und untersuchen, ob die Arbeit vorgenommen werden könne, da er nur nach der Natur zu malen gewohnt sey.'" [Kap. 118]

„Ein Frauenzimmer, das sehr oft im Jahr in Verlegenheit kam, suchte sich eine andere Wohnung, und gab deßhalb ihrem vertrauten Freunde, dem kleinen Finessenmann, die nöthigen Aufträge. Seine öfteren Nachfragen gelangen nicht nach dem Wunsche seiner Gebieterin. Endlich gab er ihr den guten Rath: sie soll sich an der Pfandhausgasse eine Wohnung stiften, damit er doch nicht so weit in das Leihhaus zu gehen habe, wenn sie sich in Verlegenheit befinde." [Kap. 128]

„Ein Mädchen war sehr eifrig mit Spinnen beschäftigt, als ihr S[epperl] an einem späten Winterabend einen Brief überbrachte. Sie besaß keine große Fertigkeit im Lesen, klagte aber nur über das sparsame Licht und befahl dem Briefträger, noch eines anzuzünden. O da kann ich schon Hülfe schaffen, versetzte S[epperl] indem er das Licht so an den Spinnrocken setzte, daß der Flachs also bald in hellen Flammen aufloderte. Jetzt, Näni, ist es so helle, daß du jede Sylbe des Briefes sehen und buchstabieren kannst. Man muß mit den Kerzen sparsam umgehen, da sie gar so theuer sind." [Kap. 139]

„S[epperl]: ‚Der Monat eilt zum Ende. Sorge du doch dafür, die Rückstände zu tilgen, sonst giebt es Verdruß. – Z[immerherr]: Die Rückstände werden sich schon ergeben. Ich ziehe aus, dieses Zimmer ist mir zu düster und ungesund. Suche mir ein anders. – […] S[epperl] Ich weiß zwey: eines am Schleckergässchen, das andere auf dem Rindermarkt; aber man begehrt Vorausbezahlung. – Z[immerherr]: Ich bin vom Vorauszahlen kein Freund, es macht Irrung in meiner Rechnung. – S[epperl]: Du bist gar ein solider Mann, du hast im Nichtzahlen eine so grosse Fertigkeit erlangt, daß es wohl das beste seyn wird, wenn du dir selbst ein Zimmer miethest. Nichts für ungut!" [Kap. 141]

„Hast du nicht Lust in's Theater zu gehen, fragte den S[epperl] ein Mädchen, die mit ihrem Liebhaber dahin eilte. – S[epperl]: O ja, wenn du Lust hast, für mich zu zahlen. – M[ädchen]: Es wäre wohl ein hübsches Stück für dich, man giebt den Schwätzer! – S[epperl]: Und die Schwätzerin giebst du und ausser dem Theater […] ich habe jetzt keine Zeit zum Theaterbesuch. Wenn einmal ‚die bezähmte Wiederbellerin – Irrthum in allen Ecken – Es spuckt – der Wildfang – das Lotterieloos oder der Gimpel auf der Messe' gegeben werden, dann mußt du hingehen, indem diese Stücke deiner Gesundheit zuträglich sind." [Kap. 142]

Ausflüge und sonstige Erlebnisse des Finessensepperl

„Drei junge Naseweis wollten einmal mit S[epperl] ihren Spaß betreiben. Sie mietheten einen Wagen und machten mit ihm eine Spazierfahrt nach Vöhring. Er erschien im stattlichen Sonntagskleid, am Arm eine kleine Laterne, obschon es ein heller Sommertag war. […] Je mehr man ihn zur Zielscheibe des Witzes machte und ihn zu necken suchte, desto ernster und ruhiger blickte er auf seine Laterne hin, die in Vöhring einen Platz auf dem Tische erhielt. – An Speis und Trank fehlte es nicht. Sepperl war munter […] So manches Sonntagswort floß von seinen Lippen, die Glocke schlug sieben, Sepperl befahl dem Kutscher einzuspannen. […] Der Wein hatte die jungen Herren ziemlich begeistert: sie fielen mit bitterem Spott über ihren Gast her, indem sie

ihn zwingen wollten, Geheimnisse zu entdecken und Liebesgeschichten zu erzählen. [...] nichts konnte ihn aus der Fassung bringen, nur sein Blick glühte Rache. – Was soll, ihr lieben Herrn, ich euch jetzt zum Abschied sagen? Ich kann ja nur mein Mißgeschick beklagen; denn in Gesellschaft von drey grossen Narren bin ich heut' nach Vöhring ausgefahren; doch sie zahlten mir Kaffee und Bier und Braten, und das ist wohl das gescheuteste, was sie thaten." [Kap. 68]

„An einem schönen Frühlingstage begegnete S[epperl] vor dem Thore einigen geschwätzigen Mädchen, die ihn zum Begleiter auf ihren Spaziergange einluden. – Ich bin zum Thore herausgegangen [...] nur die schöne Natur zu betrachten, nicht um das Gesum[s]e der Mücken und Wespen zu hören. [...] Morgen findet ihr mich schon in der Stadt bereit, eure Narrheiten geduldig anzuhören. Wenn ihr mich zum Meth abholen wollt [...] so stehe ich in der Früh um 9 oder 10 Uhr zu euren Befehlen. Jetzt behüt Gott [euch] beyeinander." [Kap. 69]

„S[epperl] wurde einmal bey einem Bierwirth zum Abendessen eingeladen, wo sich einige lustigen Tischgenossen einfanden. Er hielt das Bier für ziemlich wässrig, hob sein Glas in die Höhe und sprach: ‚Das Bier ist freylich schön helle, aber wie sonderbar, ich suche immer Wein- und Bierwirthe und finde öfters Wasserwirthe [...].'" [Kap. 70]

„Ein sehr unreinliches Mädchen lud den S[epperl] in der Karnevalszeit ein, mit ihr maskiert auf die Redoute (Maskenball) zu gehen. [...] ‚Ich will, sagte er, ein Schäferkleid anziehen; und für dich, Nänerl, ist wohl das beste – ein rein weißes Hemd.'" [Kap. 74]

„Sepperl wurde von einer munteren Gesellschaft zu einer Spazierfahrt eingeladen. Man kehrte bey dem Wirthe des Dorfes ein und genoß ein ländliches Abendessen. [...] er fand die Zeche recht übertrieben. Als er vom [...] Wirthe Abscheid nahm, sagte er zu ihm: ‚behüt dich Gott [...] und wenn du an deinem Gasthaus einen neuen Schild aushängen willst, so lasse darauf schreiben: hier wohnt Herr Theuer zur Doppel-Kreide.'" [Kap. 75]

„Bey der allgemeinen Volks-Belustigung des Baumsteigens, womit gewöhnlich die Jahrmärkte in der Vorstadt Au nächst München beschlossen werden, befand sich auch der kleine Finessenmann unter der Menge der Zuschauer. In der Nähe [...] lagen eine Menge Baumstämme aufgeschichtet, auf die er sich [begab], um das Ganze [...] überschauen zu können. Jetzt treten einige Mädchen zu ihm und boten im einen Vierundzwanziger an, wenn er ebenfalls auf den Baum steigen wollte. Er zeigte sich sogleich bereit und ließ sich das versprochene Trinkgeld auszahlen. Schnell schwang er sich nun auf den obersten Baumstamm und schrie den Mädchen zu: ‚Ich habe den Baum erstiegen, das Reisegeld ist bezahlt, behüt euch Gott beyeinander!'" [Kap. 88]

„Heut ist der jüngste Tag, sprach X[?]. am frühen Morgen des allgemein gefürchteten 18. Juli [1816] zu S[epperl], der eben sein Frühstück verzehrte, bist du gefaßt? Ich habe so eben auf dem Hauptplatze gehört, daß heute in der Nacht, wenn es zwölf Uhr schlägt, die Welt untergehen werde. Mag schon gut seyn, sprach S[epperl] wenn es dir am Gewissen krappelt; so mache du nur zuerst deine Rechnung in Ordnung, mit mir hat es schon Zeit; ich habe meinen diesjährigen Kalender genau durchgesehen, aber nur Anzeigen von kürzesten und vom längsten Tag gefunden, von einem jüngsten Tag steht keine Silbe darin; daher hoffe ich, es werde alles hübsch beym Alten bleiben." [Kap. 100]

„Herr von Pralheim, der [...] sehr vornehm that, erzählte einmal S[epperl] vieles von seiner hohen Herkunft [...] [Dieser] versicherte den Herrn v. Pralheim, auch er stamme von einem uralten Geschlecht ab, [...] und stehe noch dazu in genauer Verwandtschaft mit ihm. Wie so? Du mit mir verwandt? [...] Lass dir sagen, versetzte S[epperl], zwar habe ich meinen Stammbaum verloren, allein ich stamme zuverlässig von Adam ab, wie du [...] mithin [sind wir] Brüder. Es lebe unsre Brüderschaft!" [Kap. 102]

„Bey Donnerwettern pflege ich gewöhnlich ein sicheres Obdach zu suchen, sagte [Sepperl] [...] Bald traf er zwey [...] Kammermädchen, deren Stirn in düstere Falten gezogen waren. Sie nahmen ihn in Anspruch, und machten ein schreckliches Getöse, indem sie ihm ihre Noth klagen wollten. Heut ist ein böser Stern, sprach Sepperl. Ich laufe nur Kammermädchen in die Hände, und zittere daher schon am ganzen Leib, als ich euch nur von ferne erblickte. Ihr könnt meine Angst auf dem Gesichte lesen; denn ich fürchte Kammermädchen wie Mordgewehre, die einen schneiden, die anderen stechen." [Kap. 106]

„Mit einer kleinen Gesellschaft war S[epperl] auf das Land gegangen. Da das Bier, womit man sie bewirthete, eben nicht zu den besten gehörte, so trank man zum Abschied noch einige Flaschen Wein, allein dieser war so sauer, daß die Gesellschaft mit Unwillen den Wirth verließ. S[epperl] drückte ihm die Hand [...] und sprach: ‚Lieber Herr Wirth! Dein Wein hat zwar zu auffallende Altersschwachheiten, die Gusti sind zwar verschieden, aber ich muß die Wahr-

Der Finessensepperl mit seinen Attributen und seinem bedeutenden Ausspruch

heit sagen: Heute ist diese Gesellschaft nicht bey dem Wein, sondern bey dem Essig gewesen, sieh nur einmal, wie Alle Essiggesichter machen!'" [Kap. 113]

„Nach dem Pferderennen gieng S[epperl] mit einigen Freunden in ein Bierhaus. Bald fiel man über ihn her und wollte ihn zwingen, Spässe und Schwänke zu erwählen. Er hatte keine Lust dazu und begab sich fort, indem er beym Herausgehen sagte: ‚Das Pferderennen hat mir sehr wohl gefallen; allein hier werden Bärentänze und Stierengefechte gegeben, und ich bin unter Wölfen und Bären gefallen; da ich nun in jeden Künsten nicht eingeweiht bin und überhaupt reissende Thiere fürchte, so ist es besser für mich, diese Löwengrube zu verlassen, ehe das Concert seinen Anfang nimmt.'" [Kap. 115]

„Es war ein frostiger Wintertag, die Natur ruhte unter Schnee und Eis. Nächst dem Thore fand ich den Finessenmann unbeweglich und nachdenkend im Schnee sitzen. […] als ich laut mit mir selbst sprach und mit meinen Armen und Händen allerley Gedankenstriche schnitt. Endlich stund er auf und fragte: ‚Ey, was fehlt dir? Wie kömmst du daher? – Ich bin auf Reisen in die weite Welt. – So! Reise nach Giesing, da kannst du deine Kenntnisse erweitern!'" [Kap. 116]

„Ein wohlbeleibter Mann traf den S[epperl] einmal vor dem Thore an, als er eben einem Treiber einer Herde Schweine begegnete. […] ‚Du möchtest dir gewiß Eines auswählen, sagte der dicke Mann, aber sie sind dir zu klein; allein für ein kleines Männchen sind sie doch immer groß genug. Du hast meine Absicht errathen, sprach S[epperl], ich suche eben ein so großes dickes aus, wie du bist!'" [Kap. 117]

„Auf dem Obstmarkt kaufte S[epperl] einige Früchte, tadelt aber sowohl die Verkäuferin als die Waare. Erzürnt schalt die Fruchthändlerin auf ihn und sprach: ‚Geh weiter, S[epperl], du redest wie ein Esel – Wohl so Frau Mutter! Antwortete S[epperl]: ich mußte ja diese Sprache reden, damit du mich verstehst.'" [Kap. 121]

„Der Kammerdiener D[?]. machte dem kleinen Briefträger öfters Vorwürfe über seine Unreinlichkeit und über seinen nachlässigen Anzug. Er selbst gieng zwar geputzt und sauber gekleidet, aber sein Zimmer war manchmal mit pfützigen Dünsten durchduftet. Den Kammerdiener befiel eben eine kleine Unpäßlichkeit; daher schickte er den Hausfreund mit einem Rezept nach der Apotheke. Bald kam dieser mit der verschriebenen Arzney zurück und brachte eine grosse Schachtel voll Königsrausch mit. ‚Dazu hast du kein Rezept gehabt' sprach der Kammerdiener zu S[epperl] – O ja! versetzte dieser, der Apotheker hat es in die Schachtel gelegt, dort wirst du es schon finden'. S[epperl] eilte mit dem gewöhnlichen B'hüt Gott beyeinander! fort, während dem der Kammerdiener einen kleinen Zettel unten in der Schachtel fand mit den Worten: ‚Bewährtes Mittel, die Bocksdünste in den Wintermonaten zu vertreiben.'" [Kap. 131]

„Ein sehr geduldiger Mann gerieth einst in Streit mit seiner Frau, die im Widersprechen eine Meisterin war. Die Zankenden konnten kein Ende finden, bis endlich unser Friedensstifter kam und in folgenden Worthen Frieden gebot: ‚Lass es einmal gut seyn – ich glaube, du hast einen Schuß im Kopfe, Xaverl (sprach er zum Manne) und die Näni (zur Frau) hast gar den T[eufel] im Leibe! Denkt hübsch an das alte Sprüchwort: Frieden ernährt, Unfriede zerstört.'" [Kap. 132]

„Warum kommst du so spät nach Hause, Nachtwandler uns im Schlafe zu stören, fragte einst Sepperls Hausfrau voll Zorn, den um 10 Uhr Abends Kommenden? Damit du Etwas zu fragen habest, antwortete er, und über das Warum findest du einmal Aufschluß in meinen nachgelassenen Schriften. Ich bin übrigens ledig, und kann nach Hause kommen, wenn er mir beliebt, wenn die Hausfrau und der Mops ihre Schuldigkeit thun, wird sich wohl Niemand in das Haus wagen. Um dir indessen den Schlaf nicht mehr zu rauben und keinen Verführungen ausgesetzt zu seyn, werde ich im nächsten Monat ein Zimmer mit Extra-Eingang stiften. Merk dir das!" [Kap. 135]

„Auf einem Gang nach der Schleifmühle rief dem S[epperl] eine weibliche Stimme zu: Wohin so schnell, Finessenmann? Statt eine Antwort bietet er freundlich der Rufenden die Hand, allein sie will ihm die ihrige nicht reichen, da seine Hände gar so unrein seyn. – Du hast schon Zeit zum Waschen, sprach S[epperl], ich muß eilen; sieh nur in meinen Korb, die Messer schneiden nicht und die Gabeln stechen nicht, mein Gang geht nach der Schleifmühle. Du bist freundlich eingeladen, Näni, mit mir zu gehen; du hast zwar nicht nötig, deine böse Zunge schleifen zu lassen; denn sie schneidet nur zu scharf, aber deiner Mohrenhaut kann der Schleifer eine Politur geben, daß sie glänzt wie Elfenbein!" [Kap. 137]

Einige zusammenfassende Betrachtungen zu den vorgenannten Anekdoten und Episoden

Die 149 Kapitel des Büchleins beinhalten also mehr oder weniger zusammenhanglose Anekdoten aus dem Leben des Finessenmanns – vielfach mit einem belehrenden Charakter. Dennoch ergeben sich daraus ein paar möglicherweise auch biografisch bedeutsame Beobachtungen. So sind an zwei Stellen konkrete Daten angegeben: Zum Ersten, als 1811 ein Komet den abendlichen Himmel über München beleuchtete (Kap. 138)[60], ebenso wie 1816 ein „Weltuntergangstag" angesagt war (Kap. 100), der auf Prophezeiungen beruhte.[61] Ebenfalls in etwa datieren lässt sich der Spottvers über die Niederlage Napoleons (und der mit ihm zu jener Zeit noch verbündeten Bayern) an den Anfang des Jahres 1813 (Kap. 101), den wir in etwas anderer Form bereits in den offiziellen Polizeiakten des Münchner Polizeidirektors von Stetten gesehen haben. Alle übrigen Berichte und Erzählungen sind undatiert – und ganz offensichtlich auch nicht in irgendeiner chronologischen oder sonstigen inhaltlichen Ordnung angeführt, obwohl die Einteilung in „Abtheilungen" dies suggeriert.

Zweifellos ist eine Vielzahl der Anekdoten auch als allgemeine Lehr- und Moralstücke zu bewerten – so z. B. das Gleichnis mit der Grube, in die man selbst fällt, etc. Ob diese tatsächlich etwas mit dem historischen Finessenmann zu tun haben, muss völlig offenbleiben. Immerhin wurden sie jedoch 1818 (oder in einer früheren Version) mit dem Finessensepperl in Verbindung gebracht.

Tatsächlich lustige Streiche befinden sich natürlich auch unter den Erzählungen, so das „Schicken in den April" etc., auch wenn andere „Späße" doch recht grob und derb anmuten und hier vermutlich der Zeitgeist eine große Rolle in der Interpretation spielen dürfte. Insgesamt wird jedoch die Mischung eines „Philosophen im Narrengewand", wie dies vorherige Berichte ebenso wie zahlreiche nachfolgende Erzählungen angeben, den Charakter des Sepperl ganz gut getroffen haben. In jedem Fall war der Mann zwar klein und eher unscheinbar, jedoch durchaus pfiffig und gewitzt genug, dass ihm ein ordentliches Maß an List und auch Durchsetzungsvermögen zugetraut werden kann, und das durchaus große Repertoire an Erzählungen unterstreicht, dass der Sepperl eine feste Größe im damaligen Münchner Stadtbild und Stadtleben war. Umso erstaunlicher ist es, dass seine eigentliche Tätigkeit, unter der er zumindest später stets subsummiert wird, nämlich die eines Postillion d'amour, nur vereinzelt und eher selten auftaucht. Auf alle Fälle rangiert unter den Sprüchen – hier als Schibboleths bezeichnet – der Spruch des „Nix G'wiss woas ma ned" weit oben und taucht mehrmals und an passender Stelle auf.

Wie ging es nun mit dem Finessenmann weiter? So wollen wir uns nun die weiteren Berichte zu seinen Lebzeiten ansehen, wohl wissend, dass die eine und andere Wiederholung zu dem ausführlichen Inhalt des hier zuvor dargestellten Büchleins dabei unvermeidbar ist.

Die weiteren Erwähnungen und Beschreibungen des Finessensepperl

Bereits etwa ein Jahr nach der offensichtlichen Veröffentlichung der ausführlich behandelten Broschüre finden wir eine neuerliche detaillierte Beschreibung einer Begegnung mit dem Finessenmann[62] – dieses Mal durch den Reisenden Friedrich Selting[63], der anlässlich eines Besuchs in München (in seinem 43. Brief) an seinen Onkel Ferdinand Krämmer schreibt: *„Ein [...] besonders merkwürdiges Schaustück aus dem Thierreiche*

60) Zwischen April und September des Jahres 1811 konnte in Mitteleuropa der sog. „große Komet" (offizielle Bezeichnung: C/1811 F1) mit bloßem Auge am Nachthimmel gesehen werden (vgl. Hebel J. P. Der Komet von 1811. In: Der Rheinländische Hausfreund oder Neuer Kalender auf das Jahr 1813, Geiger und Katz Karlsruhe, 1813).

61) Nach dem ungeheuren Vulkanausbruch des indonesischen Vulkans Tambora 1815 kam es 1816 auf der nördlichen Halbkugel zu massiven Unwettern und verheerenden Missernten, die zusammen genommen darin gipfelten, dass für den 18. Juli 1816 der Untergang der Welt prognostiziert wurde (Schreiber J. Das Jahr ohne Sommer 1816: Als der Welt die Ernte fehlte. In: www.evangelisch.de 2010 [Zugriff am 1.5.2023]).

62) Selting F. Besuch in München und dessen Streifzüge nach Augsburg, Regensburg, Salzburg und in die merkwürdigen Gegenden Oberbaierns. G. Heitenmann München, 1819.

63) Eine umfangreiche Suche nach einer historischen Person „Friedrich Selting" verlief ergebnislos; es wird deshalb angenommen, dass es sich um ein Pseudonym handelt. Das Buch ist aufgebaut in „Briefen", die von verschiedenen Personen, so auch Friedrich Selting u. a. an seinen Onkel Ferdinand Krämmer (aus Regensburg) verfasst worden sein sollen.

ist der durch seine eben nicht nachahmungswürdigen Sonderbarkeiten berüchtigte Finessensepperl; der diesen Namen nur einer ausgesuchten Volks-Ironie zu verdanken scheint; denn ich fand das ganze geistige Machwerk dieses Menschen durchgehends nur aus Pfundleder und Hanfseilen zusammen geknetet, und ihn durchaus keiner feineren Empfindung fähig, als die die Befriedigung der thierischen Bedürfnisse gewährt.

Durch die Stimme des Pöbels, noch mehr aber durch eine seinen Vorzügen eigens gewidmete Panégyrique [Lobrede], deren Gehaltlosigkeit ich vor der eigenen Prüfung des Heiden nicht sogleich beurtheilen konnte, neugierig gemacht, schlich ich der Spur dieses Schweinpelzes von einem Cyniker schon einige Tage vergebens nach, als ich ihn endlich ganz unvermuthet in einem wenig besuchten Kaffehause antraf, wo er seinem unverhältnißmäßig weitläufigen Magen so eben mit der siebenten Tasse und der eben so oft repetierten Portion feinen Brodtes ein kleines Frühstück gab.

Er kennt das Münchner Publikum sehr genau, und bemerkt bald, daß ich ein Fremder wäre, auf den er die Splittern seines schon längst ermatteten Küchenwitzes auszuwerfen, und wo nicht Beifall, doch eine kleine Gabe sich zu erringen, nicht versäumen dürfe.

Da aber weder das Eine, noch das Andere erfolgte, und ich mir im Gegentheile die Freiheit nahm, ihm seine plumpe Zudringlichkeit zu verweisen, so sah ich nun allmählich in diesem dem Anscheine nach so ganz leidenschaftslosen Fratzengesichte, Verdruß und Zorn sich bis zum Zerplatzen entwickeln, von denen er sich aber gar bald durch eine wohlgesetzte Ladung von ganz eigenthümlichen Verwünschungen und Schimpfwörtern zu erleichtern suchte.

Um ihn nun ganz kennen zu lernen, stellte ich mich – was ich um so leichter konnte, da mich seine Wuthausbrüche natürlich mehr zu einem mitleidigen Lächeln, als zum Zorne anheizen mußten – als wäre mein voriger Unwillen nur verstellt gewesen, und suchte zum Beweise dessen seiner Empfindlichkeit durch eine reichliche, und – wie ich überzeugt seyn durfte – ungewöhnliche Gabe Einhalt zu thun.

Dieses Mittel wirkte denn auch wirklich so schnell auf seine Habsucht, daß sich die Furchen seines ledernen Gesichtes auf einmal wieder zu einer freundlich grinsenden Fläche ebneten, und Sepperl, nachdem er alle seine ordinairen und extraordinairen Späßchen der Reihe nach wiederholt, und seinen wurmstichigen Witzkasten gänzlich erschöpft hatte, mir nun auch einen Theil seiner Lebensfahrt ohne allen Schmuck und mit einer Offenherzigkeit preiß zu geben schien, derer sich selbst seine ältesten Bekannten nicht rühmen dürften.

Dem mochte nun aber seyn, wie ihm wollte, ich hatte doch ein Mittel gefunden, mir das, mir der Sonderbarkeit wegen am Herzen gelegene Studium dieses schon seit geraumer Zeit einen nicht gar kleinen Theil des hiesigen Publikums äffenden Menschen durch eine öftere Zusammenkunft mit sich selbst trotz seiner Verstellung zu erleichtern, und mir im Zusammenhalte der eben so vorurtheilsfreien Bemerkungen meines Onkels, und einiger unserer beiderseitigen Bekannten über die in der berührten Broschüre so zierlich aufgetragenen Züge dieses Sonderlings nähere Aufschlüsse zu verschaffen, um Dir nun ein Bild von diesem Narren aufzustellen, das zwar ihm selbst und der gaffenden Menge des bewundernden Pöbels weniger schmeicheln, aber doch sicher mit mehr Wahrheit gezeichnet seyn wird.

Zwar sein Aeußeres ist in seiner, mit seiner wohlgetroffenen Konterfey gezierten Biographie allerdings besser und ausführlicher geschildert, als ich es zu entwerfen im Stande wäre, und daß er z. B. nur ein kleines hageres Männchen ist, im Sommer seinen ganzen eigenthümlichen gestreiften Narrenhabit, so wie dagegen im Winter einen schmutzig blauen Kaput-Rock nach besonderem Schnitte, und dazu immer ein zierliches Halsgehänge von weißem Metalle an einer schwarzen Binde trägt, mit dem er wie ein Esel im Schlittengeschirre einhertrappelt, […].

Aber wie ließe sichs denn dem Verfasser dieser Broschüre so ganz verzeihen, daß er es – aus was immer für Rücksichten – über sich bringen konnte, den Aschenkrug des Diogenes durch einen Vergleich mit diesem plumpen Narren zu besudeln, dessen einziges Verdienst es ist, gar kein Verdienst zu haben, und frei von jedem Ehrgefühle, blos der Befriedigung seiner phisischen Bedürfnisse fröhnend, sich zur Witzscheibe der Hausknechte, Kellnerinnen und Küchenmägde herabwürdigen zu können?

Es muß doch ganz gewiß ein außerordentliches Interpretations-Genie dazu gehören, um die tief verborgene Weisheit, die dieses Narren Biograph, in dessen Alltagssprüchelchen ‚Grüß di God, schöni Nanie!' – und ‚Nix Gewiß woas ma nied' – gelegt hat, so schnell und mit so vielem Scharfsinne aufzufinden.

Mir ist überhaupt die Mühe unbegreiflich, mit welcher diese Schmutzseele so weit von allen Flecken gereinigt werden konnte […]. Ich wenigstens würde nun nach der genaueren

Der Finessensepperl. Anonymes Porträt, Öl/Pappe, 1820

Kenntniß des Helden meine poetische Ader vergebens bis zum Zerreißen anstrengen, […] um die Schilderung eines Menschen, der bis zum gänzlichen Vergessen seiner Menschen-Würde niederträchtig, aller Schaam und Sittlichkeit entsagend, ein Faulpelz, und ein zudringlicher Bettler aus bloßem Hange zur Liederlichkeit, notorisch ein stets bereitwilliger Kuppler, […] nur so weit verschönern zu können, daß sich der Leser, statt des Abscheus, doch wenigstens zum Mitleider bewegen lassen möchte."[64]

Der ominöse Reisende Selting – wie zuvor bereits gemutmaßt ein Pseudonym – verfasst hier, verpackt in einen Brief, eine scharfzüngige und über weite Strecken regelrecht böswillig erscheinende Beschreibung des Sepperl, angefangen von dessen Äußeren über einige Aspekte seines Auftretens bis hin zu dessen Wahrnehmung in der Münchner Bevölkerung. Interessanterweise wird auch in diesem „Brief" die Haupttätigkeit des Sepperl, nämlich die des heimlichen Briefträgers, nicht einmal erwähnt. Kann man daraus ableiten, dass diese Tätigkeit als Postillion d'amour tatsächlich heimlich und überwiegend im Verborgenen stattfand? – Nix G'wiss woas ma ned!

Interessant ist in der zuvor wiedergegebenen Beschreibung, dass der Sepperl eine „Sommer"- und eine „Winter-Kluft" besaß, die hier genau beschrieben werden. Dies könnte auch gut Unterschiede in den existierenden bildlichen Darstellungen des Sepperl erklären.

Eine weitere, ähnlich lustig-launige Beschreibung des Finessensepperl aus dem gleichen Jahr 1819 spielt in einem fiktionalen Umfeld: Hier wird unser Sepperl als „Der Bokkowarische Finessenseppel – eine alterthümliche Untersuchung" tituliert. Auch hier schreibt der Autor ganz offensichtlich unter einem Pseudonym, nämlich als „Herman von Scanderbeg", wohl in Anlehnung an den spätmittelalterlichen Volkshelden Albaniens Skanderbeg[65], der hier einen räumlichen Bezug zu dem Balkanland, das zur damaligen Zeit fester Bestandteil des Osmanischen Reiches war, herstellt und somit eine gewisse Exotik in den geschilderten Beschreibungen erzeugt. Unter dem Buchtitel „Pillen aus meiner Hausapotheke" beschreibt der genannte Hermann von Scanderbeg mehrere kuriose Geschichten aus dem damaligen Leben, darunter eine ausführliche Schilderung des „bokkowarischen Finessenseppels".[66] Die Schrift mit dem Untertitel „Ein Geschenk für Freunde des Scherzes und der Satyre" verlegt die Beschreibung des Finessensepperl in einen Vortrag vor einer imaginären Versammlung, geleitet von dem „berühmten Herrn Mittelfinanzrath von Rubrian im Königreiche Bulgarien": *„Über den Sinn und Gebrauch des Wortes Finessenseppel – […] Vor einigen tausend Jahren soll nämlich […] eine Art Hof- oder Staatsamt existiert haben, dessen Inhaber […] den sonderbaren […] Namen Finessenseppel führte. […] [Dazu] zählte er […] den Ursprung jenes Namens [auf, den er] […] in Spanien entdeckte. Hier findet sich nämlich die Wörter Fenecer, Finax, Fineza, Sosé, Pépé,*

64) Selting F., a. a. O., S. 140–146.

65) Georg Kastrioti, genannt Skanderbeg (1405–1468), Fürst und albanischer Militärkommandant im damals Osmanischen Reichsteil (europäischer Teil), dann unter der Herrschaft der Republik Venedig und des Königreiches Neapel. Als „Kämpfer für das Christentum" ein albanischer Nationalheld.

66) Von Scanderbeg H. Der Bokkowarische Finessenseppel – eine alterthümliche Untersuchung nebst einigen schönen Gedichten. In: Scanderbeg. Pillen aus meiner Hausapotheke. Lokman's Erben Gondar, 1819, S. 114–123.

Peino, Sebo u. s. w., […] die einzig wahren und möglichen Wurzeln des Finessenseppel sind. Zuvörderst bringt er mit einer […] Belesenheit […] hervor [und] leitet endlich folgende Hauptresultate daraus ab:
(1.) der Finessenseppel war weder ein Hof- noch Staatsbeamter, sondern ein bloßer bürgerlicher Privatmann.
(2.) der Finessenseppel war eine Art Mäkler in feinen Waaren.
(3.) der Finessenseppel beschäftigt sich mit einer Art Comissions- und Speditionshandel von Bijoux [Schmuck], Essentia mirabilis [67]*, Elixir cordiale* [68] *und Radix coelestis* [69]*.*
(4.) der Finessenseppel war eine Art allgemeiner Stadt-Frauenzimmer-Commissionär, resp. Briefbote und wandelnder Adreß-Comtorist.
(5.) der Finessenseppel war eine wohlbekannte, wohlgelittene, wohlgebrauchte und wohlbezahlte, halb geheime, halb öffentliche Stadtperson, die aber außerdem keine besonderen Privilegien oder Auszeichnungen genoß.
(6.) der Finessenseppel trug weder Civil- noch Militär-Uniform, war aber an einer Art Soldatenkittel und einem messingenen Kreuze kenntlich, das er an einer bleiernen Kette am Halse trug. Einige Schriftsteller behaupten, daß Kreuz und Kette von einem Metalle gewesen sey, welches dahin gestellt bleiben mag.
(7.) der Finessenseppel hatte eine spitzige Nase, kleine grüne Augen und eine Gesichtsfarbe, die dem Gelbbraun nahe kam. Überhaupt scheint er […] eben nicht besonders schön von Leibe und äußerlichem Ansehen gewesen zu seyn.
(8.) der Finessenseppel war zu gleicher Zeit eine Art lustige Stadtperson, dessen Name schon allgemeines Lachen erregte, ohne daß man eigentlich wußte warum?
(9.) der Finessenseppel ging in allen seinen Commissions- und Speditions-Geschäften mit einer Genauigkeit, Treue und Umsichtigkeit, besonders aber mit einer Verschwiegenheit zu Werke, die überall und einstimmig für musterhaft galt. Die größten Versprechungen, […] heftigsten Drohungen, die ansehnlichsten Geschenke, so wie die härteste Behandlung, nichts vermochte ihn, Geheimnisse zu verrathen […]
(10. Und letztes) der Finessenseppel starb mitten in seinen Berufsgeschäften […].“

Diese Beschreibung des Finessensepperl – geschickt getarnt als eine altertümlich-exotische Geschichte vom (damals) osmanischen Balkan – gibt in den genannten Punkten sehr genau Tätigkeit und Aussehen des Finessensepperl wieder. So ist die zentrale Funktion des Sepperl als Briefbote und „allgemeiner Stadt-Frauenzimmer-Commissionär“ eine präzise Beschreibung der Hauptaktivitäten des Sepperl, ebenso wie seine große Zuverlässigkeit und die vielfach (auch später) gerühmte Verschwiegenheit und Verlässlichkeit regelrecht gepriesen werden. Einzig der letzte Punkt („10. und letztes“) entsprach zum Zeitpunkt der Veröffentlichung nicht den Tatsachen: 1819 war der Sepperl noch putzmunter und es gab keinerlei Anzeichen dafür, dass sein Lebensende tatsächlich naheliegen könnte. War dieser letzte Punkt also lediglich ein Täuschungsmanöver, um den „bokkowarischen Finessenseppel“ noch exotischer und irrealer erscheinen zu lassen? – Nix G'wiss woas ma ned!

Immerhin besitzen wir aus dem Jahr 1819 noch zwei weitere durchaus skurrile Erwähnungen des Sepperl in öffentlichen Zeitungen: Am 24. Februar 1819 berichtet das „Oppositions-Blatt oder Weimarsche Zeitung“[70] von der Universität in Landshut: „*Die theologische Sektion […] begieng am 23. Februar mit besonderer Feyerlichkeit die Promotion des seit vielen Jahren hier unter uns wohnenden berühmten Abbate Giuseppe della Finezza […] einstimmig zum Doktor der H. S. (?) […] Man erwartet sogar, daß die Universität diesem berühmten Manne […] die Stelle des Deputierten am Landtage […] übertragen wird.*“

Einige Monate später finden wir am 12. September 1819 in der „Münchner Allgemeinen Literaturzeitung“[71] eine weitere Erwähnung, in der unter der Rubrik von offensichtlichen Buchbesprechungen über das Werk „‚Über die Zauberkräfte der Natur‘ bey Joseph Lindbauer“ geschrieben wird: „*Die Landshuter theologische Litera-*

---

67) *Essentia mirabilis* = Wunderessenz; als medizinisches „Geheim“-Mittel v. a. aus dem hamburgischen Altona bekannt, war die Wunderessenz wegen Gefährlichkeit im Kgr. Preußen verboten (siehe Immanuel Johann Gerhard Scheller's lateinisch-deutsches und deutsch-lateinisches Hand-Lexicon, 3. Bd., Geistinger Wien/Triest, 1820, S. 978).

68) *Elixir cordiale* ist ebenfalls ein Arzneimittel, auch bekannt als *Elixir proprietatis Paracelsi* (Waldenburg L., Simon C. E. Handbuch der allgemeinen und speziellen Arzneiverordnungslehre. 8. Aufl., Hirschwald Berlin, 1873, S. 264).

69) *Radix coelestis* = Himmelswurz, bedeutendes Heilkraut, galt bei abergläubischen Menschen auch als Pflanze gegen böse Wesen aller Art (vgl. Anonymus. Die Botanik des Aberglaubens. Illustrierte Ztg. No. 879, 5. Mai 1860, S. 323).

70) Oppositions-Blatt oder Weimarsche Zeitung. Nro. 54, Donnerstag 4. März 1819.

71) Münchner Allgemeine Literaturzeitung. Nro. 12, 9. September 1819, S. 91.

Der Finessensepperl bei der heimlichen Übergabe eines Liebesbriefes

tur-Zeitung in gebührenden Ehren gehalten, ist uns seit der lichtvollen Regierung Max Josephs [...] kein in Baiern gedrucktes Buch zu Händen gekommen, das so viel Unsinn enthielt, als dieses. [...] Wenn ein anständig gekleideter Mann durch die Straßen geht, sieht sich Niemand um denselben um; so bald sich aber der Abbate della Finezza, vulgo Finessensepperl, bey und mit einer neuen Kappe auf der Straße zeigt, gafft Alt und Jung nach ihm und Reihen von gebildeten Menschen bleiben stehen, um nach dem guten Abbate zu sehen. Schon öfters hat dieser Abbate die Aufmerksamkeit der Polizei erregt und ward von ihr aus den Straßen abgeführt, weil sein Anzug den Anstand beleidigte [...].“

Beide inhaltlich durchaus verschiedene und wundersame Berichte zum Finessensepperl – noch dazu mit einer sonst nie gebräuchlichen wörtlichen italienischen Übersetzung seines Namens – enthalten Bemerkungen über den Finessensepperl (so viel ist schon durch den zweiten Report mit dem direkten Namensbezug gesichert), die uns in der umfangreichen Stoffsammlung von 1818 und den anderen bereits zitierten Berichten bisher noch nicht begegnet sind. Erstaunlich ist dabei zum einen die Italienisierung des Namens des Sepperl – diese wird so auch in späteren Berichten und Bezügen nicht mehr auftauchen – und zum anderen der inhaltliche Bezug sowohl zur Landesuniversität in Landshut[72] als auch zu dem zitierten Werk des Hofrates von Eckertshausen[73], welches tatsächlich ein schauriges Sammelsurium von Aberglauben, Geisterglauben und schwer verständlichen Theorien und Ableitungen darstellt – die alle sämtlich nichts mit dem Finessensepperl zu tun haben! Wir kommen diese beiden Bezüge zustande? – Nix G'wiss woas ma ned!

Immerhin ist beiden Schriftstücken zu entnehmen, dass der Sepperl wohl nicht nur in München, sondern im gesamten Bayernland bekannt war, ebenso wie der zweite Text auch nach dem politischen Bezug zur Erregung öffentlichen Ärgernisses in napoleonischer Zeit wohl auch darüber den ein oder anderen Kontakt zwischen der Ordnungsmacht und dem Sepperl andeutet.

Die nächste Beschreibung des Sepperl ist zwei Jahre später dem „sehr unterhaltsamen Lektür-Beytrag des Lizentiaten Schmitt, quieszierender (in Ruhestand befindlicher) königl. Landgerichts-Assessor aus München“, zu entnehmen. Schmitt schreibt in „Der baierische Zuschauer auf Reisen“[74] zur „Unterhaltung, Aufheiterung in Stunden des Mißmuthes und Frohsinn“ von einer Reise nach und in München und konstruiert dabei eine Unterhaltung, die wohl so nie stattgefunden haben dürfte, nämlich zwischen dem Münchner Original Finessensepperl und seinem Wiener Pendant Dinterl[75]: „*Aber! Was sehen meine Augen, was hören meine Ohren! Der leibhaftige Finessensepperl aus München und der Herr von Dinterl aus Wien! Geschwinde einen Bocksprung seitwärts und ihren Dialog behorcht, ohne daß sie mich gewahr werden. – Dinterl: Herr Patron, ich bitt' schön, wer gab denn diesen Brief zu bestellen? – Seppl: d' Nanni – Dinterl: Wem gehört er denn? – Seppl: Schmeck's Kropferl! (präsentiert ihm Toback). – Dinterl: Schön Dank Herr Patron! Gelt, gwiß wieder so ein Nießwürzel, wie uns der Herr Patron neulich auf dem Markt alle hat angeführt! Hätten uns bey einem Haar schier alle zu todt genießt, nein! Herr Patron, wer'n Dinterl will anführn, muß früh aufstehen und das sag ich ihm zum letzten Mal: s' Brieferltragn will ich ihm nicht verwehren, aber daß er mir ja nicht in mein Amt eingreift: s' Menscherverdingen, s' Geldaufbringen, s 'Ohrenblasen, s' Kuppeln und andere derlei Komissionen laß ich mir nit nehmen, daß er's weiß, [...] – Seppel (im Begriffe zu gehen): Nix gwiß woas ma nit, a schön's Kompliment z'Haus. – Dinterl: Adie's! beim Meth und im Bockkeller komma schon wieder zsamm.*“

Der aufgeführte fiktive Dialog ist insofern interessant, als hier die Haupttätigkeit des Sepperl, nämlich das Briefaustragen, ganz klar im Zentrum des Dialogs steht – und dass alle Versuche des ebenso schlauköpfigen Herrn Dinterl aus Wien, Adressat oder Absender des Briefes zu erfragen, an Sepperls gleichmütiger Verschwiegenheit und seinen mehr oder minder eleganten Ausweichmanövern scheitern. Das Stück von Herrn

72) Die Landesuniversität war in Ingolstadt gegründet worden, dann nach Landshut verlegt und wurde erst 1826 unter König Ludwig I. zur Ludwig-Maximilians-Universität in München transformiert.

73) Von Eckertshausen H. Über die Zauberkräfte der Natur. Eine freie Übersetzung eines Egyptischen Manuscripts in coptischer Sprache. Lindauer München, 1819.

74) Schmitt L. Der baierische Zuschauer auf Reisen. Lentner München, 1821, S. 6–7.

75) Eigentlich „Tinterl“ genannt, handelt es sich um eine Wiener „komische Figur“, ähnlich wie der Finessensepperl, allerdings als fiktive Person, auch als Synonym für einen „dummen Kerl“ gebraucht (Hölder A. Wiener Licht- und Schattenbilder. Beck Wien, 1873, v. a. S. 28).

Schmitt gehört somit in die gleiche Kategorie von Druckschriften jener Zeit, die ganz offensichtlich einen humoristischen Markt abdecken sollten.

Finessensepperls Freundin

Wiederum zwei Jahre nach dieser Erzählung ist dem „Volksfreund in Baiern: wöchentliches Unterhaltungsblatt für alle Stände“[76] 1823 eine weitere Erwähnung des Sepperl zu entnehmen. Und einmal mehr ist hier die Begegnung mit dem Finessensepperl in einen imaginären Dialog gefasst, der allerdings dieses Mal eine andere Seite des Sepperl berührt: seine Freundin und Liebschaft, die „rote Näni (oder auch Nanni, Nannerl u. a.)“.*„Schreiben des Landsberger Andr'esels über seine Abentheuer in München: [...] Der Finessensepperl eifert mit der Nanni und entreißt sie einem Soldaten: Sepperl (beim Eintreten): Du Soldat'nkredl, gleich da weg, und zu mir du Musch! – Nanni: Sei doch nicht bös, Sepperl! Der Herr da hat mir halt den Bock zugebracht, und mir einen Sitz angetragen, und weil ich auf dich gwartet so hab ichs halt angenommen. – Sepperl: Du kamst mir in Magn, wenn du mir a so a Soldaten-Kredl woll'tst werden, wie hier die meisten Madeln den Soldaten nachlaufen, ich wollt dir den Soldaten-Appetit gewiß vertreib'n, und daß du's weißt wie du dich wieder mit einem blicken laßt, so schlag ich dir's Haferl in Kopf, daß die Scherben davon springen. – Nanni: Sepperl! Sei doch nicht so narrert! Schau du bist und bleibst mein einziger Herzensschatz und Augentrost, da hast an Schmatz (Küßt ihn!).“*

Über die bereits mehrfach genannten Floskeln „Grüß Dich, Nanni (oder Näni)“ (auch „Grüß mer's Nannerl) und „Nichts für ungut, schöne Näni“ hinaus haben wir bislang keine Informationen über Sepperls Liebesleben erfahren. Einzig einem „autobiografischen“ Kapitel der Broschüre zum Finessenmann[77] ist wie erwähnt zu entnehmen, dass Sepperl einst verliebt war, selbst jedoch angeblich nicht mehr wusste, ob er verheiratet gewesen sei oder nicht. Dies schien jedoch lange vor seinem Leben als Münchner Briefträger geschehen zu sein.[78]

Aus den übrigen bisherigen Zeugnissen in Verbindung mit dem Finessensepperl ist somit naheliegend, dass der Begriff „Näni“ (oder Nanni bzw. Nannerl) eher dessen allgemeine Bezeichnung für Frauen jeglichen Alters mit und ohne intimen Bezug zum Finessensep-

Darstellung der „schönen Nanni“. Kolorierte Schwarz-Weiß Reproduktion nach einem Original von Josef Widmann um 1910, Stadtmuseum München. Bemerkenswert ist, dass (zumindest die hier dargestellte) Nanni in keiner Weise kleinwüchsig oder gar zwergenhaft war – dies nährt die Vermutung, dass „die Nanni“ eine Art „Gattungsbegriff“ für jüngere Frauenspersonen allgemein und nicht eine spezifische Person war.

76) Volksfreund in Baiern: wöchentliches Unterhaltungsblatt für alle Stände. Nro. 37, 10. Mai 1823.

77) Anonymus, 1818 (s. Anm. 1).

78) Der offizielle Polizeimeldebogen der Stadt München (vgl. Anm. 11) gibt an, dass der Sepperl „ledig“ gewesen sei.

perl war.[79] Dass nun also tatsächlich diese „rote Nanni" seine Freundin – evtl. Liebschaft oder gar Braut – war, wird an dieser Stelle zum ersten Mal preisgegeben.[80]
In späteren Erwähnungen des Sepperl tritt die Näni immer wieder, sogar zunehmend häufiger, auf und wird dabei dem Sepperl nicht nur als Freundin/Braut, sondern sogar als „Geschäftspartnerin" zugeordnet, indem auch sie geheime Botschaften und Briefe übermittelt haben soll.[81] Die „rote Näni" ist allerdings ein veritables Phantom: Intensive Nachforschungen zeigen keine verfügbare bildliche Darstellung von ihr. Sie soll charakteristischerweise minderwüchsig und damit erheblich kleiner als der Sepperl gewesen sein – ja, es existiert gar die Angabe, die Näni sei mit einer Köpergröße von lediglich 92 cm eine regelrechte Zwergin gewesen[82] (zur Frage der Körpergröße des Sepperl, die oft in dem Zusammenhang, mit ganz unterschiedlichen Größenangaben, ebenfalls erwähnt wird siehe unten).
Eine Erwähnung vermeldet sogar, dass die rote Näni vor dem Finessensepperl verstorben sei, was bei diesem zu einem teilweisen Rückzug aus der Öffentlichkeit geführt habe.[83] Eine andere, wohlgemerkt spätere Erwähnung des Sepperl spricht allerdings davon, dass die rote Näni noch 1840 anlässlich ihres Geburtstages mit Blumen geschmückt in der Stadt gesehen worden sei, was der Finessensepperl vom Himmel aus sicherlich mit großem Wohlgefallen beobachtet haben mag.[84]
Diese letztere Erwähnung der Näni knüpft an Beschreibungen an, denen zufolge der Sepperl und die Näni an ihren Namenstagen (die ja früher wichtiger waren als die Geburtstage) geschmückt und mit Blumen bekränzt durch München spaziert seien und sich die Glückwünsche ihrer Bewunderer eingeholt hätten.[85] Alles in allem bleibt jedoch die „rote Näni" eine nicht weiter fassbare Person – Nix G'wiss woas ma ned!
Im gleichen Publikationsorgan wie dem zuvor zitierten erschien übrigens am 6. August desselben Jahres 1823 noch eine Art Addendum[86]: Wieder berichtete der Landsberger Andr'esel über seine „Abentheuer in München" anlässlich eines Versuches, einen großen Ballon am Tivoli-Volksfestplatz steigen zu lassen, dessen Abflug sich nicht nur stundenlang hinzog, sondern durch ein Versehen auch gleich wieder zunichte gemacht wurde: *„[...] und das ganze Publikum hat geglaubt, in den ersten April versetzt zu seyn. Sogar der Finessensepperl hat seinen Spaß dabei gehabt und seine Nanni „Agethl" getauft."*
Hier kommt nun sogar noch ein weiterer Name für Sepperls Freundin ins Spiel – ein weiteres mögliches Indiz dafür, dass diese gar nicht real existierte.

Wo wohnte der Finessensepperl?

Neben dem Liebesleben des Sepperl sei an dieser Stelle der Frage nachgegangen, wo – in München – der Finessensepperl eigentlich wohnte. Gehen wir davon aus, dass Sepperl in München auf die Welt kam und einer der Einträge in die Matrikeln der Pfarrei St. Peter tatsächlich auf „unseren" Joseph Huber zutrifft, so wäre sein erster Aufenthaltsort in München vermutlich im Umfeld der Kirche St. Peter gewesen. Dies mag möglicherweise auch der Grund dafür sein, dass spätere Biografen Finessensepperls Geburts- und Jugendhaus auf das Petersbergl gelegt haben. So wurde sein Elternhaus konkret im Haus Petersberg 8 lokalisiert, das bis 1807 zum Dechanthof der St.-Peter-Pfarrkirche gehörte.[87] Weitere Berichte geben sogar an, dass das danebenliegende Haus Petersberg 9 – das spätere „Cafe Haarpuderwaberl" – sein Elternhaus gewesen sei[88], wobei eine Chronologie des Haarpuderwaberls diese Angabe nicht bestätigt.[89]

---

79) Einige Publikationen über den Finessensepperl erwähnen seine Freundin/Braut überhaupt nicht (z. B. König H. G'spassige Leut. Verl. Umverhau München, 1977, S. 16–18).

80) In einer aktuellen Publikation über Münchner Originale wird die Braut des Sepperl sogar als „Zwerglenerl" bezeichnet (Stankiewiz K. Münchner Originale, Allitera Verl. München, 2019, S. 24), ohne dass hier eine Quellenangabe dafür vorliegt. Insgesamt nährt dies den Verdacht, dass es sich bei der „roten Nanni" oder „Zwerglenerl" um fiktive Personen handelt.

81) Schneider A. Josef Hauber (1766–1834) – sein Leben, sein Werk. Neue Schriftenreihe des Stadtarchivs München, Bd. 44, 1974, S. 92–93.

82) Schneider A., a. a. O., S. 92–93.

83) Vgl. Mittermaier S. Als Postillion d'Amour feiner Damen unterwegs. Traunsteiner Tagbl. Nro. 22, 1. Juni 2013.

84) Münchner Tagblatt. 14. Jg., Nro. 210, Freitag 31. Juli 1840, S. 877.

85) Holbein U. Narratorium – 255 Lebensbilder. Ammann Verl. Zürich, 2008, S. 303–306.

86) Volksfreund in Baiern: wöchentliches Unterhaltungsblatt für alle Stände. Nro. 62, 8. August 1823.

87) Holbein U., a. a. O., S. 303–306.

Viktualienmarkt am Heiliggeistspital in München. Im Hintergrund das Petersbergl, die einzige Erhebung im Bereich der Münchner Altstadt, auf dem bis heute die Pfarrkirche St. Peter steht. Ölgemälde von Domenico Quaglio, 1824

Andere spätere Schilderungen verorten Sepperls Wohnort jedoch schon für seine Jugend wie auch später in der Vorstadt Au, wobei er sowohl in der Lilienstraße 54[90] als auch in der Quellenstraße[91] eine Wohnung gehabt haben soll. Dabei muss jedoch offenbleiben, worauf sich die entsprechenden Autoren als Quellenangaben stützten. Eine intensive Suche blieb jedenfalls ohne Ergebnis. Problematisch ist allerdings bereits, dass besagte Quellenstraße erst seit 1857 existiert[92] – sie wurde am 1. September 1857 aus der Bachgasse und der Fischergasse gebildet[93], kann also zu Lebzeiten des Sepperl zumindest nicht unter diesem Namen existiert haben.

Daher ist es sicherlich klug, wenn die zusammenfassende Darstellung „Bayerischer Originale“[94] es wie folgt formuliert: *„Er [Sepperl] soll um das Jahr 1763 als Joseph Huber entweder in der Münchner Altstadt, nahe dem Viktualienmarkt, oder in der Vorstadt Au als Sohn eines Kutschers auf die Welt gekommen sein. Auch wo er später wohnte, ist nicht sicher bekannt, die einen vermu-*

---

88) Tworek E. Münchner Originale. In: München, Hoffmann und Campe, 2012, S. 74–85.

89) Stahleder H. Haus- und Straßennamen der Münchner Altstadt. Verl. Schmidt Neustadt a. d. Aisch, 2009, S. 482.

90) Wilhelm H. In der Münchner Vorstadt Au. Buchendorfer Verl. München, 2003, S. 117–119.

91) Hierzu existiert ein Bild, das heute im Stadtarchiv München aufbewahrt wird (Sign. DE-1992-GS-A-0507), allerdings nach der handschriftlichen Signatur erst aus dem Jahr 1932 stammt, und dem die ebenfalls handschriftliche Notiz „wo der Finessenseppel gewohnt hat“ hinzugefügt worden ist. Von wem und unter welchen Umständen dieser Vermerk angebracht wurde, ist dem Autor unbekannt.

92) Mayer-Zaky R. Die Münchner Au. Bay. Verlagsanstalt Bamberg, 1993, S. 130–132.

93) Graf von Rambaldi K. Die Münchner Straßennamen und ihre Erklärung. Piloty und Löhle München, 1894, S. 230.

ten sein bescheidenes Einzimmerquartier am Oberanger, die anderen draußen in der Au. Der Sepperl selbst hat sich darüber mit der ihm eigenen Diskretion nie geäußert. Wenn man ihn fragte, wo er denn wohne, dann antwortete er stets nur: ‚Drei Stiagn ober'n Kamin.'"

So ganz stimmt allerdings die vorgenannte Meinung, dass die Wohnung des Finessensepperl gänzlich unbekannt geblieben ist, nicht, denn zumindest für die letzten Lebensjahre des Sepperl existiert ein offizielles Dokument, das sein Domizil angibt: der offizielle Personalmeldebogen der Stadt München (siehe hierzu auch schon Anm. 11 und 16). Da Meldebögen wohl um 1825 angelegt wurden (vgl. Anm. 11), dürfte der angegebene Wohnort ab dieser Zeit zutreffend sein. Demnach lebte der Sepperl in der Salzstraße 56 im 1. Stock. Diese Ortsangabe lokalisiert das Haus an der Grenze zwischen Ludwigs- und Maxvorstadt, in Letzterer an einer Straße, die nach Westen aus der Stadt führte.[95] Mit dem Bau des Münchner Hauptbahnhofs – als erster, provisorischer Bahnhof am 1. September 1839 angelegt und 1847 als „Centralbahnhof" eingerichtet – rückte die Salzstraße in die unmittelbare Nähe des Bahnhofes. Das Haus mit der Nr. 56 wurde 1833 im Zuge einer allgemeinen Neuordnung der Hausnummern in München umnummeriert in die Hausnummer 3.[96] Eingetragener Besitzer des Hauses zu diesem Zeitpunkt war „Paul Waltens Debitmasse", wobei Walten bereits in dem Häuserbuch von 1819 als Besitzer vermerkt ist.[97] Die-

94) Weichselgartner A. J. Bayerische Originale einst und jetzt. Verlag Bayerland Dachau, 1998, S. 77–79.

95) Heute ist diese Straße im Wesentlichen die Arnulfstraße, die hier am heutigen Hauptbahnhof beginnend dem damaligen Verlauf der Salzstraße entspricht.

96) Anonymus. Die königlich bayerische Haupt- und Residenzstadt nach der neuen Hausnummerierung. Verl. Franz München, 1833, S. 101.

Haus Quellenstraße 14/15 mit dem handschriftlichen Eintrag „wo der Finessenseppl gewohnt hat". Aquarellierte Federzeichnung

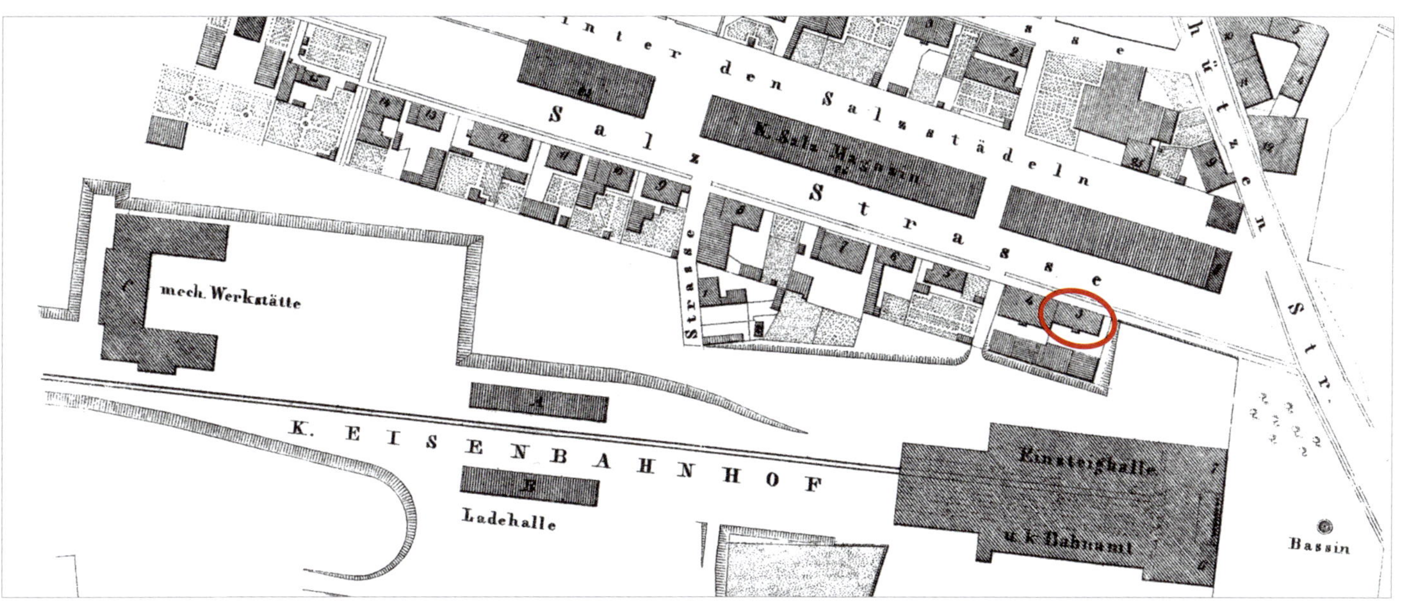

Straßenatlas von München aus dem Jahr 1850 (Wenng). Das hier markierte Haus mit der Nr. 3 entspricht dem Eintrag des Personalmeldebogens zur Hausnr. 56. Der Finessensepperl wohnte im 1. Stock.

Blick in die Salzstraße. Links im Vordergrund die mutmaßliche Wohnung des Finessensepperl. Aquarell von Christian Steinicken

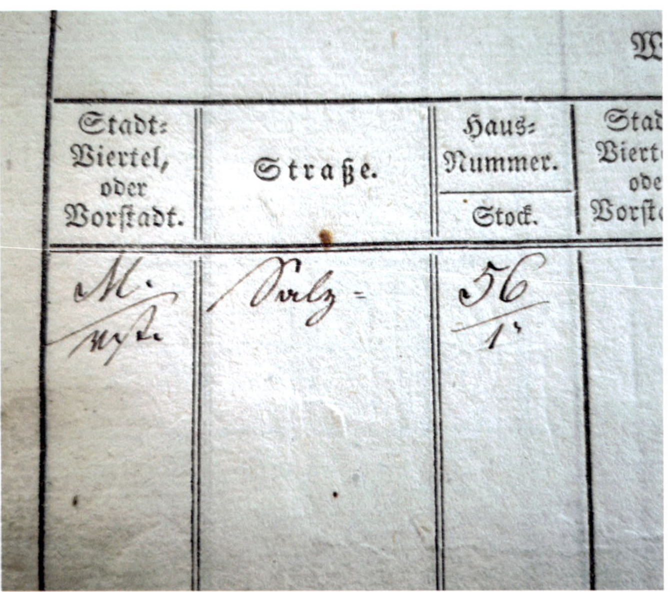

Stadt-Viertel, oder Vorstadt.	Straße.	Haus-Nummer. / Stock.
		56 / 1

Eintrag in den Personalmeldebogen zu Joseph Huber (Finessensepperl). Stadtarchiv München (PMB)

ser war nach entsprechenden Unterlagen[98] 1821 in Konkurs gegangen, so dass ein Besitzerwechsel möglich erscheint. Es gibt jedoch keinen Beleg dafür, dass der Finessensepperl das Haus kaufte – oder er hier lediglich zur Miete wohnte. Interessanterweise bewohnte der Sepperl nach diesem offiziellen Eintrag zu urteilen eine Wohnung im 1. Stock, so dass seine oben genannte Replik auf die Frage nach seiner Wohnstatt „drei Stiagn ober'n Kamin" somit vielleicht nicht ganz frei erfunden war.

In jedem Fall dürfte dies die Wohnung gewesen sein, in dem der Sepperl seine letzten Tage (ehe er in das Allgemeine Krankenhauses kam, siehe unten) verbrachte. Wo er sich allerdings zuvor aufgehalten hat und ggf. in welchen Wohnungen er bis zu einem Aufenthalt in der Salzstraße wohnte, bleibt tatsächlich unbekannt – Nix G'wiss woas ma ned!

Blick etwa vom Wohnhaus des Sepperl auf die Salzstädel am Beginn der Salzstraße. Aquarell von August Seidel, Privatbesitz. Foto Lenz Mayer

Was wurde weiter über den Finessenmann berichtet?

Als chronologisch nächste Erwähnung treffen wir auf den Sepperl wiederum etwa 2 Jahre später (also 1825) in der Zeitung „Der baierische Volksfreund“[99], in welcher unter der Rubrik „Heiraths-Angelegenheiten betreffend“ die Einrichtung von Hochzeits-Vermittlungsanzeigen in der Zeitung diskutiert wurde: *„Auf also, mein guter Volksfreund! Mach dich dieses Namens durch die thätige Mitwirkung zu diesem schönen Zwecke würdig, errichte ein Heiraths-Comptoir, in welchem man, ohne einen Finessensepperl zu gebrauchen, seine Gedanken, Erklärungen und Wünsche niederlegen, dieselben unter der gehörigen gewissenhaften Verschwiegenheit an die betreffenden Personen gelangen lassen und von jenen die ersehnten Antworten wieder zurückerwarten kann.“*

Im Jahr darauf wird der Finessensepperl sogar anlässlich der Neueröffnung des neuerbauten Hof- und National-Theaters in München in einem humoristisch-romantischen „Gemälde“ beschrieben:[100] *„Es war ein kleines, altes hageres Männchen, schmutzig und ungewöhnlich gekleidet, mit einer schlaudummen Phisiognomie ausgestattet, der mit der seltsamen Anrede: „Grüß' Euch Gott! Seyds es auch da?“ nun den Landjunkern nahte. Münchner Leser werden bereits errathen haben, daß das Männchen Niemand anders gewesen, als jener blödsinnige Bettler, welcher unter dem Namen „Finessensepperl“ allen Bewohnern der Hauptstadt zur Genüge bekannt ist. […] „will er wohl so gut seyn uns zu sagen, wo man in München das beste Glas Wein trinkt?“ – „Nichts gewißes weiß man nicht“ (sein gewöhnliches Sprichwort, welches er bei jeder Gelegenheit anzubringen pflegt) versetzte er dumm lachend, übrigens gibt es Weinhäuser genug, wo soll ich Euch hinführen – zum Junemann, oder zum Havard, in den goldenen Hahn, oder zum schwarzen Adler – oder vielleicht gar zum Michel?“ – „In das nächstgelegene Haus“, […] worauf der Narr beide Junkers in die nahe Rosengasse zum Weinwirth Michel in die hintere Zechstube leitete. Finessensepperl wurde mit einem kleinen Trinkgelde, ganz zufrieden, entlassen.“*

Der Finessensepperl. Radierung von Ernst Meyer, um 1823, Privatbesitz

97) Huber A. München im Jahr 1819. Zängl München, 1819.

98) Königlich-bayerischer Polizey-Anzeiger von München. Nro. 27, Mittwoch 4. April 1821, S. 234–235.

99) Der baierische Volksfreund. Nro. 86, 19. Juli 1825.

100) Von Schaden A. Jäckele und Jakobine, oder: Die Reise nach München. Jenisch und Stage Augsburg/Leipzig, 1826, S. 167–170.

Das Gasthaus „Zum Schwarzen Adler“ an der Kaufingergasse. Aquarell von Joseph Puschkin

Ein zusätzlicher Hinweis auf sein Äußeres stammt aus einer weiteren Zeitungsmeldung des Jahres 1826[101]: „*Des allerliebsten Finessensepperls Hutform scheint neuerlichst den Hutton anzugeben; man fängt an, durch zuckerhutförmige Hauptbedeckungen sich als elegant zu distinguieren.*“
Eine weitere Begebenheit rund um den Sepperl in Bezug auf sein Auftreten und seine Kleidung dürfte sich auch im Jahre 1826 ereignet haben. Nach der Verlegung der Landesuniversität aus Landshut nach München unter dem gerade neu inthronisierten König Ludwig I., Sohn des 1826 verstorbenen Königs Max I. Joseph, und dem dadurch bedingten Umzug von rund 1000 Studenten aus Landshut nach München machte diese Neuerung in der Residenzstadt auch vor dem Finessensepperl keinen Halt: Einige Münchner Bürger steckten den Sepperl aus Spaß in typische Studentenkleidung – Pumphosen und Collet mit Schnüren – und ließen diesen so durch die Stadt spazieren:[102] „*Den Landshuter Bürgern ließen sie [die Studenten] ihre Schulden und die verführten Töchter und gedachten in München ein neues Leben*

101) Der Bayer’sche Landbote. 2. Jg., Nro. 11, Donnerstag 26. Januar 1826.

102) Die Grenzboten. 7. Jg., Nro. 7, I. Sem., I. Bd., S. 410.

zu führen. [...] Während der Bürger zu Landshut vor dem Studiosus, dem Herrn der Stadt und ihrem Ernährer ehrerbietig die Mütze lüftete, erkühnten sich einige Münchner Bürger, den sogenannten Finessensepperl [...], einen herumziehenden Bettler, in ein Collet mit Schnüren und Pumphosen zu stecken und so die burschikose Tracht dem Gelächter der Gassenbuben preis zu geben."

Im November 1827 wird eine neue Anekdote bezüglich Sepperls hauptsächlicher Tätigkeit beschrieben. Immer noch ist also der Sepperl als Briefbote und Vermittler vertraulicher Botschaften tätig[103], denn in der Rubrik „Kleinigkeiten" lesen wir: *„Ein junges, schönes aber auch recht verliebtes Mädchen, gab jüngst dem Finessensepperl einen Brief mit dem Bedeuten, denselben dem fraglichen schönen Herrn beim Schneidermeister Koch zu überliefern. Der Finessensepperl lachte und sagte: „hab' ich was davon?". Das junge liebe G[änsche]n zog ganz eilig einen Zwanziger aus dem Ridikül[104] und überreichte diesen dem Liebesboten. Finessensepperl eilte was er eilen konnte, kam nach kurzer Weile wieder, mit dem Bedeuten, nächstens wird er antworten."*

Somit ist damals das Geschäftsmodell des Sepperl auch noch nach vielen Jahren aktiv, und weiterhin werden geheime Liebesbotschaften eilfertig hin- und hergetragen. Dies deckt sich mit einer weiteren Presseerwähnung im Juli 1828, die im „Bayerischen Volksfreund"[105] zu lesen ist: *„Der [...] schöne Münchner [...] ist ebenfalls stets nach dem neuesten Parisermode-Journal sehr schön gekleidet. Er scheint jedoch eine gewisse Sehnsucht nach einer schönen Münchnerin (allenfalls im niedlichen Riegelhäubchen und übrigem netten bürgerlichen Anzug) zu tragen, und soll dießfalls schon mündliche Ausrichtungen durch den Finessensepperl habe bestellten lassen, nächstens aber, wie sein College im Tagesblatt an die holde Schöne im romantischen Rosenthal, an seine noch unbekannte Liebeswürdige durch den reisenden Teufel eine kleine Aufforderung bekannt machen."*

Der Finessensepperl als Gegenstand eines Theaterstücks – „die Lokalposse"

Interessanterweise fällt in das Jahr 1826 auch eine ganz neue Aufarbeitung des „Phänomens Finessensepperl", als nämlich zum 19. August 1826 der Bayer'sche Landbote ankündigt, dass in dem „Schweiger'schen[106] Volkstheater vor dem Karlsthor" montags eine „Lokalposse in 3 Akten" mit dem Titel „Der Finessensepperl" zum Besten gegeben werde.[107]

Dieses Vorstadt-Theater[108], das 1812 in die Ludwigsvorstadt vor dem Karlstor verlegt worden war, zeichnete sich dadurch aus, dass Stücke mit oft derbem Inhalt, Possen und Stücke zur allgemeinen Volksbelustigung aufgeführt wurden. Da dürfte das beschriebene Stück über den Sepperl hervorragend in das Repertoire gepasst haben!

Bedauerlicherweise ist über den Inhalt der Posse keine weitere Aufzeichnung erhalten. Auch ist nicht zu ermitteln, wie oft und über welchen Zeitraum „Der Finessensepperl" aufgeführt wurde; allerdings wurde im Dezember 1829[109] ein weiterer Hinweis auf dieses oder ein ähnliches Stück veröffentlicht – wenngleich nicht in München, sondern in Regensburg: *„Einladung – Dienstag, 8. Dezember 1829 wird auf dem hiesigen National-Theater zum Besten der Unterzeichneten aufgeführt: Staberl als dritter reisender Teufel oder der Finessensepperl als Schutzgeist oder die Zauber-Ratschn. Eine Lokal-Zauber-Posse in 5 Akten von Carl Leopold von Kirstner. – Zu dieser Vorstellung ladet ergebenst ein – Margarete und Carl Diedrich."*

Im Februar 1846 berichtet das Münchner Morgenblatt[110]: *„Künftigen Mittwoch findet im k[öniglichen] Odeon eine Redoute statt, [...] Der ewige Hochzeiter, der Finessen-Seppel und andere komische Figuren, sowie im Münchner Andenken sich fort erhaltene Scenen und Sonderlinge, humoristisch, lebenslustig gemüthlich dargestellt, werden gewiß nicht verfehlen, eine allgemeine Heiterkeit zu verbreiten und Alle zur Fröhlichkeit zu stimmen."*

103) Tages-Blatt für München. Nro. 139, Freitag 16. November 1827.

104) Ridikül = (meist gehäkeltes) Handtäschchen.

105) Der Bayerische Volksfreund. Nro. 112, Sonnabend 12. Juni 1828.

106) Joseph Schweiger (1770–1847), folgte seinem Vater Franz Maria Schweiger als Direktor des Münchner Vorstadt-Theaters.

107) Der Bayer'sche Landbote. 2. Jg., Nro. 99, 19. August 1826.

108) Alle näheren Informationen hierzu: Freudenberger J. Aus der Geschichte der Au. Jung München, 1913, S. 58–64.

109) Regensburger Wochenblatt. Nro. 48, Mittwoch 2. Dezember 1829, S. 685.

110) Münchner Morgenblatt. 7. Jg., Nro. 10, Mittwoch 4. Februar 1846.

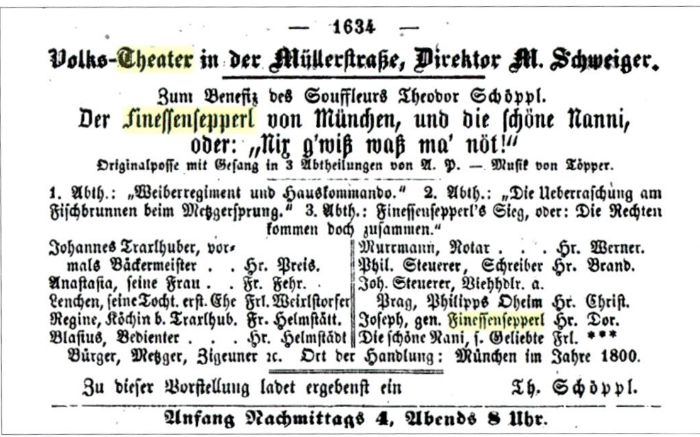

— 1634 —

Volks-Theater in der Müllerstraße, Direktor M. Schweiger.

Zum Benefiz des Souffleurs Theodor Schöppl.

Der Finessensepperl von München, und die schöne Nanni, oder: „Nix g'wiß waß ma' nöt!"

Originalposse mit Gesang in 3 Abtheilungen von A. P. — Musik von Töpper.

1. Abth.: „Weiberregiment und Hauskommando." 2. Abth.: „Die Ueberraschung am Fischbrunnen beim Metzgersprung." 3. Abth.: Finessensepperl's Sieg, oder: Die Rechten kommen doch zusammen."

Johannes Traxlhuber, vormals Bäckermeister	Hr. Preis.	Murrmann, Notar	Hr. Werner.
Anastasia, seine Frau	Fr. Fehr.	Phil. Steuerer, Schreiber	Hr. Brand.
Lenchen, seine Tocht. erst. Ehe	Frl. Weirlstorfer	Joh. Steuerer, Viehhdlr. a. Prag, Philipps Oheim	Hr. Christ.
Regine, Köchin b. Traxlhub.	Fr. Helmstätt.	Joseph, gen. Finessensepperl	Hr. Dor.
Blasius, Bedienter	Hr. Helmstädt	Die schöne Nani, s. Geliebte	Frl. ***

Bürger, Metzger, Zigeuner ꝛc. Ort der Handlung: München im Jahre 1800.

Zu dieser Vorstellung ladet ergebenst ein Th. Schöppl.

Anfang Nachmittags 4, Abends 8 Uhr.

Theaterstück-Ankündigung im Schweiger'schen Volkstheater im Münchner Tages-Anzeiger

Schließlich findet sich ein Volksstück mit Bezug zum Finessenmann lange nach dem Tod des Sepperl (dazu mehr in Kürze) immer wieder in Zeitungsnotizen und Anzeigen veröffentlicht, wie beispielsweise 1858 im Münchner Tages-Anzeiger[111] oder 1861 in der Süddeutschen Zeitung[112], in unterschiedlichem Umfang, mit leicht variablem Titel und offenbar unterschiedlichem inhaltlichem Aufbau. Alle diese Anzeigen belegen, dass der Finessensepperl in der öffentlichen Wahrnehmung auch lange nach seinem Tod präsent blieb und dieses Andenken von der allgemeinen Bevölkerung auch stets wachgehalten wurde. Der Ankündigung zur Aufführung des Stückes im Theater „Lechhausen" in Augsburg 1860[113] können wir zudem entnehmen, dass das Stück in jenem Theater in 2 Akten aufgeführt wurde und dass als Autor Ludwig Deuringer fungierte.

Schließlich sei an dieser Stelle vermerkt, dass – kurz nach dem Tod des Sepperls – sogar im zu Ehren eine Bude auf dem Oktoberfest 1829 aufgestellt wurde (Lit.). Leider ist nicht verzeichnet, wer diese Bude betrieb noch was in dieser „zur Schau" gestellt wurde. Es ist lediglich vermerkt, dass das ungewöhnlich kalte Wetter jenes Oktobers dazu führte, dass wegen Schneefall und Kälte alle Buden, und damit auch die nach dem Finessensepperl benannte, vorzeitig schließen mussten[114].

Mit dem Beginn des Jahres 1829 verdichten sich dann jedoch aktuelle Tagesberichte in verschiedenen Zeitungen, die ganz konkret zeigen, dass die letzten Tage des Sepperl eingeläutet werden.

Die letzten Tage und der Tod des Finessensepperl

Gehen wir in der chronologischen Berichterstattung des Lebens des Sepperl weiter – und stützen uns dabei zuerst allein auf zugängliche schriftliche Quellen, die zu Sepperls Lebzeiten verzeichnet wurden und blenden gedanklich sowohl die nach seinem Tod entstandenen schriftlichen Dokumente wie auch die Ergebnisse der naturwissenschaftlichen Untersuchungen am Skelett des Finessenmanns aus –, so fällt auf, dass ohne weitere Ankündigung das „Münchner Tagsblatt" vom 26. März 1829[115] in einer kurzen einzeiligen Nachricht kommentarlos vermeldet wird: *„Der bekannte Finessensepperl ist mit Tod abgegangen."*

Zwei Tage später folgt in der gleichen Tageszeitung[116] postwendend das Dementi: *„Berichtigung. Joseph Huber, der sogenannte Finessensepperl, ist nicht gestorben; jedoch soll er, an den Folgen eines Falls, sich in dem allgemeinen Krankenhause befinden. Hat ihn, wie sich der vielgeliebte Herr Landbote auszudrücken belieben, das Tagesblatt umgebracht, so will es ihn nun auch wieder lebendig machen."*

Und tatsächlich schreibt der genannte Bayer'sche Landbote vom gleichen Tag am 28. März 1829[117] in der Rubrik „Todesfälle in München": *„Den 27. d[ieses Monats] verlor München einen Mann, der große Epoche gemacht und dessen Stelle schwer zu ersetzen seyn dürfte! Finessensepperl[118] ist nicht mehr! Auf, Ihr Biographen! (Das M[ünchner] Tagsblatt hat ihn umgebracht)."*

In weiterer Ergänzung hierzu schreibt der Bayer'sche Landbote am 2. April 1828[119]: *„Finessen-Seppel, der*

111) Münchner Tages-Anzeiger. 7. Jg., Nro. 221, Montag 9. August 1858.

112) Süddeutsche Zeitung. Nro. 77 (Abendblatt), Montag 11. Februar 1861.

113) Neue Augsburger Zeitung. Nro. 200, Sonntag 22. Juli 1860.

114) Hoferichter E, Strobl H. 150 Jahre Oktoberfest 1810–1960 – Bilder und Geschichte. Münchner Zeitungsverlag, 1960, S. 21.

115) Münchner Tagsblatt. Nro. 86, Freitag 26. März 1829.

116) Münchner Tagsblatt. Nro. 88, Sonntag 29. März 1829.

117) Der Bayer'sche Landbote. Nro. 38, Sonnabend 28. März 1829.

118) An dieser Stelle ist der Name spiegelverkehrt und in Schreibrichtung von rückwärts eingesetzt – wohl in bildlicher Anspielung auf die „Narrheit" des Sepperl.

119) Der Bayer'sche Landbote. Nro. 40, Donnerstag 2. April 1829.

die Achsel ausgefallen, gebährdet sich im Krankenhause sehr ungestüm; haben ihn aber schon in Ordnung gebracht.“

Damit ist es klar: Die Meldung des Münchner Tagsblatts ist eine Ente – der Sepperl ist zwar im Krankenhaus, und zwar offenbar infolge eines Sturzes, aber er ist noch lebendig.

Bereits knapp 4 Wochen nach seiner „Wiederbelebung“ allerdings, nämlich am 30. April[120], ergeht eine erneute Todesmeldung zum Finessensepperl, nun mit tatsächlicher Bestätigung des Todes, der diesen am 26. April ereilt haben soll: *„Joseph Huber, Kutscherssohn von hier (der bekannte Finessensepperl) ist in seinem 60ten Jahre im allgemeinen Krankenhause gestorben. Er behielt, wie man erzählt, seinen lustigen Humor bis zu seinen letzten Augenblicken bei.“*

Ähnliche Todesmeldungen finden sich zum gleichen Zeitpunkt auch in anderen Pressemitteilungen; so etwa schreibt „Der Bayer'sche Landbote“ am 28. April 1829[121]: *„Finessensepperl hat dieser Tage sein ganzes, in 60 Kronenthalern bestehendes Vermögen, in Verwahr gebracht, ist darauf wieder gefallen, und wieder ins Krankenhaus gegangen, wo er erbärmlich darnieder liegt. Soll gestorben seyn“*, und zwei Tage später ist in der gleichen Zeitung[122] bereits die offizielle Todesmeldung abgedruckt: *„Todesfälle in München: [...] Den 26. April früh ward durch den Tod des Jos[ef] Huber (vulgo Finessensepperl), hiesiger Kutscherssohn, eine bedeutende Stelle in München erledigt. Er war 66 Jahre alt; man hat ihn abgezeichnet, abmodelliert und sein Skelet wird der Nachwelt aufbewahrt.“*

Der „Bayerische Volksfreund“ vom 30. April[123] erklärt Sepperls letzte Krankengeschichte etwas ausführlicher: *„Der sogenannte Finessensepperl ist erst aus dem Krankenhause entlassen, dann vor einigen Tagen wieder wegen einem unglücklichen Fall dahingebracht worden und endlich am vergangenen Sonntage gestorben. Er hinterläßt ein Vermögen in Baarem von 80 fl. [Gulden], welches er vorher in Verwahr gebracht hatte.“*

Auch im offiziellen „Königlich-bayerischen Polizey-Anzeiger von München“ wird schließlich einige Tage später, nämlich am 3. Mai, die offizielle Todesmeldung[124] verbreitet: *„Den 26. [April] – [...] Joseph Huber, Kutscherssohn, 66 Jahre alt, an Altersschwäche.“*

Die offiziellen Dokumente zum Tod des Joseph Huber, genannt Finessensepperl, sind an verschiedenen Stellen zu finden und bestätigen grundsätzlich die zuvor aufgeführten Angaben. So findet sich ein entsprechender Eintrag im Sterbematrikel der Pfarrei St. Peter.[125]

Hierin ist angegeben, dass der Finessensepperl am 26. April morgens um 7:00 Uhr im Allgemeinen Krankenhaus starb. Bestätigt wird auch sein Alter von 66 Jahren, er ist als Kutschersohn verzeichnet, seine Todesursache lautet auf Altersschwäche, und den Tod stellte ein gewisser Dr. Wilhelm[126] fest. Interessant ist zudem der Hinweis, dass der Verstorbene bereits am 30. April – nachmittags um 3:00 Uhr – beigesetzt wurde. Die Beisetzung könnte vom geistl. Rat Wilhelm Schuster vorgenommen worden sein, der zu jener Zeit Stadtpfarrer zu St. Peter in München war.[127]

Der offizielle Polizeimeldebogen, der bereits eingangs erwähnt worden war, bestätigt diese Daten und Angaben.

Schlussendlich erfahren die vorgenannten Angaben eine weitere Bestätigung in den Aufzeichnungen des Münchner Bestattungsamtes[128], indem dort die Beisetzung des Finessensepperl festgehalten ist. Unter der laufenden Nummer 881 ist für den damals einzigen Friedhof der Stadt München[129] vermerkt: *„30. [April], Joseph Huber, Kutscherssohn v[on] h[ier], vulgo: Finessensepperl, 66 J[ahre] a[lt], verstorben im Krankenhaus, Pfarrei St. Peter, Seelnonne[130] des Kreutzviertels, Begräbnisplatz: Abteilung 13; Reihe 4; Nummer 27.“*

120) Münchner Tagsblatt. Nro. 119, Donnerstag 30. April 1829.

121) Der Bayer'sche Landbote. Nro. 51, Dienstag 28. April 1829.

122) Der Bayer'sche Landbote. Nro. 52, Mittwoch/Donnerstag 30. April 1829.

123) Der Bayerische Volksfreund. Nro. 69, Donnerstag 30. April 1829.

124) Königlich-bayerischer Polizey-Anzeiger von München. Nro. 31, Sonntag 3. Mai 1829.

125) Archiv der Erzdiözese München (AEM) CB288, M9057, S. 223.

126) Dr. Philipp Wilhelm (1798–1840), seit 1824 Professor für Chirurgie am Allgemeinen Krankenhaus München.

127) Hierbei dürfte es sich um den Stadtpfarrer der Pfarrei St. Peter von München, den Geistlichen Rat Josef Wilhelm Schuster (geb. 1784, zum Priester geweiht 1809) gehandelt haben (vgl. Schematismus der Geistlichkeit des Erzbisthums München und Freising für das Jahr 1858. Hübschmann München, 1858, S. 45).

128) Stadtarchiv München, Bestattungsamt DE-1992-BES-0993.

129) Heute: Alter Südfriedhof.

130) Die sog. Seelnonne kümmerte sich um die unmittelbare Leichenversorgung. Zu den Aufgaben einer Seelnonne wird hier auf

Familien-Bogen für

der Familien-Häupter Name.		Stand, Gewerb, Beschäftigung, bürgerlicher Verband 2c.	Ledig, verheurathet, oder Wittwe.	Religion.	Geboren				Lit.
Geschlechts-	Vor-				wo?	Tag.	Monat.	Jahr.	H.
Huber 1829.	Joseph	[illegible]	led.	kath.	München	-	-	1776	

Personalmeldebogen des Joseph Huber, vulgo Finessensepperl. Stadtarchiv München (PMB)

Somit ist amtlich belegt, dass Sepperls sterbliche Überreste bereits 4 Tage nach seinem Tod auf dem städtischen Friedhof beigesetzt wurden. – Wie also kann es sein, dass wir noch heute im Besitz seines Knochenskeletts sind?

Bevor wir uns mit dieser Frage später den generellen Aspekten der naturwissenschaftlichen Untersuchungen zuwenden, wollen wir zunächst noch (auch auf das geistige) „Nachleben“ des Finessensepperl eingehen. Die öffentliche Wahrnehmung des Sepperl und insbesondere seiner Sprüche nahm nämlich nach seinem Tode erst einen regelrechten Aufschwung – und dieser hält ja gewissermaßen bis heute an, denn wem gerade in und um München ist der Ausspruch „Nix G’wiss woas ma ned“ nicht geläufig?

Wie es mit dem Finessensepperl resp. seinen sterblichen Überresten weiterging

Neben dem überraschenden Fakt, dass die sterblichen Überreste des Sepperl *lege artis* bereits 4 Tage nach seinem Verscheiden auf dem damaligen Friedhof der Stadt Münchens beigesetzt worden sein sollen, stoßen wir bereits nach wenigen Monaten auf neuerliche Berichte und Erwähnungen zu ihm.

Bereits 10 Tage nach dem Begräbnis veröffentlicht der Bayer’sche Landbote eine Grabinschrift[131], die dem Grabstein des Sepperl zugeschrieben worden sein soll.

In ganz anderem Zusammenhang wird das Skelett kurz nach seiner offensichtlichen Herstellung öffentlich erwähnt. In der „Chronik des Tages“ schreibt „Das Inland“ zum 30. Juni 1829[132]: *„Bey einem in verflossener Nacht gemachten Einbruche in die Anatomie des*

die Bestimmungen verwiesen, wie sie beispielsweise für die Residenzstadt München 1846 schriftlich festlegt sind: „§. 12. Sobald die Seelnonne zu einer Leiche gerufen wird – was immer sogleich nach dem Eintritte des Todes eines jeden Menschen, oder dem Auffinden eines Leichnams zu geschehen hat – hat sie sich unverzüglich zu selber zu begeben, und, wenn es noch nicht geschehen ist, zuerst dafür zu sorgen, daß von diesem Sterbefalle 1) der einschlägige Todtenbeschauer, 2) das betreffende Pfarramt und 3) der Gemeindevorsteher allsogleich in Kenntniß gesetzt werden.
Sie selbst darf aber die Leiche bis zur (§. 20) bestimmten Zeit nicht verlassen, sondern hat selbe nach vorgängiger Untersuchung, ob nichts Auffallendes an ihr zu bemerken ist, fortwährend genau zu beobachten, ohne jedoch an derselben, oder an der Lagerstätte, das Geringste zu verändern oder verändern zu lassen, ausser es wäre das Gesicht der Leiche so bedeckt, daß ein allenfallsiges Athmen und eine genaue Beobachtung desselben unmöglich wäre. In diesem Falle ist der Leiche eine solche Lage und Stellung zu geben, daß der Kopf erhöhet, das Gesicht ganz frei ist, und die Leiche auf dem Rücken zu liegen kömmt. Jede andere Veränderung an der Leiche und an ihrer Lagestätte sogleich und bis Weiteres vorzunehmen, ist der Seelnonne verboten.“ (Instruktion für die Seelnonnen des k. Landgerichtsbezirkes München. Joh. Deschler München/Au, 1846).

131) Der Bayer’sche Landbote. Nro. 56, Sonnabend 9. Mai 1829.

132) Das Inland. Nro. 183, 2. Juli 1829.

allgemeinen Krankenhauses wurden mehrere Operationsinstrumente entwendet und neben einigen in dem Saale aufgestellten Skeletten auch das des weiland Finessensepperl umgeworfen.“
Am gleichen Tag ergänzt „Der Bayer'sche Landbote“[133] hierzu: *„Den 29. d[ieses Monats], Morgens um 5 Uhr, stiegen zwey wilde Kerls durch ein Fenster in das anatomische Theater, nicht scheuend die Wache haltenden Todtengerippe des Finessensepperls und eines Andern, und entwendeten […].“*
Damit ist es nun nochmals ganz klar: Der Finessensepperl besteht also als „Knochenmann“ weiter. Ebenso ersehen wir, dass die Präparation des Skeletts einschließlich der Montage innerhalb von weniger als 2 Monaten stattgefunden haben muss – und noch dazu in so stabilem Zustand ausgeführt wurde, dass auch das offenbar beobachtete Umwerfen der Skelette diesen keinen wesentlichen Schaden zufügte.

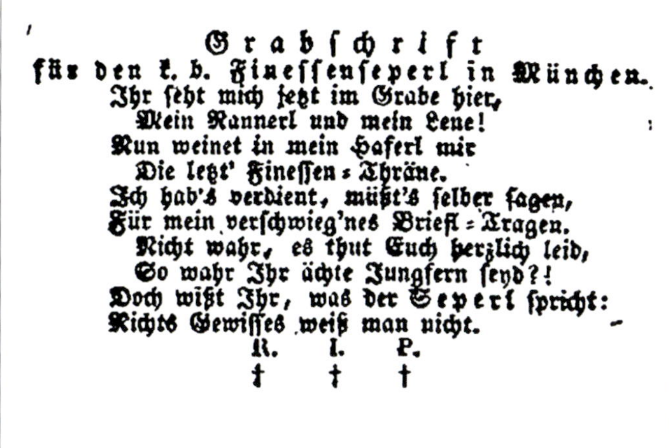

Grabschrift
für den k. b. Finessenseperl in München.
Ihr seht mich jetzt im Grabe hier,
Mein Nannerl und mein Lene!
Nun weinet in mein Haferl mir
Die letzt' Finessen-Thräne.
Ich hab's verdient, müßt's selber sagen,
Für mein verschwieg'nes Brief-Tragen.
Nicht wahr, es thut Euch herzlich leid,
So wahr Ihr ächte Jungfern seyd?!
Doch wißt Ihr, was der Seperl spricht:
Nichts Gewisses weiß man nicht.
R. I. P.
† † †

Entwurf einer – mutmaßlich fiktiven – Grabinschrift des Finessensepperl im Bayer'schen Landboten

Begräbnisplatz / Grabstein des Joseph Huber (Finessensepperl) auf dem alten Südfriedhof

133) Der Bayer'sche Landbote. Nro. 79, Donnerstag 2. Juli 1829.

Erzählungen und Erwähnungen zum Finessensepperl nach seinem Tod

Erzählungen und Berichte von Personen und zu Zeiten, die den Sepperl noch persönlich gekannt haben dürften

Wer geglaubt haben mag, dass Berichte und Erzählungen über den Finessensepperl mit seinem Tod stoppten, wird vom Gegenteil überzeugt; vielmehr gewinnt man den Eindruck, dass die Anekdoten über ihn mit den Jahren sogar tendenziell mehr wurden. Dabei lassen sich einige wiederholte Erzählungen herausfiltern, ebenso wie der Spruch des „Nix G'wiss woas ma ned" zum zentralen Merkmal des Sepperl wird. Dies soll in diesem Kapitel dargestellt werden, wobei die Erwähnungen des Sepperl weitgehend chronologisch ansteigend wiedergegeben sind.

Bereits wenige Monate nach dem Tod des Sepperl – vermutlich als zeitgenössischer Rückblick einer noch zu Lebzeiten mit dem Finessensepperl erlebten Anekdote – beschreibt ein anonymer Autor im Münchner Tagblatt[134] einen Ausflug auf den Keferloher Wochenmarkt, einen wohl zu damaliger Zeit weithin bekannten und beliebten Markt mit allerlei Vergnügungen und viel buntem Volk: *„Ich habe mich [...] auf dem heurigen Keferloher Markt, von dem ich schon so viel gehört, eingefunden. Das Bild davon, welches ich mir im Geiste entwarf, verwirklichte sich auf die überraschendste Weise. Nebst einer unzähligen Masse des schönsten Viehs hatten sich auch Menschen aus allen Klassen in Hülle und Fülle eingefunden. [...] [Auf dem Wege dahin] stand ich also, in den schönsten Erwartungen, am Gasteigerberge, sah Wagen an Wagen dahin [nach Keferloh] rollen, bespickt mit Speisen und Getränken in Maß und Ziel [...] und harrte noch immer vergebens auf einen Omnibus. Endlich [...] rasselte ein solcher Wagen, es war eigentlich ein Heuwagen mit betternen Sitzen und ein paar zusammengenähten Betttüchern als Dach, daher. [...] Die Gesellschaft war respektabel, ein paar feiernde Papiergesellen, eine Hebamme, ein abgedankter Soldat [...] eine dicke Frau, die das Glückspiel mit einem Bauern und Bäuerin und dem seeligen Finessensepperl machte, und meine Wenigkeit machten die Compagnie aus."*

Eine erste umfangreichere Erzählung mit und über den Sepperl lässt sich dann 1831 finden, welche sich stark auf das Äußere des Sepperl fokussiert. In der fantastischen Erzählung von G. Fr. Blaul über eine nächtliche Reise mit einem Ballon (Montgolfière) nach München[135] berichtet dieser über ein fiktives Treffen mit dem Finessensepperl: Hier tritt der Sepperl als eine sonderbare Gestalt auf, ein kleiner Mann mit trippelnden Schritten langsam vorwärtsgehend, mit alternden Zügen in grauem Rock, die Ärmel bis an die Fingerspitzen reichend; mit schmutzigen Stiefeln; auf dem Kopf ein abenteuerlicher Hut; am Arm ein irdener Topf mit einem großen Stück Brot; täglich umhergehend, ein unsterblich gewordenes Original.

Ein anderer Bericht schildert, dass der *„guthmüthig-schlaue Finessensepperl nun nicht mehr feiern kann."* Dieser wird beschrieben mit einem spitzen Filzhütchen, mit knappem Höschen, das bleierne Ordenskreuz am abgeschabten Frack, das Kosthäferl am Arme und dem steten Gruß: „Grüß Gott, schöne Nanny".[136]

Aus einem weiteren Bericht: *„Der Finessensepperl war eine stehende Figur von München, er war überall und nirgends, wusste Alles und besorgte alle Liebesbriefe der Stadt, sein „nix Gwiß's weis man nit" war Inbegriff aller Weisheit, der Sternkern alles Lichts."*[137]

Als „der merkwürdigste Mensch in München: Finessensepperl, der Cyniker Münchens", verdiente er offenbar auch Erwähnung in der französischen Grammatik von Dr. Claude und P. Lemoine: *„Die kleinsten Kinder kannten ihn; die schönsten Weiber – sagt man – lobten seine Verschwiegenheit."*[138]

---

134) Münchner Tagblatt. Nro. 247, Dienstag 8. September 1829.

135) Der deutsche Horizont. 1. Jg., Nro. 46/47/48, 20. Oktober 1831.

136) Münchner Conversationsblatt. Nro. 208, 26. Juli 1832.

137) Der Bazar für München und Bayern. Nro. 79, 2. April 1833.

Beim Keferloher Markt. Anonyme Lithographie, um 1820

Der Münchner Reisende Johannes Nepomuk Gistel[139] beschrieb den Finessensepperl etwas ausführlicher wie folgt: *„[D]er Sepperl, hochdeutsch „pfiffiger Joseph", eine originelle Mischung von Schalk und Narr, im Gewande eines Polcinels mit kahlem Haupt, mit etwas Diebsgelüst und etwas Rammeley versetzt. Unter dem linken Arme befand sich stets sein Kosttopf mit Löffel; er trug eine Weibermütze auf dem kleinen Schalkskopfe, einen chamoisgelben Kaftan und ein silbernes Kreuz auf der Brust. Diese drollige Figur, welche zugleich ein seltsam verschwiegener Postillion d'Amour war, steht nun als Scelet in dem zootomischen Kabinette."*[140]

„Der Finessensepperl war keine Erfindung, keine politische Karikatur, kein Monsieur „Mayeux"[141]*, den man zu seinen bestimmten Zwecken brauchen kann und dem man Worte in den Mund legt, wie man sie selbst gern spräche: der Sepperl sprach nur Einerlei und dies war: „grüß di Gott, Nanni". Er hatte nur ein Geschäft, das war: „Brieferln bestellen" Er war der Postillion d'amour der Kellnerinnen, Köchinnen und soll sich selbst manchmal höher verstiegen haben. Man sagt wenigstens, daß er bei solchen Commissionen die größte Geschicklichkeit stets an den Tag gelegt habe. Von dieser Schlauheit, die er unter der Maske der Einfalt trefflich zu verstecken wusste, hatte er den Beinamen eben erhalten; von Geburt war er ein Cretin*[142]*, ein kleiner, schwächlicher,*

---

138) Bayerische Nationalzeitung. Nro. 54, 23. Februar 1835.

139) Johannes Nepomuk Gistel (1809–1873), Münchner Zoologe und Reisender; beschrieb in seinem Werk eine Reise nach München und Nord-Italien.

140) Gistel J. Reise durch Süddeutschland und Nord-Italien. München 1834, S. 306–307.

141) Imaginäre Comicfigur, die in den 1830er Jahren in Paris berühmt wurde; die Figur wurde 1831 vom Karikaturisten Traviès erfunden und zumeist als Buckliger dargestellt.

142) Cretin: Abwertend gebrauchte Bezeichnung für einen aufgrund mangelhafter Schilddrüsenfunktion Minderwüchsigen und geistig Zurückgebliebenen (Kretinismus).

schiefbeiniger Kerl, mit einem ungeheuren Wackelkopfe und einem verrunzelten Altweibergesichte. Eine Kappe hatte er über beide Ohren gezogen, daß man kein Haar sah; um den Hals trug er eine Kette mit einem Medaillon und im Arme stets einen Topf, worin er ein Stückchen Brod und übriggebliebene Speisen zusammenbettelte."[143]

„Ein dürres Männlein, das zu jeder Stunde des Tages ein Häfelchen unterm Arme trug, das jedem Vorübergehenden mit verschmitzt-freundlich lächelnder Miene ein „Grüß Gott" leise zurief. Der König und der Bettler haben den Finessensepperl wohl gekannt. Er war bis in die zwanziger Jahre unserer Zeit hinein der populärste Mann in München. Nun ruht auch er unter der Erde – ruht er? Nein, ich weiß es, sein Skelett ist in der Anatomie aufgestellt; denn der kleine Mann hatte eine Rippe mehr als andere Menschen. Der Finessensepperl war der Postillion d'amour Münchens. Er hatte in allen Häusern Zutritt, er war schlau, und schien das Gegentheil zu seyn; er konnte nicht lesen und schreiben, und verstand sich doch darin. Er hatte selbst geliebt; seine beständige Liebe war eine Thörin, welche „die rothe Nanni" hieß und der die Buben oft schreiend nachliefen. Nannerl und Sepperl sind nun einmal die Grundheiligen der Isarstadt. Freilich fangen auch sie an, mehr zu verschwinden. War einer dieser Namenstage, so waren beide mit Blumensträußen geschmückt, gingen stolz in allen Straßen umher und ließen sich gratulieren. Der Finessensepperl bettelte nicht; allein seine Miene drückte hinlänglich aus, was er nicht sagte, und reichlich flossen ihm die Gaben zu. Es gibt keinen öffentlichen Charakter dieser Art in München mehr."[144]

All diesen Beschreibungen des Finessensepperl quasi „dazwischengeschoben" findet sich am 21. Januar 1839 die knappe Zeitungsmeldung[145] unter der Rubrik „Raritäten": *„Seit einiger Zeit bemerkt man zu Muntuchun [München] einen Menschen, der sich für den ächten Sohn des Finessensepperls ausgiebt, und welcher nun das Erbrecht seines Vaters anspricht."* Es folgt jedoch kein weiterer Kommentar, ebenso wenig eine Richtigstellung.

1840 dann erscheinen im Münchner Eilboten „Nachrichten vom Mond", also fantastisch-irreale Geschichten aus München, in denen der Finessensepperl auftritt.[146] Darin berichtet der anonyme Erzähler von einer Begegnung – offenbar auf dem Mond – mit dem Finessenmann: *„Eine besondere Freude bewies der hier noch gut bekannte Finessen-Seperl, der mich über verschiedene schöne Mädchen und lustige Herrn ausfragte, und da ich ihm deshalb nicht viel Erfreuliches sagen konnte, so gab er mir auf, alle jüngeren schönen Nannerln zu München et revier schönstens zu grüßen, was ich auch hiermit öffentlich gethan haben will. Nur einige geheime Aufträge gab er mir noch, welche ich auch unter vier Augen ausrichten werde; […] der Finessen-Seperl meinte, ob ihn denn die schönen garstigen Nannerln ganz vergessen haben, hätten ihm wohl ein paar Masserln Bier mit dem Dampfwagen einschwärzen [schmuggeln] können. […] es geht doch mit den Liebschaften nicht mehr viel zusammen, man empfinde seinen Verlust als Haupt-Cupler [Kuppler] in der That sehr. Es sei nun äußerst selten, dass geheiratet werde, oder eine alte reiche Jungfer einen alten Musikus erwischt; […]."*

Einige Zeit später, im Jahr 1848 gibt es eine Erinnerung mit Vergnügen und Wehmut an den verstorbenen Finessensepperl unter der Rubrik „Nix gwiss woas ma net": *„Eine kleine Figur, mit kreuzdummem Gesichte, ward in altdeutsche Kleidung gesteckt, der Kopf mit einem hübschen Barte geziert, Kanonenstiefel mit klirrenden Sporen und die Brust mit mehreren Orden geschmückt, gaben dem erwähnten maskierten Sepperl ein gar drolliges Aussehen. Und so mußte der Verkleidete Tage lang, Straße auf und ab spazieren und vorzüglich mehrmals den Hofgarten durchwandern, bis der große, große Herr seine treu nach der Natur entnommenen altdeutschen Kleidung von einem Menschen tragen sehen mußte, der in den Kirchen und auf den Straßen bettelte, von einem Menschen, der für einen Kreuzer (mehr hat der Finessensepperl nicht angenommen) allen Dienstmägden Liebesbriefe ab- und zugetragen hat. – Das satyrische Bild hat seinen Zweck nicht verfehlt; aus dem großen altdeutschen Herrn ward bald ein anderer.*[147] *Sepperl ward polizeilich verhaftet, es wurden ihm verschiedene Versprechungen gemacht, er ward mit Strafen bedroht, wenn er nicht gestände, von und durch wen er die Kleidung erhalten habe, doch weder das Eine noch das Andere hat gewirkt. Sepperl hat dieses, wie noch andere Geheimnisse mit ins Grab genommen. Solche Narren sind wahrlich Gold- und Geldeswerth."*[148]

---

143) Lewald A. Panorama von München. Hallberger Stuttgart, 1835, S. 305–307.

144) Von Daxenberg S. Münchener Hundert und Eins, 1840.

145) Münchner Tagblatt. Nro. 21, Montag 21. Januar 1839.

146) Der Bayerische Eilbote. Nro. 7, Montag 15. Januar 1840.

147) Wer dieser „altdeutsche Mann" war, muss offenbleiben – vermutlich handelte es sich jedoch um eine politische Anspielung – jedoch: Nix g'wiß woas ma ned.

Im Jahre 1859 wird erzählt: *„Der Finessensepperl, Münchens erstes und beliebtestes Original, eine Mischung aus Diogenes und Narr, bettelte nicht, höchstens am Ende des Tages: „Schenken's mir an Kreuzer" – er ward von allen gesucht, „nix g'wiß woas man nit" – ging einer 1799 aus und suchte die Wahrheit, reiste herum, fand sie nicht; endlich traf er den Finessensepperl, hörte sein „Nix g'wiß weiß man nit", ging erfüllt wieder heim. Sepperl zählte eine Rippe mehr, sein Gerippe ist in der Münchner Zergliederungsanstalt ausgestellt, Adam verlor die Rippe ans Weib, Finessensepperl ohne Weib bekam sie wieder. Hat Streiche in Menge gemacht, niemand hat's ihm übel genommen. Ein spassiger Bursch in schmutzigem Anzug mit einem Korb am Arm, klugen Äuglein, Pfaffenkappl und silbernes Ordenskreuz um den Hals. Einmal, in Studententracht geschenkt von hoher Person, saß er im Hofgarten in einer Grube für einen im Bau befindlichen Springbrunnen und holte einen Knödel um den anderen aus seinem großen Hefen und streckte einen Fuß um den anderen in die Höhe. Einmal wurden ihm 25 Schläge auf den Witzfleck erteilt, da er zwei Standespersonen hinter ihm sagte: Thoalt's ihn [teilt ihn]. In seinem schlechten Korb hatte er die wichtigsten Sachen, er war sehr verschwiegen, besonders, wenn er ordentlich beschenkt worden war. Der Finessensepperl hat sich schließlich überlebt; er verlor den Zutritt in die Häuser, stand in den Straßenecken mit jämmerlichem Gesicht, seine Sprüche zogen nicht mehr, Nanni war längst gestorben; es folgte ein Totschlagsversuch wegen seines Vermögens. Dabei stellte er sich tot, worauf er nochmals das alte Ausmaß an Anteilnahme erhielt."*[149]

Eine Darstellung des Finessensepperl der ganz besonderen Art findet sich schließlich in einem Büchlein mit dem seltsamen Titel: „Wundersames Leben und höchst merkwürdige Stadt-, Reise- und Kriegsabenteuer des Simplicius Simpel, Nähweh seines Onkels, des einst in München als Wahrzeichen stadtbekannten und beliebten Finessensepperls [...]".[150] Die dar-

Figur des Finessensepperl, früher im Münchner Ratskeller, heute im Valentin-Karlstadt-Musäum aufgestellt

---

148) Politischer Gevattersmann. Nro. 55, 5. Juli 1848.

149) Dischinger M. Witzchronik in heiteren Memoiren aus dem Leben berühmter und berüchtigter Personen. Finsterlin München, 1858, S. 123–132.

150) Anonymus. Wundersames Leben und höchst merkwürdige Stadt-, Reise- und Kriegsabenteuer des Simplicius Simpel, Nähweh seines Onkels, des einst in München als Wahrzeichen stadtbekannten und beliebten Finessensepperls: Köchin, Wäscherin, Büglerin,

gestellte Geschichte vermischt zwei humoristische Figuren, den Simpel mit dem Finessensepperl, stellt also eine fiktive Erzählung dar. Dabei wird konstruiert, dass der Finessensepperl als Onkel des Simplicius aufgeführt ist; dieser kommt dort gerade von einem „Stangl-Wirt" und trägt wie üblich sein Körbchen mit Liebesbriefen. Er galt der Schilderung zufolge als Vertrauter aller Verliebten; Briefbestellungen trugen ihm viel Geld ein; morgens strich er über den Viktualienmarkt und die Fleischbank, dort erfolgte die Aufnahme und Abgabe von Briefen; nur selten trug er Briefe in die Wohnungen; wenn jemand Fremdes die Tür öffnete, bot er zur Verschleierung Stiefelwichse oder Nähnadeln zum Kauf an. Zu guter Letzt geht diese unglaubliche Geschichte über in eine fiktive Reise des Simpel – mit einem Happy End für den Simpel, ohne dass sein „Onkel" noch eine weitere Rolle spielt.

Im „Münchner Nordlicht-Kalender für Gebildete und Ungebildete" beschreibt ein anonymer Autor unter der Rubrik „Februar" eine Beobachtung zum Finessensepperl: *„Im Münchner Hofgarten sagte jemand zur Kinderwärterin: „Nanni, Du hast aber a schöne Nanni im Arm" – es war der Finessensepperl, dessen irdischen Rest man (aktuell) in einem gewissen irdischen Kabinett betrachten kann. Der Autor erkennt Ähnlichkeiten zum Philosoph Seneca: „Je mehr ich weiß, desto mehr weiß ich, daß ich nichts weiß."*[151]

Simplicius Simpel und der Finessensepperl. Titelbild der Broschüre

Im Jahr 1861 wurde der Finessensepperl in Form einer kleinen Figur verewigt: Das neu gebaute Karlstor erhielt in seinem Innenbogen eine Verzierung mit 4 kleinen Figuren, allesamt Münchner Originale, darunter auch der Finessensepperl, der nun auf die unter ihm durch das Tor flanierenden Personen herabblickt.[152]

Eine erneute romanhafte Erzählung[153] beschreibt eine weitere Episode über den Finessensepperl: Dieser läutet eines Nachts beim Leibarzt Hofrath Wurmtod, der erst nach mehrfachem und heftigem Klingeln reagiert. Dabei öffnete dieser das Fenster und fragt, ob jemand bei Hofe krank sei. Da der Finessensepperl ja Zugang zu Hofe hatte und immer wieder auch den Hofdamen Briefe ausgetragen habe, war es für den Leibarzt durchaus verständlich, dass dieser läutete. Der Finessensepperl allerdings fragte jedoch nur, wie spät es sei. – Niemand habe ihm aber diese Streiche übelgenommen. In seinem schmutzigen Lederanzug mit dem schlechten Korb am Arm hatte er oft die wichtigsten Dinge, war aber sehr verschwiegen.

Eine weitere Erwähnung findet der Finessensepperl im Zusammenhang mit dem Kult von Hofnarren, die lange Zeit an großen Fürstenhöfen ihren festen Platz hatten. Für die Zeit des ersten bayerischen Königs Max I. Joseph wird zunächst der Hofnarr Prangerl genannt, dessen gelieferte Stücke aber als von so derber Art beschrieben sind, dass sie sich nur erzählen, aber nicht niederschreiben ließen. *„Nach diesem blühte in München lange Zeit der Finessensepperl, eine „wahrhaft unvergleichliche Persönlichkeit. Vielleicht ist es dem Schreiber dieses [Aufsatzes] später vergönnt, Joseph Huber's Finessen und Schwänke, wie er als Postillion d'amour diente, an den Tag zu geben."*[154]

Nähterin ... Reiter, Fechter, Friseur, Soldat, Anbeter einer alten Schachtel und bürgerlicher Melber. Lutzenberger Altötting/Burghausen, 1860, S. 1–56.

151) Anonymus. 1861 – Münchner Nordlicht-Kalender für Gebildete und Ungebildete. 2. Jahrgang, Lentner München, 1861, S. 10–11.

152) Bayerischer Kurier. Nro. 253, Sonntag 15. September 1861, S. 1726

153) Kern G. Die Haberfeldtreiber – Oberbayerisches Sittenbild. Hallberger Stuttgart, 3. Aufl., 1862, S. 257–258.

Die nächste sehr umfangreiche Darstellung des Sepperl ist in einer Doppeldarstellung zusammen mit dem Musiker Sulzbeck, ebenfalls einem Münchner Original, wiedergegeben.[155] Diese Beschreibung umfasst wiederum zahlreiche Geschichten und Anekdoten, die uns schon vorher begegnet sind. Hierin bedeutsam ist, dass der Autor den Sepperl wieder in das Ende letzten und zu Anfang dieses [d.h. des 19.] Jahrhunderts platziert, beschrieben als Original und Philosoph, dessen Gesicht immer aussagte, was er wollte; er wurde immer gesucht von Liebenden und Verliebten; von Offizier und Bürger, Banquier und Hofrath; er war immer verschwiegener Liebesbote; sein Wahlspruch war „Nix G'wiss woas ma ned". Schon 1799 konnte man den Finessensepperl in München finden; klein von Natur, stets mit einem Körbchen mit Liebesbriefen unterwegs, kannte er Namen und Lebensumstände der Verliebten; immer trug er eine lächelnde Miene. Als seine Geliebte namens Nanni ihm untreu geworden war, habe er aus Herzeleid seitdem keinen anderen Frauennamen mehr ausgesprochen. Ebenso wird berichtet, dass der Finessensepperl eines Tages von dem aufgebrachten Vater einer Verliebten gestellt wurde – dabei streckte ihm der Sepperl ein Radibündel entgegen und sagte: „Koan Liebsbrief hab i, san grad Radi [...]", – und ließ den Frager einfach stehen.

Im „Münchner Oktoberfest-Kalender für 1865"[156] existiert eine weitere ausführliche Darstellung des Finessensepperl. Mit dem Untertitel „Nix g'wiß woas ma nöd" wurde *„der Wahlspruch des bekannten Finessensepperl [angegeben], eines gutmüthigen und ehrlichen Menschen, der eigentliche Erfinder der Münchner Stadtpost, aber vorzüglich nur für Liebesangelegenheiten. Mit einem Körbchen am linken Arme, das einen doppelten Boden hatte, in dessen unterem Raume die anvertrauten Briefe lagen, die er immer, oft mit schlauer List, richtig bestellte, und eben so die Antworten zurück gebrachte, schlenderte er den ganzen Tag durch alle Straßen der Stadt, und grüßte jedes ihm begegnende Frauenzimmer, gleichviel ob alt oder jung, schön oder häßlich, mit dem freundlichen Zurufe: „Grüß Gott, schöne Nanny!" [...] Das geringste Porto für einen Brief waren 6 kr [Kreuzer], für eine günstige Antwort bekam er oft zehnmal mehr von dem oder der Beglückten. Nie bestimmte er selbst die Größe des Portos, er wußte ja, daß er niemals zu kurz komme. Dabei lebte er sehr mäßig und nüchtern, wodurch er sich ein Capital von mehr als 200 Gulden ersparte. Fragte man ihn, wo er wohne, so antwortete er schmunzelnd „zwoa Stiagn ober'n Kamin". Dennoch überfiel ihn einst am hellen Tage in seiner Kammer, wo er eben sein Geld zählte, ein Dieb, der ihn erdrosseln und berauben wollte. Er wehrte sich tapfer, und strampelte mit den Füssen, an denen er Hufeisenabsätze trug, so heftig, und schrie so laut um Hilfe, daß die Schustergesellen unter ihm zu seinem Beistande heraufeilten, und ihm vom Versucher eines Raubmordes befreiten, den sie verhafteten. Acht Tage gab es keine Stadtpost mehr, mehr zum größten Jammer der Verliebten."*

„Kragenkopf" des Finessensepperl im Bogen des Karlstors, 1861 errichtet

Eine weitere Erinnerung an den Finessensepperl findet sich in den Memoiren des Franz Trautmann unter

154) Weiniger H. Hof- und Schalksnarren. Westermanns illustrierte deutsche Monatshefte, 1862, S. 645–650.

155) Fuchs M. Anekdoten und Schnurren des berühmten Münchner Finessensepperls und des Musikers Sulzbeck. Kanzenel München, 1864, S. 2–14.

156) Anonymus. Münchner Oktoberfest-Kalender für 1865. Nix g'wiß woas ma nöd, S. 38ff.

Der Finessensepperl.
Zeichnung im Münchner Oktoberfest-Kalender für das Jahr 1865

dem Titel „Im Münchner Hofgarten“[157]: *„Zu den […] Stadtfiguren damaliger Zeit und bis in die zwanziger Jahre zählte auch Jemand, der gelegentlich im Hofgarten langsam dahinschlich, klein, magerer Gestalt, in einem graugelblichen Röcklein, mit einer grauen, zuckerhutförmigen Kopfbedeckung, und unter'm Arm immer einen großen „gelben Topf“, in dem er alles dort und da verabreichte Flüssige und Trockene sammelte und, abenteuerlich gemischt, heimtrug. Dabei versäumte er, wie man ihm nachsagte, keineswegs, kleine zärtliche Briefschaften zu colportieren. O, er war sehr human – was er auch aller Orte in den Straßen und, selbst höheren Personen gegenüber, im Hofgarten kundgab, indem er, vorübergehend, bald den, bald jenen Herren, hie und da aber auch eine vornehme Dame, mit „Grüß dich Gott, Nanni!“ adressirte (‚Helas, ce maudit Joseph de Finesses!‘*[158] *hieß es da bei der feinen Welt). Ja, und dabei that er, als habe er gar nichts, als das Mixtpickle in seinem Topf, trotzdem man nach seinem Hinscheiden mehrere tausend Gulden unter seiner Liegestatt, Alles in ganz kleiner Münze, fand. Man kann sein osteologisches Gebäude noch heute in einem Glaskasten der Anatomie sehen.“*

Eine überraschend umfangreiche Erzählung zum Finessensepperl veröffentlichte die Wiener Tageszeitung „Die Presse“ 1873.[159] Ein Dr. Rottmann beschreibt unter dem Titel „Aus schlimmer alter Zeit“ eine „Münchner Geschichte“ zu einem mehr als hundert Jahre geschätzten lebendigen Wahrzeichen, welches der Autor als halb irrsinnigen, halb „gemüthlich-verschmitzten“ Volksliebling skizziert – vermischt mit dem etwas obskuren Hinweis, dass sich *„der merkwürdige Diogeneskopf in Spiritus im anatomischen Museum zu München befinde“.* Sepperl wird als leutseliger Mensch dargestellt, der jedermann duzte, Freund aller Kinder war, alle Männer als „Sepperl“ und alle Frauen als „Nannerl“ titulierte, klein, sanft gebeugt, der immer gleich alt aussehend mit kahlem Haupt unter einem hohen weißen (!) Filzhut, fast so hoch wie er selbst, herumschlich, angezogen mit einem langen grauen Rock, schwarzen Strümpfen und Schnallenschuhen – alles abgetragen und abgeschabt – und mit einem Topf mit gesammeltem Essen. Dieses verzehrte er bei jedem Wetter unter dem Portal des Botanischen Gartens. Kennzeichnend war seine große Verschwiegenheit. Dies führte auch dazu, dass seine Herkunft und sein Zuname unbekannt blieben, und der Autor vermutete, dass der Sepperl in irgendeinem Kloster Laienbruder gewesen sei und nach dessen Auflösung (im Zuge der Säkularisation) oder nach früher Entlassung aus dem Kloster Aufnahme in das Heilig-Geist-Spital erfahren hatte.

Eine sehr ähnliche Beschreibung von Leben und Wirken wie auch Aussehen des Sepperl gibt ein anony-

157) Trautmann F. Im Münchner Hofgarten. Örtliche Skizzen und Wandelgestalten. Stahl München, 1884, S. 107–108.

158) Übersetzung: ‚Oh weh, dieser vermaledeite Finessensepperl‘.

159) Die Presse. 26. Jg., Nro. 303, Dienstag 4. November 1873 und Nro. 304, Mittwoch 5. November 1873.

Portal des Alten Botanischen Gartens. Foto Gerhard Willhalm

mer Zeitungsbericht aus München etwa 2 Jahre später anlässlich eines „Münchner Bilderbogens“ wieder.[160] In dieser Zeit finden sich immer wieder kurze Erwähnungen des Sepperl, sei es aufgrund seines zentralen Spruchs „Nix G'wiss woas ma ned“, sei es in Form der Erwähnung als Postillion d'amour und Münchner Original.[161] Von besonderem Interesse ist dabei die Anekdote, dass der Finessensepperl einmal vor Studenten sang: *„Und kommt der Wechsel heut, so sind wir reiche Leut, und haben Geld wie Heu, doch morgen – ist's vorbei.“* Ähnlich ist eine Schilderung des Finessensepperl, den der Verfasser einer Zeitungsnotiz von 1881 noch persönlich kannte. Er berichtet: *„[Z]u meiner Zeit war der Sepperl eine Person in den 50iger Jahren, klein, mager, bartlos und sehr gutmüthig; er war ein regelrechter Martyrer, der von der Jugend drangsaliert wurde, die ihm oft im Troß ungezogener Jungen folgte und sich einen Jux mit ihm machten. Was der Sepperl gar nicht leiden konnte, war es, wenn man die Finger unterm Kinn kreuzte und Grimassen schnitt.“*[162]

160) Neue freie Volkszeitung. 1. Jg., Nro. 22, Donnerstag 28. Januar 1875.

161) Freisinger Tagblatt. Nro. 81, 11. April 1875. – Kurier für Niederbayern. 30. Jg., Nro. 90, Sonntag 1. April 1877.

162) Freisinger Tagblatt. Beyblatt Unterhaltung. Sonntag 4. Dez. 1881.

Der Viktualienmarkt vor dem Heilig-Geist-Spital. Aquarell von August Seidel, Privatbesitz

„Der Finessensepperl" – ein literarischer Exkurs

Hatten wir ab dem Jahr 1826 und in den folgenden Jahrzehnten immer wieder „den Finessensepperl" auf verschiedenen Bühnen als Lokalposse erlebt, so kamen 1833 und 1849 weitere Varianten der öffentlichen Wahrnehmung des Phänomens Finessensepperl zutage: Der Sepperl wird zum Mitwirkenden, teils sogar zum Namensgeber, von satirisch-humoristischen Zeitungen in München. Damit sollte ein Zeitgeist befriedigt werden, der der Publikation von solchen Druckerzeugnissen einen gewissen Markt zu bieten schien.
Im April 1833 erschien „Der Finessen-Sepperl" als Beilage der humoristischen Zeitschrift „Bazar".[163] Unter dem Untertitel „Nix Gwiß's weis man nit" findet der Leser hier ein Sammelsurium an teils philosophischen, teils neckischen, teils belehrenden Hinweisen auf den Sepperl, die in ihrem Charakter sämtlich dem Wahlspruch des Sepperl entsprechen sollten.
Soweit eruierbar, war diesem Druckwerk jedoch keine lange Lebenszeit beschieden – die Herausgabe der Zeitschrift Bazar wurde 1833 eingestellt und damit war auch das Ende der Beilage „Der Finessen-Sepperl" bereits nach wenigen Nummern besiegelt.

163) Der Bazar für München und Bayern. Beilage: Der Finessen-Sepperl – ein Montagsfrühstücks-Geschenk für die Leserinnen des „Bazars". Nro. 1, 1. April 1833.

N^{ro.} 1. 1. April.

Der Finessen = Sepperl.
Ein
Montagsfrühstücks-Geschenk
für
die Leserinnen des „Bazars".

„Niks Gwiß's weis man nit."*)

An Finessen=Sepperls Geist.

Warum hast Du nicht im alten Athen gelebt, Du edler, Du einfacher, Du höchstphilosophischer Geist! Du würdest im Prytaneum gesessen haben, und Dein Name würde mit Socrates und Plato zu-

*) Für auswärtige Leser stehe hier die Bemerkung, daß der Finessen-Sepperl eine stehende Figur in München war, genau so wie er hier abgebildet ist. Er war überall und nirgend, wußte Alles und besorgte alle Liebesbriefe der Stadt; sein unabänderlicher Ausspruch war: „Niks Gwiß's weis man nit." D. R.

Titelblatt des „Finessen-Sepperl" als Beilage des „Bazars" 1833

Im Jahr 1849[164] kam eine weitere Zeitschrift mit dem Namen „Finessen-Sepperl" heraus, die von der begleitenden Fachpresse in den „Blättern für literarische Unterhaltung"[165] wie folgt charakterisiert wurde:

„Der ‚Finessen-Sepperl' hat seinen Namen von einem früher in München bekannten, witzigen und spaßhaften Männchen, das halb und halb bettelte und den Postillon d'amour machte. Das Blättchen will in die Fußstapfen des „Punsch"[166] treten, aber das Talent dazu mangelt, der Witz ist plump und geht häufig in Grobheiten über, besonders wenn der „Volksbote" angegriffen wird."

Eine weitere Besprechung der neuen Zeitschrift im „Grenzboten"[167] gibt an: *„Wir hatten ‚ein freies Wort', den ‚reitenden Teufel', dann den ‚Revolutionsteufel', wir haben noch das factische Blatt ‚Der Finessensepperl' redigiert von Robert Lecke (dem Redacteur der hier vor mehreren Jahren erschienenen Kunstblätter); derselbe hat auch einen Volkskatechismus herausgegeben und den lieben altbayerischen Kindern die Grundrechte gedeutet."*

Schon der Untertitel dieser Publikation „Ein Blatt für schlechte Witze und Dummheiten sowie für höhere und niedere Politik" scheint der angegebenen Einschätzung Recht zu geben. Als Nummer 1 am 6. März 1849[168] veröffentlicht – mit der Angabe des Erscheinens jeden Dienstag und Freitag – verschwand die Zeitung schon nach wenigen Ausgaben wieder vom Markt (mit der Ausgabe 13 des gleichen Jahres 1849) – ganz offensichtlich wegen zu geringem Interesse.

Der literarische Exkurs im Namen des Sepperl hatte also keinen Bestand.

Finessen=Sepperl.
Ein Blatt
für schlechte Witze und Dummheiten
sowie für höhere und niedere Politik.

Freitag. N^{ro.} 12. 13. April 1849.

Erscheint wöchentlich Dienstag und Freitag. Kostet im vierteljährigen Abonnement 21 kr. Auswärtig wird bestellt bei den nächsten königl. Postämtern.

Titelblatt des „Finessen-Sepperl" vom 13. April 1849

---

164) Münchner Tagblatt. Nro. 72, Dienstag 13. März 1849.

165) Blätter für literarische Unterhaltung. Nro. 124, Donnerstag 24. Mai 1849.

166) „Punch": satirische Zeitschrift ursprünglich aus England, 1841 in London gegründet, mit kleinen humoristischen Geschichten und Cartoons.

167) Die Grenzboten. Zeitschrift für Politik und Literatur. 8. Jg., I. Semester II. Band, Herbig Leipzig, 1849, S. 371.

168) Der Finessen-Sepperl. Nro. 1, Dienstag 6. März 1849.

Zusammenfassende Bewertung der Berichte von Personen, die den Finessensepperl noch persönlich gekannt haben dürften

Mit dem Ende des 19. Jahrhunderts schwand die Zahl an Personen, die den Finessensepperl und seine Streiche und Späße noch selbst erlebt haben dürften, also als Zeugen aus erster Hand über ihn und sein Leben gelten können. Dabei muss natürlich offenbleiben, inwieweit auch die zuvor angeführten Berichte und Beschreibungen tatsächlich direkten eigenen Beobachtungen entsprangen oder aber bereits im Rückgriff auf frühere Beschreibungen – so insbesondere das mehrfach angesprochene Büchlein aus dem Jahr 1818[169] – vorgenommen worden waren. Immer wieder werden jedenfalls alte Geschichten reproduziert, es gibt jedoch auch Neues zu beobachten, das kritisch betrachtet werden muss. In jedem Fall dokumentieren die Erwähnungen, dass das Phänomen Finessensepperl ungebrochenes Interesse in der Münchner Bevölkerung, teilweise sogar darüber hinaus im bayerischen Umland, besaß und die Person dieses Münchner Originals sozusagen fortlebte.

Die grundlegenden Eigenschaften des Finessensepperl, sein schlau-dummes, gutmütiges und doch schlagfertiges Wesen werden in diesen Mitteilungen bestätigt, auch wenn gelegentlich eher böswillige Beurteilungen des Sepperl kolportiert werden, wenngleich bei weitem nicht in der Schärfe, wie es beispielsweise der Reisende Friedrich Selting 1819 ausgedrückt hatte (vgl. S. 43 f.). Allerdings berichten auch andere, so insbesondere das „Panorama von München“ von August Lewald, nicht besonders positiv vom Sepperl! Angaben wie „kleiner, schwächlicher, schiefbeiniger Kerl“, „ungeheurer Wackelkopf“ und „Cretin“ sind sogar als ausgesprochen bösartig zu bewerten. Dennoch ist die hohe Popularität des Sepperl auch in den negativen Berichten vorherrschend.

Die Beschreibung seines Äußeren fällt dabei deutlich variabler aus, als dies zu seinen Lebzeiten berichtet wurde, angefangen von der Art und Farbe seines Rocks, der mal als bodenlang, mal als kittelkurz angegeben wird, in unterschiedlichen Farben – alles dabei durchaus im Rahmen des Möglichen, wenn man davon ausgeht, dass der Sepperl laut einiger Anekdoten immer wieder auch neue Kleidung geschenkt erhielt. Gleiches scheint für seine Kopfbedeckung zu gelten, die in einigen Berichten als „Pfaffenkäppi“, oder auch „Weibermützchen“ bezeichnet wird, in anderen als schlanker Hut mit schmaler Krempe und hoher Schale. Einige Konstanten finden sich jedoch auch bei den Beschreibungen, angefangen bei dem metallenen „Ordenskreuz“, das er umgehängt trägt, bis hin natürlich zu seinem Körbchen als Markenzeichen und dem darin befindlichen irdenen Topf, in dem der Sepperl seine Essens-Spenden sammelte – das vorstellbare Essens-Gemisch wird auch als „Mixtpickle“ bezeichnet. Ebenfalls häufig wird der Finessenmann als leicht verwahrlost, ja, immer wieder gar als „schmutzig“ bezeichnet!

Schließlich tritt in den Erzählungen die Haupttätigkeit des Finessensepperl, nämlich die des Postillion d'amour, in das Zentrum aller Beschäftigungen des Finessenmanns. Dabei kommt auch mehr und mehr zur Sprache, dass diese Tätigkeit entlohnt wurde, zwar in kleiner Münze, allerdings in solchem Ausmaß, dass der Finessenmann sich schließlich ein gutes Vermögen zusammensammeln konnte.

Blicken wir im Zusammenhang mit dem Besitz des Sepperl auf die Angaben der zeitgenössischen Presseberichte, so ist dort angegeben, dass der Sepperl ein Vermögen von 60 Gulden – an anderer Stelle sogar 80 Gulden – besaß, das er kurz vor seinem Ableben „in Verwahrung“ gab. Tatsächlich ist im Staatsarchiv München, Nachlassgericht AG München 1829[170], vermerkt, dass unter „Huber Joseph, Sekretärssohn, vulgo Finessensepperl, Vorgang 1509“, ein derartiger Vorgang im Eingangsbuch verzeichnet worden ist – der Sepperl mithin also durchaus ein Vermögen besaß. Bedauerlicherweise sind die konkreten Akten, also auch Art und Höhe des Besitzes dieses Nachlasses, in der Zwischenzeit seit dem Eintrag vernichtet worden[171] und somit heute verloren.

In der Erzählung des „Münchner Oktober-Festkalenders“ 1865 gelangt der Berichterstatter schon auf ein

169) Anonymus, Finessenmann, a. a. O.

170) Staatsarchiv München, AG München, Nachlassgericht Fasz. 27, Nro. 55.

171) Derartige Vernichtungsaktionen sind durchaus die Regel bei älteren Nachlass-Akten, die schon aufgrund ihres Alters nicht mehr rechtsrelevant sind. Hier wurde zumeist aus Platzgründen der Akt „eingestampft“.

Eintrag im Gesamtverzeichnis des Nachlassgerichts AG München zum Finessensepperl. Leider wurden die Akten später – wie aus der zusätzlichen Ergänzung hervorgeht – „eingestampft". Staatsarchiv München (AG München, Nachlassgericht)

Vermögen von 200 Gulden, was sich in späteren Zeiten sogar bis zu einer astronomischen Höhe von 5000 Gulden steigern sollte.[172]

Ebenso als neu zu bewerten ist die Geschichte, dass der Finessensepperl bei helllichtem Tage in seiner Kammer überfallen wurde, um seines Besitzes beraubt zu werden. Der Sepperl sollte dabei zu einem nicht angegebenen Zeitpunkt erdrosselt werden, also ein regelrecht mörderischer Angriff stattgefunden haben. Er wehrte sich wohl heftig und erhielt Hilfe von nahebei tätigen, heraneilenden Schustergesellen, so dass er den Angreifer in die Flucht schlagen konnte – und nicht nur sein Leben, sondern auch sein Vermögen behielt. Von allgemeiner Bedeutung dürfte jedoch gewesen sein, dass der Sepperl acht Tage darniederlag – sehr zum Leidwesen der Verliebten Münchens, die in dieser Zeit auf ihren Boten warten mussten.

Schließlich kommen in den Berichten ein paar weitere Kleinigkeiten zur Sprache, die ebenfalls für die Biografie des Sepperl Bedeutung haben könnten: So wird der Kreis der Auftraggeber für Botendienste auch auf Damen (und wohl in geringerem Umfange Herren) der Adelsschicht, ja, sogar Hofdamen erweitert, abgesehen davon, dass ein Hofzugang des Sepperl parallel angegeben wird, was ebenfalls eine Tätigkeit des Sepperl auch für diesen Personenkreis umfasste. Dennoch ist es wichtig, dass offenbar die Haupt-Auftraggeber aus der Gruppe der einfachen Leute, insbesondere Köchinnen, Dienstmädchen etc., wie auch von Bürgern und Bürgerskindern kamen.

Als letzte im weitesten Sinne zeitgenössische Erwähnung des Finessensepperl berichtet 1898 ein Artikel im General-Anzeiger der Münchner Nachrichten, dass ein Privatier – ein Herr Hildebrand, der inzwischen ein Lebensalter von über 80 (!) erreicht hatte – als Kind den Finessensepperl noch gekannt habe.[173] Auch dieser Beitrag beschreibt unter den Münchner Originalen den Finessensepperl als verschwiegenen Postillion d'amour der Dienstmädchen, der jedes Mädchen als „schöne Nanni" titulierte.

Erzählungen und Berichte zu späteren Zeiten, mutmaßlich ohne persönliche Kenntnis des Sepperl

Schon in den Berichten von 1897 und nachfolgend dürfte unter den Verfassern kein unmittelbarer Augenzeuge des Lebens und Wirkens vom Finessensepperl mehr gewesen sein, etwa was die Erzählung des General-Anzeigers von diesem Jahr betrifft, in dem der Sepperl als Vorbild von anderen, meist „halbseidenen" Originalen anderer deutscher und internationaler Städte angegeben wurde, darunter das „Früchtl" aus München, der „Gamin" aus Paris, der „Bitz" aus Wien und der Berliner „Junge". Entsprechend jener Angaben lebte der Sepperl in den 20er Jahren [des 19. Jahrhunderts], sei später in ein Arbeitshaus gekommen und dort „kirre", d.h. verrückt, geworden. Auch hier wird seine Hauptbeschäftigung als Postillion d'amour herausgestellt, wenn er in

172) General-Anzeiger der Münchner Nachrichten. Nro. 390, Mittwoch 22. August 1906.

173) General-Anzeiger der Münchner Nachrichten. Nro. 400, Mittwoch 31. August 1898.

seinem Handkörbchen süße Geheimnisse jeder schönen Nanni der Stadt überbringt.[174]

Ungewöhnlich sind Ort des Geschehens und Publikationsort bei einem weiteren Zeitungsbericht, der 1898 datiert: In der deutschsprachigen US-amerikanischen Zeitung „Indiana Tribüne" wird am 12. Juni 1898[175] eine Gerichtsverhandlung wiedergegeben, an der auch der Finessensepperl am Rande mitbeteiligt ist. Der feuilletonistische Teil dieser Sonntagsausgabe schildert eine Münchner Gerichtsszene, die unter dem Titel „D' Leut sagen's" an einem ungenannten Apriltag eines nicht verzeichneten Jahres den Beleidigungs-Prozess zwischen der bereits in fortgeschrittenem Alter befindlichen „Frau Veronika", einer Werkmeistersgattin, und dem Beklagten „Privatier Franz Y." wiedergibt. Der Beklagte schildert dabei die mutmaßlichen Beleidigungen der Frau Klägerin, wobei er auf den Finessensepperl verweist mit der Aussage: *„I war sogar no a wengerl gröber mit ihr, aber es hat alles seinen guaten Grund, hat der Finessensepperl g'sagt und der hat doch zu den Leit g'hört [...]."*

Im Fasching des Jahres 1900 wird der Sepperl wieder erwähnt, indem er sich in einem Rückblick auf das Jahr 1800 unter der Rubrik „Vor hundert Jahren" im Gedränge des Münchner Faschings in typischem Aufzug und ebenso typischer Pose wiederfindet: *„Der drollige Finessensepperl, auch genannt „der gescheidte Joseph", wie er mit einem Topf und Löffel unter'm Arm umhergeht, ein Weibermützchen auf dem Kopf, in orangenem Kaftan und mit einem silbernen Ordenskreuz um den Hals. Dieser berichtete Launiges in unverfälschtem oberbayerischem Dialekt."*[176]

Die chronologisch nächste Erwähnung des Sepperl ereignet sich 1906, als anlässlich einer anstehenden Erhöhung des Briefportos der „Königlich-bayerischen Post" an dessen Funktion als Briefbote erinnert wird: *„Die Erhöhung des Portos für lokale Postsachen ruft das Gedächtnis an eine Münchner Type aus dem Anfang des vorigen Jahrhunderts zurück, die mit der privaten Zustellung von Briefen sich befaßte, und da nur mit der Spezialität „Liebesbriefe". Post- oder gar Ansichtskarten waren damals unbekannte Dinge. Der „Finessensepperl", ein gutmütiger Narr, ging mit einem Tragekorb auf dem Rücken täglich von Bräuhaus zu Bräuhaus und frug die Kellnerinnen: ‚Schöne Nanni, hast was ausz'tragn? Er war der Postillion d'amour der Kellnerinnen. Das Porto war nicht fixiert, ein Kreuzer, ab und zu ein Groschen*[177]*. In der Hauptsache bestand es in Bier und Speiseresten und daß sich der altvorderische Briefträger gut dabei stand, bewies sein Rücklaß von 5000 Gulden und einer schuldenfreien Herberge, ein für damalige Zeiten nicht unbedeutendes Vermögen. Zumal wenn man bedenkt, daß Anno dazumalen das Pfund Kalbfleisch 4 Kreuzer kostete und das Pfund überdies um 60 Gramm schwerer war, als das heutige. Die später ermäßigten Post-Porti ließen keinen Nachfolger des „Finessensepperl" mehr aufkommen."*[178]

Der Wahlspruch des Finessensepperl wird in dieser Zeit ebenso immer wieder verwendet und damit dessen Andenken bestätigt. So auch in den „Fliegenden Blättern", einer humoristischen Unterhaltungs-Zeitschrift, in der „D' Brautschau" 1907, in der sich der Reitmoser Girgl und der Riesenhuber Franzl über Heiratspläne des Ersteren mit der Enthofer Nanni unterhalten: *„'s Geld und d'Sach und 's Dirndl – gar nix is unrecht. Aber wie g'sagt, schau' Dir noch a paar andere an. Nix G'wiß woas ma ned, sagt der Finessensepperl [...]."*[179]

Diese Geschichte schließt sich an die ausführliche Würdigung des Finessensepperl in dem Buch „Ein Jahrhundert München" von Georg Jacob Wolf von 1905 an. Das Kapitel der „Münchner Originale" ist eine ausführliche Wiedergabe der Daxenberg'schen Beschreibung von 1840 (vgl. Anm. 144), die den Sepperl umfangreich würdigt – und sogar den Voltz'schen Stich „Der Finessensepperl überbringt Liebesbriefe" wiedergibt.[180] Allerdings fügt der Autor den Daxenberg'schen Erzählungen keine weiteren Informationen hinzu.

---

174) General-Anzeiger der Münchner Nachrichten. Nro. 491, Samstag 23. Oktober 1897.

175) Indiana Tribüne. 21. Jg., Nro. 264, Sonntag 12. Juni 1898, S. 7.

176) General-Anzeiger der Münchner Nachrichten. Nro. 105, Samstag 3. März 1900.

177) Groschen: alte Währungseinheit v. a. im deutschsprachigen Raum; umgangssprachlich wurde damit ab der Reichseinigung Deutschlands 1871 das Zehnpfennigstück bezeichnet; im souveränen Königreich Bayern (somit vor 1871) waren Groschen kein verwendetes Zahlungsmittel.

178) General-Anzeiger der Münchner Nachrichten. Nro. 390, Mittwoch 22. August 1906.

179) Fliegende Blätter. Nro. 127, S. 236–237.

180) Wolff G. J. Ein Jahrhundert München 1800–1900. Franz Hanfstaengl München, 1905, S. 104–105.

Der Finessensepperl überbringt Liebesbriefe. Stich von Johann Michael Voltz aus G. J. Wolff, 1905

Neues hingegen ist der „Brauer- und Hopfen-Zeitung Gambrinus" von 1908 im Feuilleton unter dem Titel „Beim Mai-Bock in München"[181] zu entnehmen: *„Nicht minder bekannt war in den Dreißigerjahren des vorigen Jahrhunderts der Finessenseppel, der als Verfasser von schmachtenden Liebesbriefen, Heiratsanträgen und auch als Postillon d'amour besonders von der weiblichen dienenden Klasse und liebebedürftigen alten Jungfern sehr geschätzt wurde. Er wußte auch bei seinem Geschäfte das Angenehme mit dem Nützlichen dadurch zu verbinden, daß er während der „Bockwoche" seine fliegende Schreibstube in einer traulichen Ecke der Gaststube des Hofbrauhauses aufschlug und die zahlreiche Klientel dorthin einlud."*

Mit den Umbrüchen des Ersten Weltkrieges trat der Blick auf die „gute alte Zeit" wohl zunächst erst einmal in den Hintergrund. So erstaunt es kaum, dass Münchner Originale, und speziell der Finessensepperl, erst einmal keine weitere Erwähnung erfuhren. Lediglich in den Memoiren des 90 Jahre alt gewordenen Münchner Kunsthistorikers Prof. Dr. H. Holland[182] aus dem Jahr 1920[183] existiert die Notiz, dass der Memoirenschreiber ein Bild des Finessensepperl in Besitz hatte, ohne dass jedoch auf die historische Person des Sepperl oder darauf, was mit dem Bild nach dem Tod des Kunsthistorikers passierte, näher eingegangen wurde. Hierbei dürfte es sich mutmaßlich um eine andere Darstellung als das bekannte Bild des Münchner Akademie-Malers Hauber gehandelt haben (Titelbild dieses Buches), das bereits im Jahr 1897 von der 90-jährigen Rentierswitwe Karoline Junemann dem historischen Stadtmuseum als Geschenk überlassen worden war.[184]

Anlässlich einer historisch rückblickenden Beschreibung des Münchner Faschings veröffentlichte 1921 die Kölner Zeitung unter dem Titel „Fasching in München" eine Beschreibung des Faschingstreibens[185], wobei die aktuell triste Nachkriegssituation mit den früheren Lustbarkeiten kontrastierend verglichen wurde. Insbesondere das Treiben um den Chinesischen Turm, jenem zentralen Anziehungspunkt des Münchner Englischen Gartens, wird dargestellt: *„Da sah man ein Gewirr ehrbusseliger Weiblein, gediegener Mannsleute und süßer junger Geschöpfe, [...] dazwischen ländliche Trachten aus Münchens nächster Umgebung und aus den Bergen und nicht zuletzt [...] köstliche Einzeltypen, wie den Flickschneider Muckel, den Finessensepperl und den Bankelsänger Huber."*

Eine weitere historische Anekdote, die den bisherigen hinzuzufügen ist, wird im Rosenheimer Anzeiger des Jahres 1922[186] preisgegeben: Der Titel des Beitrages lautet: „Ein lustiges Stückchen", das von einem Streich eines Zeitgenossen des Finessensepperl und ebenfalls Münchner Originales – des Hofnarren Prangerl[187] – zusammen mit dem Sepperl handelt. Darin beschreibt jener Autor einen Streich, den Prangerl einem ihm nicht wohlgesonnenen Hofbeamten spielte, mit dem er einen kleinen „Strauß auszufechten hatte". Kurzum, eines Morgens im Fasching verfolgte Prangerl den Hofrat Schnell auf dessen morgendlichem Weg zum Amt und hieß diesen laut schreiend einen Schwindler, worüber sich der Hofrat beim König direkt beschwerte und der Prangerl beinahe für 24 Stunden in den Karzer eingefahren wäre. Auf Rache sinnend, ließ Prangerl am Faschingsdienstag um 9 Uhr in der Früh eine festlich geschmückte Hochzeitskutsche vor dem Haus des Hofrates auffahren: *„Der Rosslenker sah erwartungsvoll zur Wohnung [des Hofrates] hinauf. Vom Bock kletterte gleich darauf ein als Hochzeitslader gekleidetes, spindeldürres Männchen, der Finessensepperl, eine stadtbekannte Persönlichkeit, der Liebesbote aller heiratslustigen Altmünchner und Altmünchnerinnen. Der Sepperl wollte in das Haus, das verschlossen war; darum läutete er Sturm. In der Nachbarschaft war der ganze Vorgang nicht unbemerkt geblieben, und mehr als ein Dutzend Köpfe reckte sich zum Fenster heraus. [...] Endlich schaute das gelbgrüne Gesicht des Hofkammerrates von einem Fenster seiner Wohnung herab [...]*

---

181) Brauer- und Hopfen-Zeitung Gambrinus. 35. Jg., Nro. 10, Wien, 15. Mai 1908.

182) Hyacinth Holland (1827–1918), Münchner Kunst- und Literaturhistoriker.

183) Dreyer A. Lebenserinnerungen eines 90jährigen Altmünchners (Prof. Dr. H. Holland). Parcus Verlag München, 1920, S. 91

184) General-Anzeiger der Münchner Nachrichten. Nro. 188, Samstag 24. April 1897.

185) Kölnische Zeitung (Abend-Ausgabe). Nro. 79, Montag 31. Januar 1921.

186) Rosenheimer Anzeiger. 68. Jg., Nro. 50, Mittwoch 1. März 1922.

187) Eigentlicher Name: Georg Pranger (1745-1820), wurde stets nur „Prangerl" genannt und galt als der „letzte Hofnarr der Münchner Residenz". Eigentlich Mitglied des Hoforchesters in München mit großem Hang zu Bier und Glückspiel, unterhielt er die ganze Stadt mit Streichen und Späßen, war also ein zeitgenössisches Pendant zum Finessensepperl, weshalb diese mutmaßlich auch einige Streiche – wie hier dargestellt – gemeinsam ausheckten.

Er erblickte verwundert den Kutscher und fragte: ‚Ja, was will denn Er eigentlich hier?' ‚Zur Kirche fahren! Gnaden Herr Hofkammerrat haben mir doch gestern durch den Prangerl sagen lassen, dass Sie heut' Hochzeit halten!' [...] Inzwischen hörte man das Heranfahren eines zweiten Wagens. Erstaunt drehte sich der Kutscher um. Nahe vor dem Haus des Kammerrates hielt dieser Wagen. Darin saß eine tief verschleierte Dame, mit dem Myrtenkranz geschmückt. Ein dritter Wagen rollte heran mit Musikanten, die lustige Weisen bliesen. Unten an der Haustür erschien das wutverzerrte Gesicht des Kammerrates. Mit heiserer Stimme befahl der Kammerrat dem Kutscher ‚Fahr zum Teufel' [...] Da trat der Prangerl hervor und sagte in heuchlerischer Demut: ‚Gnaden Herr Hofkammerrat werden doch einen kleinen Spaß nit übelnehmen, heut' am Faschingsdienstag. Übrigens hab' ich Ihnen eine saubere Hochzeiterin herausgesucht – geh Rosl, zeig' dem Herrn Hofkammerrat wie schön du bist!'. Die Angesprochene zog den Schleier empor; es war die Rosl, die alte Küchenmagd des Bierbrauers Dillerer [...].“

Übrigens ging die Geschichte für Prangerl und Finessensepperl gut aus, da sich der König köstlich über den Spaß amüsierte und dem Duo sogar noch 5 Kronthaler zusteckte.

Im Jahr 1924 berichtet Georg Jacob Wolf, der schon knapp 20 Jahre zuvor in seinem Werk „Ein Jahrhundert München“ den Finessensepperl erwähnt hatte, erneut über den Finessenmann im Rahmen seines Buches „Die Münchnerin“[188]: *„Ob Männlein oder Weiblein – man machte es sich bei Liebesanbandlungen im biedermeierlichen München sehr leicht! Denn es gab da einen famosen Postillion d'amour, der bis zum Ende der 1820iger Jahre alle Liebeshändel der Stadt betreute und vermittelte: es war der Finessensepperl. Von zwergenhafter, magerer Gestalt, stets in ein kuttenartiges, altersgraues Röcklein gekleidet und mit einer Kopfbedeckung, die fast an eine Zuckerhutspitze gemahnen mochte, schlich er wie eine Katze umher, stellte sich blöde, ohne es zu sein, sprach jedermann mit einem stereotypen Gruß an: ‚Grüaß di Gott, Nanni' - gleichviel, ob es ein Männlein oder ein Weiblein war, und praktizierte dabei geschickt und fix seine Billetchen und Brieflein in die rechten Hände. Er hatte in allen Häusern Zutritt und war vielleicht in München einer der „populärsten“ Männer seiner Zeit. Auch ein seltsamer tragikomischer Nachruhm wurde ihm zuteil. Er besaß nämlich eine Rippe mehr als normale Sterbliche, und deshalb hat die Anatomie sein Skelett angekauft und in einem Glaskasten ausgestellt, wo es sich einst viele Münchner ansahen, darunter gar manche und mancher, die vordem vom Finessensepperl ein zärtliches Brieflein in die Hand geschoben bekommen hatte.“*

1927 erschien im „Buch für alle: illustrierte Blätter zur Unterhaltung und Belehrung für die Familie und Jedermann“ eine „Geschichte vom Finessensepperl“[189]: *„Eines der jetzt immer seltener werdenden Originale war vor Jahrzehnten der Finessensepperl in München, stadtbekannt für sein drolliges Wesen und seines Sprichwortes: ‚Nix Gewisses weiß man net.' Besonders gern wurde Sepperl zu Botengängen benützt, da man sich auf ihn trotz seiner Einfältigkeit unbedingt verlassen konnte. Eines Tages brachte er einer jungen, vielumworbenen Sängerin einen Brief von unbekannter Hand, den sie durchaus nicht annehmen wollte. Aber unser Sepperl ließ nicht locker; so sehr sie auch bitten und drohen mochte, der hartnäckige Bote wich nicht von der Stelle, sondern flehte, sie möge doch den Brief annehmen; er habe doch einen Vierundzwanziger (24 Kreuzer) bekommen, damit er ihr den Brief richtig überliefere. ‚Gut, sagte die Sängerin, ich will ihn annehmen; nun hast du deinen Auftrag getreulich ausgeführt. Aber nun pass' auf! Jetzt bekommst du auch von mir einen Vierundzwanziger, und dann bringst du den Brief wieder zurück.' Und strahlend trollte sich unser Sepperl mit dem Brief von dannen.“*

Während der Jahre des Zweiten Weltkrieges und der unmittelbaren Nachkriegszeit lässt sich kein Hinweis auf den Finessenmann feststellen. Erst in den Memoiren eines Mitglieds der Schriftstellerfamilie Mann, Viktor Mann[190], die 1964[191] veröffentlicht wurden, findet

Folgende Doppelseite: Ansicht der Prannerstraße in München. Im Vordergrund rechts der Kutsche eine Gruppe von drei Personen, zwei Frauen und zwischen ihnen der Finessensepperl mit Korb und blauem Mantel. Kolorierte Lithographie von Gustav Kraus, 1824 (www. bierl-antiquariat.de)

188) Wolf G. J. Die Münchnerin. Kultur- und Sittenbilder aus dem alten und neuen München. Franz Hanfstaengl München, 1924, S. 136.

189) Buch für alle: illustrierte Blätter zur Unterhaltung und Belehrung für die Familie und Jedermann. Nro. 59, 1927, S. 168.

189) (Carl) Viktor Mann (1890–1949), deutscher Schriftsteller, jüngerer Bruder der beiden Schriftsteller Heinrich und Thomas Mann.

191) Mann V. Wir waren fünf. Bildnis der Familie Mann. Südverlag Konstanz, 1964, S. 184.

sich ein Verweis auf unseren Sepperl, allerdings in der Rückschau auf die Großmutter, die den Sepperl wohl noch selbst erlebt hatte. So berichtet Viktor Mann dazu: *„Dann saß sie in ihrem großen Lehnstuhl am Spinnrad, [...] und erzählte mit langsamer, tiefer Stimme gut pointierte Geschichten aus dem Münchner Leben der Biedermeierzeit, die sie als junges Mädchen in einem der zahllosen Brauhäuser der Sendlinger Straße verbracht hatte. Sie hatte noch König Ludwig I. gesehen [...] und die unsterblichen Altmünchner Originale, wie den Kränkl, den ‚ewigen Hochzeiter' und den Finessensepperl gekannt."*
Bedauerlicherweise wird der Inhalt der Erzählungen nicht aufgeführt.

Präsenz des Finessensepperl in der aktuelleren Literatur

Nach der vorgenannten gewissen „Karenz" sind erste Erwähnungen des Finessensepperl wieder in den 1970er Jahren festzustellen. Eine erste erneute Nennung taucht in einer Dissertationsarbeit über den Münchner Akademie-Maler Josef Hauber[192] auf, die von Angela Schneider 1974 veröffentlicht wurde. Sie berichtet darin, dass Hauber die neugeschaffene Beamtenschaft und das bodenständige Bürgertum ebenso porträtierte wie „Sonderlinge". Das um 1810 entstandene Ölbild (Werksverzeichnis WV74) zeigt den Finessenmann mit einem verschmitzten Lächeln, in einem grün-braunen Kittel und mit der kappenförmigen Mütze. Angela Schneider gibt weiterhin an: *„Finessensepperl (Josef Huber), ein Münchner Original, geb. im April 1775 – gestorben 26.4.1829, Sohn eines Lohndieners, der auf Grund seiner Kleinheit (1,30 m) keine Lehrstelle fand und darum 1801 eine Münchner Stadtpost für Liebespaare einrichtete und durch Jahre hindurch den Postillon d'amour spielte. Dabei half ihm seine ebenso kleine Braut, die sogenannte rote Nannerl, beide verkauften ihre Körper für 20 Taler dem anatomischen Institut."*[193]
Das umfassende Werk von Hannes König über „G'spassige Leut" – mithin eine sorgfältige und umfassende Sammlung von Originalen Münchens (veröffentlicht im Jahr 1977[194]) – berichtet umfassend über den Finessensepperl. Der Autor verortet den Geburtsort des Sepperl auf dem Petersbergl, im Haus Petersplatz 8, wobei er darauf hinweist, dass weder er noch seine Eltern in den Pfarrmatrikeln der nahe gelegenen Pfarrkirche St. Peter nachgewiesen werden konnten. In späterer Zeit soll der Sepperl am Oberanger gewohnt haben. Als Haupttätigkeit wird der heimliche Brieftransport unter Liebenden genannt, wobei der Sepperl für den Fall der unerwarteten Kontrolle einen besonderen Spruch parat hielt: *„Koan Liebesbrief hab i, san grod Radi, da muß i schon bitten sehr um Gnadi, do kinna's no den Kreuzer sehn, mehr bring i net mit Radi z'weg'n."* Überraschenderweise weist der Autor darauf hin: *„Unzählig sind die Anekdoten, die man sich von ihm erzählt, doch seine letzte nämlich die, daß man seine Gebeine in der Anatomie heute noch aufbewahrt, entbehrt jeder Grundlage."*
Kurze Zeit später ist der Finessensepperl auch in der mehrbändigen Begleitpublikation „Krone und Verfassung – König Max I. Joseph und der neue Staat" Gegenstand des Interesses. Hier wird das Hauber'sche Porträt genutzt, um auf einige der bekannten – wie unbekannten – Daten den Sepperl betreffend hinzuweisen.[195] Obwohl auch hier eine Reihe von in früheren Berichten angegebenen „Fakten" reproduziert wird, ist der Autor des Beitrages so vorsichtig zu vermerken, dass die „autobiografischen" Angaben des Sepperl ohne Beleg und somit hinsichtlich ihres Wahrheitsgehaltes mit erheblicher Vorsicht zu genießen sind.
Deutlich später, nämlich fast zwei Jahrzehnte nach dem letzten der vorgenannten Berichte, verfasst Alois Weichselgartner eine neuerliche umfassende Beschreibung Alt-Münchner Originale, darunter auch eine des Finessensepperl: *„Der Finessensepperl, der eigentlich Joseph Huber heißt, wurde etwa um 1763 im Herzen Münchens geboren. Das kleine, schmächtige Männlein zog meist mit einem übergroßen Mantel bekleidet durch die Stadt. Auf dem Kopf trug er eine schwarze Lederkappe und am Arm einen großen Korb. Darin hatte er auch ein Blechhaferl, das*

192) Josef Hauber (1766–1834), Maler der Biedermeierzeit mit Schwerpunkt auf zeitgenössischen Porträts und Altarbildern.

193) Schneider A. Josef Hauber (1766–1834) – sein Leben und sein Werk. Neue Schriftenreihe des Stadtarchivs München 44, 1974, S. 31 und S. 92–93.

194) König H. G'spassige Leut – Münchner Sonderling + Originale. Verl. Umverhau München, 1977, S. 16–19.

195) Glaser H. Krone und Verfassung – König Max I. Joseph und der neue Staat. Band III/2, Hirmer München, 1980, S. 535.

er sich täglich mit der kostlosen Mittagssuppe aus dem Heiliggeistspital füllen ließ. [...] Geld verdiente sich der Stadtstreicher damit, dass er in seinem Korb Liebesbriefe und amouröse Botschaften an die richtige Adresse brachte und Streitereien zu schlichten verstand. [...] Eine Antwort von ihm, mittlerweile ein Sprichwort, lautete: ‚Nix Gwiss woas man net.‘ [...] Man munkelte lange, sein Skelett sei der Anatomischen Sammlung in München einverleibt worden, weil er eine Rippe mehr als üblich besessen habe. Vielleicht war es diese Rippe, die ihm seine besondere Finesse verlieh [...].“[196]

In der 5 Jahre später erschienenen Publikation „In der Münchner Vorstadt Au“ von Hermann Wilhelm wird der Wirkungskreis des Finessensepperl sogar ganz in die Vorstadt Au verlegt. Dort heißt es: *„Einer davon ist ein gewisser Joseph Huber, der im Jahre 1775 geboren ist [...] Auf Grund seiner zwergwüchsigen Gestalt, Huber mißt nur einen Meter dreißig, gelingt es ihm trotz auffälliger Intelligenz nicht, einen Ausbildungsplatz in einer der begehrten Lehrwerkstätten zu bekommen. So bleibt ihm erst einmal nichts Anderes übrig, als sich seinen Lebensunterhalt mit einfachen Hilfstätigkeiten zu verdienen. Das ‚kleine Männchen‘ das sich auch als ‚Lohndiener‘ verdingt, bewohnt bei einem Onkel, der den auch für damalige Zeiten ungewöhnlichen Spitznamen ‚Zahnweh‘ trägt und eine Herberge in der Lilienstraße 54 besitzt, eine winzige Dachkammer. Wer den schrulligen Huber damals nach seinem Wohnort frägt, erhält meist nur die knappe, bis heute überlieferte Antwort ‚Drei Stiag'n überm Kamin!‘*“[197]

Auch das bereits früher erwähnte Buch „Narratorium“[198] aus dem Jahr 2008, in dem zahlreiche Münchner Persönlichkeiten und Originale dargestellt sind, gibt Informationen über den Sepperl wieder – erneut jedoch ohne Bezug auf spezifische Quellen oder Querverweise. In diesem Beitrag wird der Sepperl als 1763 geborener Kutscherssohn normalwüchsiger Eltern, angeblich geboren im Haus Petersplatz 8 (dem Dechanthof der St.-Peter-Pfarrkirche), dargestellt. Er sei minderwüchsig gewesen und soll sein Suppenhaferl für eine tägliche Speisung durch die Klostersuppe vom Heilig-Geist-spital verwendet haben. Die Funktion als Postillion d'amour und die listige Briefübergabe werden ebenso wiederholt wie ein Hinweis, dass der Sepperl weder lesen noch schreiben konnte. Mit seiner Tätigkeit habe er ein Kapital von 200 Gulden angespart, das ihm bei einem Überfall in seiner Kammer geraubt werden sollte, der Angreifer konnte jedoch in die Flucht geschlagen werden.

Im selben Jahr wie diese Sammeldarstellung geben Joachim Käppner und Co-Autoren in ihrem Werk über das Café Tambosi – eine berühmte Kaffeehaus-Einrichtung am Odeons-Platz vor dem ehemaligen Schwabinger Tor, jetzt Feldherrnhalle – an, dass in dieser weithin bekannten Restauration auch der Finessensepperl ein und aus gegangen sei[199], ein Sujet, das ein späterer Zeitungsbericht aus dem Jahr 2016 anlässlich einer generellen Umstrukturierung dieser kulturell-kulinarischen Institution Münchens nochmals aufgreift.[200]

Der Stadtführer aus dem Jahr 2012[201] wiederholt erneut eine ganze Reihe von vorgenannten Erzählungen und Anekdoten über den Sepperl, wobei hier neu hinzugefügt wird, dass der Sepperl nach dem Tod seiner zwergwüchsigen Freundin Nannerl zunehmend vereinsamte, den Halt verlor und in zusehends lumpigen und zerrissenen Kleidern dahergekommen sei, was in seiner akuten Erkrankung im März 1829 und seinem baldigen Tod endete.

Auch die Sammlung „Münchner Originale“ von 2012[202] und einzelne weitere Zeitungsberichte, so z. B. in der Süddeutschen Zeitung 2018[203], aber auch aktuelle Online-Darstellungen[204] wiederholen nur bekannte Angaben und Berichte. Über das Leben und die realen Taten des Finessensepperl bleibt dabei nur die Ungewissheit aus seinem Sprichwort: Nix G'wiss woas ma ned!

196) Weichselgartner A. J. Bayerische Originale einst und jetzt. Verlag Bayerland Dachau, 1998, S. 37–38.

197) Wilhelm H., a. a. O., S. 117–119.

198) Holbein U. Narratorium – 255 Lebensbilder. Ammann Verl. Zürich, 2008, S. 303–306.

199) Käppner J., Görl W., Mayer C. München. Edition Süddeutsche Zeitung, 2008, S. 200.

200) Münchner Merkur. Die letzten Wochen der Münchner Café-Legende: Ciao Tambosi. Dienstag 22. November 2016.

201) Tworek E. München. Hofmann und Campe Hamburg, 2012.

202) Schweiggert A. Münchner Originale. Liebenswerte Sonderlinge von gestern und heute. Bayerland Dachau, 2012.

203) Süddeutsche Zeitung. Huraxdax und Finessensepperl. 6. April 2018.

204) So etwa: https://www.potenzial-leben-blog.de/?s=Finessensepperl [Zugriff am 1.5.2023].

Zusammenfassende Betrachtung der Erwähnungen und Berichte über den Finessensepperl lange nach seinem Tode

Die vorgenannte Auflistung belegt zunächst die zwar temporär durch die Großereignisse der Kriege und unmittelbaren Nachkriegszeiten unterbrochene Wahrnehmung des Finessensepperl als Münchner Original, die jedoch immer stets aufs Neue in das Interesse der Münchner Bevölkerung zurückkehrte und ungebrochen bewahrt wurde. Dabei kristallisieren sich ein paar biografische Daten, Tätigkeiten und Sprüche des Finessenmannes heraus, die als Anker der Erinnerungskultur dienen: seine nicht genau zeitlich definierte Geburt – gepaart mit wechselnden Angaben zu seinem Wohnort –, die Tätigkeit als stets durch die Stadt streifender Postillon d'amour und Betreiber einer heimlichen Stadtpost, und schließlich der Spruch des „Nix G'wiss woas ma ned“ – eine schlaglichtartige Zusammenfassung des altbayerischen Wesenszuges von gespieltem Unwissen und versteckter Verweigerung.

Darüber hinaus treibt die Erinnerungskultur an den Sepperl einige seltsame Blüten, deren Auftreten uns schon bei Berichten unmittelbar nach seinem Tode, ja, gelegentlich in für uns schwer verständlichen Zusammenhängen von Ereignissen zu Sepperls Lebzeiten aufgefallen waren. Erhöht sich damit das Odium des Heimlichen in der Person des Sepperl oder sind das nur „Ausblühungen“ von Ausschmückungen und (evtl. ungewollter) Überhöhung des „einfachen Sepperl“? – Nix G'wiss woas ma ned!

Über diese kleinen Exzesse in der Darstellung des Sepperl hinaus tragen alle späteren Berichte – gerade auch jene, die aus einer Zeit stammen, die nicht mehr durch primäre Augen- und Ohrenzeugen geprägt sein konnte – wenig zu den harten Fakten seiner realen Biografie bei. Besonders fällt jedoch auf, dass mit zunehmender zeitlicher Entfernung vom realen Sepperl auch die Zahl an unrichtigen Angaben und Informationen zunimmt. Dies ist sicherlich kein Wunder, da sich biografische Schreiber an verfügbaren früheren Daten, aber auch anekdotischen Erzählungen bedienten und sich so durch ungeprüfte Übernahmen von Daten und Zahlen Fehler und Falscheinschätzungen zementierten.

Besonders augenfällig wird dies an dem bereits eingangs erwähnten Faktum, dass das Skelett des Sepperl unmittelbar nach seinem Tode präpariert und in die damalige Anatomische Sammlung übernommen wurde. Dieser Fakt ist schon durch mehrere zeitgenössische Zeitungsmitteilungen als gesichert anzusehen. Möglicherweise sind Bemerkungen, wie *„sein Schädel ist in der zootomischen Anstalt in Spiritus“*[205] zu sehen, Grundlage dafür, grundsätzliche Zweifel an dem Erhalt von menschlichen Überresten des Sepperl ins Feld zu führen. Allerdings führte das Skelett in den eingangs aufgelisteten wechselnden Sammlungen, die sich aus der natürlichen Entwicklung der Institutionen ergaben, ein ziemliches Schattendasein – auch wenn es bereits 1911 im Zuge von wissenschaftlichen Beschreibungen eine erste gewisse medizinische Aufmerksamkeit erfahren hatte.

205) Vgl. Anm. 149: Die Angaben des Dr. Rottmann von 1873 in „Der Presse“ sind natürlich unrichtig – und möglicherweise nur durch den Umstand zu erklären, dass jene Veröffentlichung in Wien und nicht in München erfolgte?

Das Skelett des Finessensepperl und dessen naturwissenschaftliche Untersuchung

Wie eingangs bereits ausgeführt, bietet das bis heute erhalten gebliebene Skelett des Finessensepperl eine zusätzliche Informationsquelle im Sinne eines Bioarchivs, in dem bestimmte biografische Ereignisse und Daten gespeichert sind, die – mit der richtigen Methodik – lesbar gemacht werden können. Bevor wir uns diesen Daten und ihrer Interpretation zuwenden, soll ein Blick auf die Herstellung des Knochengerüsts geworfen werden. Denn eines ist tatsächlich gewiss: Das Skelett des Joseph Huber, *vulgo* Finessensepperl, existiert auch heute noch!

Die mutmaßliche Präparation des Skeletts

Es gibt keine schriftlichen Hinweise darauf, welche Person mit welcher Methode die Präparation des Skeletts im Jahr 1829 vorgenommen hat, noch ist bekannt, wer diese in Auftrag gab. Dennoch wissen wir aus den zuvor genau aufgelisteten Beobachtungen, dass die Weichteile des Sepperl bereits 4 Tage nach seinem Tod auf dem damaligen städtischen Friedhof in München beigesetzt wurden. Die gesamte Entscheidung und technische Umsetzung der Präparation des Skeletts muss also sehr rasch in die Wege geleitet und möglicherweise bereits geplant und beschlossen worden sein, als der Sepperl zu seinem zweiten verzeichneten Krankenhausaufenthalt in das damalige Allgemeine Krankenhaus vor dem Sendlinger Tor der Stadt aufgenommen wurde. Inwieweit sich der Sepperl selbst mit der Präparation seiner Knochen einverstanden erklärte oder nicht, muss völlig offenbleiben. Immerhin wissen wir von einem weiteren berühmten Skelett der Sammlung – dem des Riesen vom Tegernsee, der 1876 akut in Gmund am Tegernsee verstorben, nach München transportiert und dort von dem damaligen Leiter des inzwischen gegründeten Pathologischen Institut der Universität, Prof. Ludwig von Buhl, ebenfalls als Skelettmann präpariert worden war[206] –, dass dessen Angehörige, mutmaßlich sein Stiefvater, den Leichnam verkauft hatten, so zumindest die vage Aussage eines Bruders des verstorbenen Riesen viele Jahre später.[207]
Der Hinweis, der Sepperl selbst wie auch seine Freundin, die Näni, hätten ihre Körper für 20 Taler dem Anatomischen Institut verkauft[208], ist nur ein einziges Mal – und dies lange nach Sepperls Tod – berichtet worden und somit als sehr fragwürdig anzusehen. Dennoch, grundsätzlich möglich wäre ein solcher Kauf zu jener Zeit gewesen, da die heute gültigen ethischen Grundsätze und Richtlinien damals in vielen Bereichen durchaus noch anders gestaltet bzw. nicht existent waren. Kritisch an der Anekdote ist jedoch anzumerken, dass wir keine Hinweise auf lebende Verwandte des Sepperl zu seinem Todeszeitpunkt haben, also vermutlich auch keine Person existierte, die von einem solchen Verkauf seines Leichnams hätte profitieren können.
Immerhin war es zu damaliger Zeit durchaus üblich, dass zu medizinischen Ausbildungszwecken Sammlungen angelegt wurden, in denen gerade krankhafte Befunde (oder solche, die als krankhaft angesehen wurden) gesammelt und aufbewahrt wurden. Hierbei ist zu bedenken, dass damals zu Forschungs- und Lehrzwecken lediglich eine Dokumentation durch gemalte Bilder – oder aber eben über das konservierte Objekt selbst – möglich war, da noch nicht einmal fotografische Aufnahmen, geschweige denn moderne Datendokumentationen verfügbar waren. Der Wert solcher Sammlungen ist dementsprechend als außerordentlich hoch anzusehen. So ist es auch nicht verwunderlich, dass gerade in Zeiten der Aufklärung bedeutende Sammlungen angelegt wurden. Als eine der wissen-

206) Nerlich A. Der Riese vom Tegernsee. Shaker Verlag Aachen, 2013.

207) Nerlich A. 2013, a. a. O., S. 25.

208) Schneider A., a. a. O., S. 93.

Das Allgemeine Krankenhaus in München. Kolorierter Stich von Carl August Lebschée, 1830

schaftlich führendsten Sammlungen gilt die in Wien existierende Kollektion, jene des früheren Wiener „Pathologisch-anatomischen Bundesmuseums", einer Institution, die noch heute im sog. Wiener Narrenturm auf dem Gelände des Allgemeinen Krankenhauses der Stadt Wien untergebracht ist. Diese Sammlung geht zurück auf ein Dekret des Kaisers Joseph II.[209], dem zufolge im gesamten Herrschaftsgebiet der Habsburger Monarchie Fehlbildungen und mit typischen, lehrhaften Krankheitsbefunden versehene Personen nach ihrem Tode – zumeist als in Spiritus eingelegte Leibesfrüchte, Organe etc. oder als montierte Skelette – nach Wien zur Aufnahme in die Sammlung geschickt wurden.[210] Ähnliche Sammlungen existierten zu jener Zeit, teilweise auch bereits deutlich früher, an vielen europäischen Universitäten – oder als „Wunderkammern" an Fürstenhöfen. Für Erstere kann hier exemplarisch die berühmte „Meckel'sche Sammlung" in Halle/Saale benannt werden, für Letztere beispielshaft die Wunderkammer im Schloss Ambras bei Innsbruck.

Die Sammlung in Wien oder eine solche an anderer

209) Kaiser Joseph II. von Habsburg-Lothringen (1741–1790), Sohn der Kaiserin Maria Theresia von Österreich, gekrönter Kaiser des „Heiligen Römischen Reichs Deutscher Nation"; Gründer des Allgemeinen Krankenhauses in der Residenzhauptstadt Wien.

210) Allerdings gibt es durchaus glaubwürdige Berichte, dass eine Verweigerung von Angehörigen, einen Verstorbenen oder dessen Skelett nach Wien zu senden, damals bereits möglich war. Hier wird beispielshaft auf den „Riesen vom Böhmerwald", Josef Klostermann, genannt Rankl-Sepp, verwiesen, dessen Witwe der Überlieferung nach 1888 einen erheblichen Geldbetrag ausschlug, für den der Verstorbene als Skelett präpariert in eine Sammlung – vermutlich nach Wien – hätte transportiert werden sollen (Nerlich A. Der Riese vom Böhmerwald, unpubl. Recherchen 2019).

Stelle mag auch Ausgangspunkt oder Vorbild für die Sammlung der Anatomischen Anstalt in München gewesen sein, auf die noch in einem gesonderten Exkurs Bezug genommen werden wird. Zunächst soll jedoch erst einmal geprüft werden, mit welcher Methode das Skelett wohl präpariert wurde.

Exkurs: Wie wurden zu damaliger Zeit Skelette für Lehrsammlungen präpariert?

Die Präparation von Skeletten wird unter dem Begriff der „Mazeration" zusammengefasst – mithin die Entfernung aller Weichteilgewebe, so dass lediglich die knöchernen Elemente des Skeletts und das Gebiss erhalten bleiben. Eine solche Mazeration kann auf natürlichem oder aber auf künstlichem Wege stattfinden. In ersterem Falle ist sie das Ergebnis von natürlicher Verwesung, bei der alle Weichteilgewebe schneller zerfallen als Knochen (und Zähne). Dauert dieser Verwesungsprozess nur lange genug an und wird dieser auch nicht durch exogene Einflüsse unterbrochen, bleiben die resistenten Knochen- und Zahn-Elemente übrig, allerdings sind diese dann auch so vereinzelt, dass ein demonstrables Skelett (für z. B. eine Schausammlung) erst wieder aus den verschiedenen Knochen zusammengefügt werden muss. Zudem dauert die komplette natürliche Verwesung, gerade bei Erwachsenen, sehr lange und ist mit einer exzessiven Geruchsbelästigung verbunden. Dieser natürliche Prozess kann beschleunigt werden, etwa durch die Zugabe von chemischen Substanzen (z. B. gewebezerstörende Säuren und spezielle Laugen), eine Erhöhung der Temperatur, Einlegen bzw. stetes Abspülen in/durch lauwarmes Wasser, die beide den mikrobiell induzierten Zerfallsprozess schneller ablaufen lassen können, oder die Zugabe von Insekten, die insbesondere als Aasfresser einen Abbau von Weichteilgeweben beschleunigen. Bei der rein künstlichen Mazeration wird eine chemische (ggf. durch thermische Faktoren unterstützte) Degradation von Weichteilen vorgenommen. In jedem Fall soll der Knochen (und die Zähne) nicht zerstört werden, was bei chemischen Einflüssen mit zu hoch konzentrierter oder zu lange dauernder Degradation leicht passieren kann.

Schließlich ist bei der Mazeration noch von Interesse, inwieweit es möglich ist, die meisten straffen kapsulären bindegewebigen Hüllen der Gelenke intakt zu erhalten, da damit die mühevolle und technisch durchaus fordernde Zusammenfügung der Knochen (insbesondere durch Drähte, Schrauben und Metallstifte) vermieden bzw. reduziert werden kann. Da das zwar sehr straffe Bindegewebe der Gelenkkapseln deutlich resistenter gegenüber einem mazerationsbedingten Abbau als die meisten übrigen Bindegewebsstrukturen, jedoch erheblich mazerationssensibler als Knochen ist, sind hier schnell technische Grenzen und Problemzonen erreicht.

Dementsprechend hat sich die Technik der Mazeration über die Zeiten verändert, wobei einerseits die vorgenannten Aspekte in Betracht gezogen wurden, andererseits der Faktor Zeit für die Herstellung von Skeletten an Bedeutung gewann. Während wir über Technik und Umsetzung der Präparation des Skeletts des Riesen vom Tegernsee genau Bescheid wissen[211], ist die Datenlage in Bezug auf das Skelett des Finessensepperl deutlich dünner.

Zum Zeitpunkt des Todes vom Sepperl bestand an der Münchner Medizinischen Fakultät noch kein eigenständiges Institut für Pathologie.[212] Offenbar wurden Sammlungspräparate zunächst in der Anatomischen Anstalt untergebracht. Aus den Zeitungsberichten im

Folgende Doppelseite: Das Skelett des Finessensepperl von allen Seiten (frontal, bds. seitlich, dorsal)

211) Der Riese vom Tegernsee starb 1876. Kurze Zeit zuvor war ein neues Gebäude für das Pathologische Institut der Universität in Betrieb genommen worden. Aus den Aufzeichnungen wissen wir, dass am Leichnam des Riesen unmittelbar nach der Obduktion zuerst mechanisch die Organe und Weichteile entfernt und sodann das vorpräparierte Skelett in einem neu beschafften Mazerations-Automaten weiter behandelt wurde. Die dadurch vereinzelten Knochen mussten danach von Hand durch Drähte und Stifte wieder in anatomisch korrekter Position aneinandergefügt werden; das so wieder zusammengesetzte Skelett wurde dann mit Hilfe eines Metallstabes in aufrechter Position fixiert. Zu den Details s. Nerlich A. 2013, a. a .O., S. 31–33.

212) Zwar wurden ab der Eröffnung des Allgemeinen Krankenhauses dort auch bereits klinische Obduktionen durchgeführt, aber erst ab 1852 wurde eine Professur für Pathologie eingerichtet, die 1875 in einem eigenständigen Institut mündete (https://www.med.lmu.de/pathologie/de/das-institut/geschichte/index.html) [Zugriff am 1.5.2023].

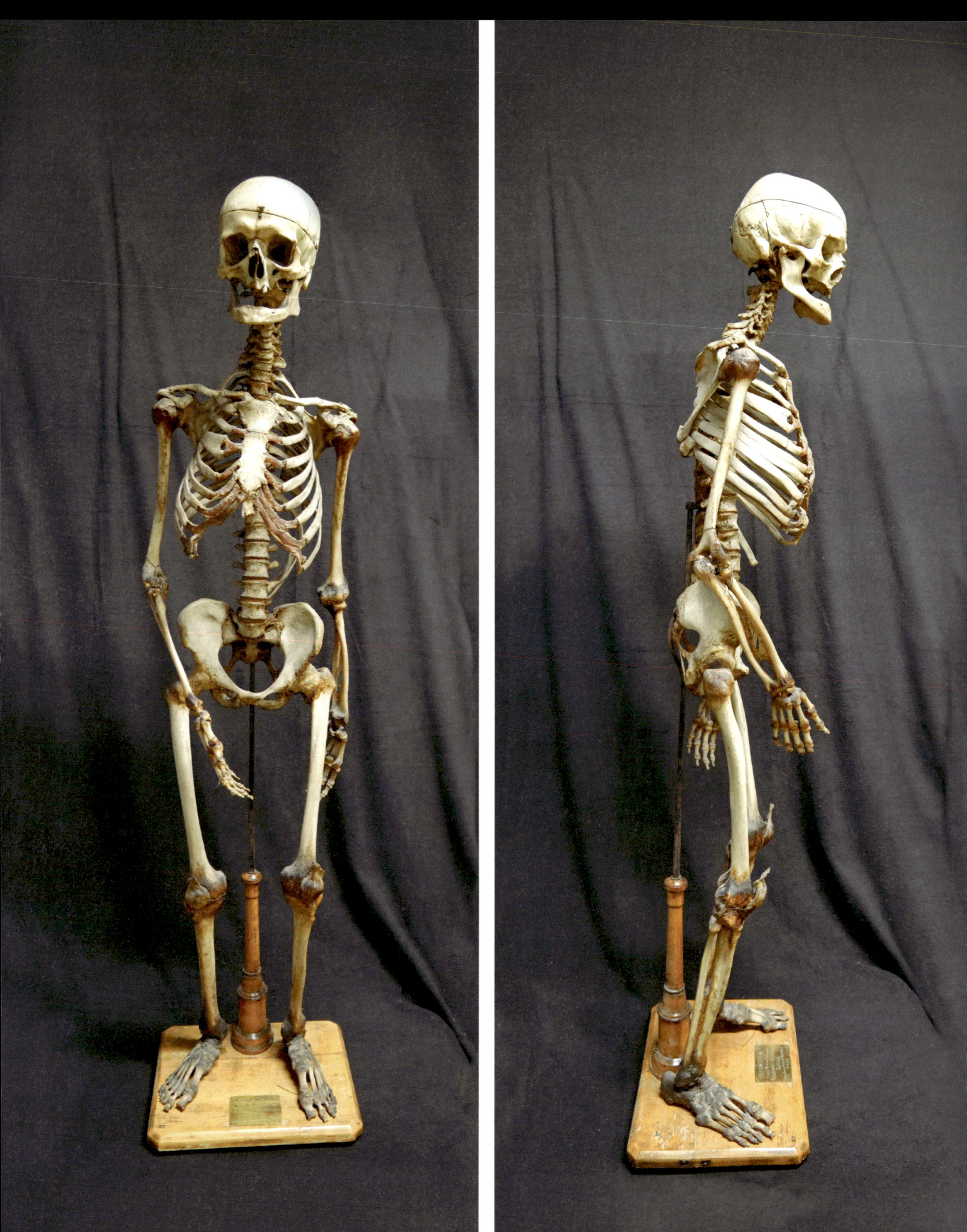

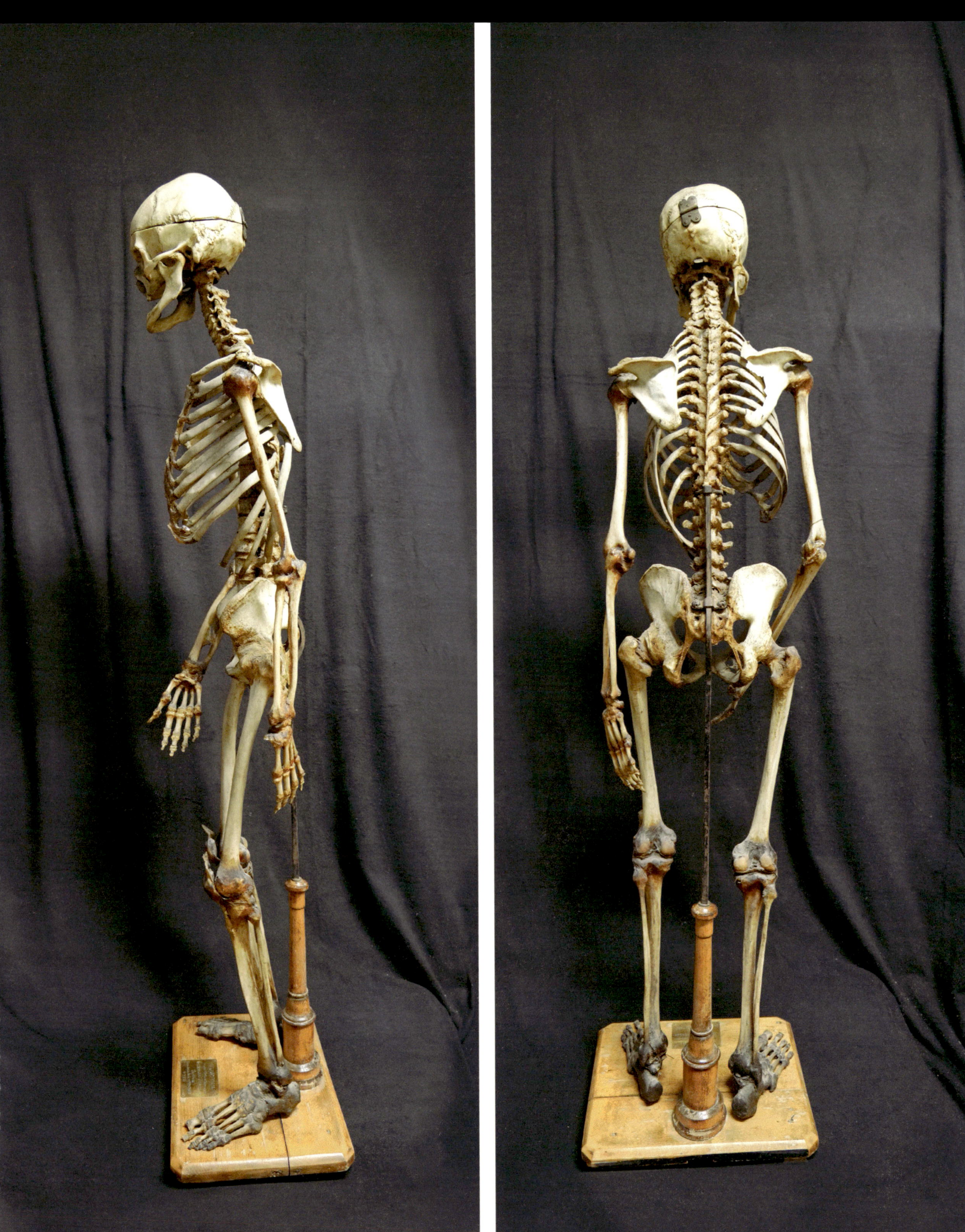

Zusammenhang mit dem Tod des Finessensepperl wissen wir, dass die nicht-skelettalen menschlichen Überreste bereits 4 Tage nach dem Tode beigesetzt wurden. Die Nachrichten über den Einbruch in die Anatomie im Juni 1829 belegen zudem, dass das Skelett des Sepperl schon nach etwa 2 Monaten fertig präpariert und montiert war, die Präparationszeit also bereits abgeschlossen war. Wie wurde also mutmaßlich zu jener Zeit dieses anatomische Präparat hergestellt?

Die Präparation des Skeletts im Zuge der Mazeration erfordert als ersten Schritt die Entfernung der Weichteile oder aber – vermutlich leichter zu bewerkstelligen – eine Reduktion der Weichteile um alle nicht-notwendigen Strukturen, also die inneren Organe etc. Wegen der doch begrenzten zeitlichen Vorgaben der Prozedur (s. oben) dürfte zunächst eine mechanische Entfernung von Organen und Weichteilen (also auch der Muskeln) erfolgt sein. Um jedoch die Knochen nicht direkt zu beschädigen und auch insbesondere die straffen bindegewebigen Verbindungen der Gelenke intakt zu halten, dürfte diese erste mechanische Präparation nur sehr oberflächlich erfolgt sein. Zur weiteren Präparation nutzte man entweder lauwarmes, auch fließendes Wasser oder aber eine Weichteilentfernung durch eine besondere Art von Käfern, den Dornspeckkäfer[213], der jegliches totes Gewebe abnagt und lediglich den Knochen und das sehr dichte Bindegewebe der Gelenkkapseln intakt lässt. Während die Mazeration durch Wasser langwierig ist, geht diese mit Hilfe der Käfer deutlich schneller vonstatten, wobei die Geschwindigkeit dieses besonderen Mazerationsprozesses von der Zahl der Käfer, aber auch von Temperatur und Feuchtigkeit abhängt, da diese Aasfresser bei höheren Temperaturen, jedoch bevorzugt bei angetrocknetem Gewebe aktiv werden. Dieses grundsätzliche Vorgehen ist gerade für die Anlage von Sammlungspräparaten gut belegt.[214] Gehen wir davon aus, dass das Skelett des Sepperl bereits nach 2 Monaten komplett montiert war, kommt also vermutlich nur die Anwendung der Käfer-Methode infrage.

In späterer Zeit gab man diese Präparationstechnik auf, da man sich mit dem gefräßigen Dornspeckkäfer einen Schädling ins Haus holte (und diesen sogar noch ganz fleißig fütterte), der natürlich auch vor Präparaten mit gewolltem Weichteilerhalt nicht stoppte – ebenso wenig natürlich auch vor eventuellen Nahrungsmittel-Vorräten in benachbarten Häusern etc. –, so dass schließlich die zuvor genannten Mazerationstechnik im geschlossenen System mit Hilfe einer spezifischen Gerätschaft unter Verwendung eines Mazerationskessels mit Heizeinrichtung und unter Verwendung von Benzol und anderer brennbarer Chemikalien in einer gesonderten „Mazerierküche“ zum Einsatz kam. Im 1875 neu gebauten Pathologischen Institut der Münchner Universität existierte eine derartige Mazerierküche als kleines separates Nebengebäude im Institutsgarten.[215] Damit dürfte auch das grundsätzliche Problem aller Mazerationen hinreichend gelöst worden sein, nämlich die Entwicklung eines außerordentlich üblen Geruchs, wie dies im Rahmen der oben beschriebenen Verwesungsprozesse gut vorstellbar ist.

Aufgrund der Präparationslage des Skeletts des Finessensepperl können wir also mit großer Wahrscheinlichkeit davon ausgehen, dass bereits kurz nach dem Tod des Sepperl die Weichteile des Leichnams vom Skelett mechanisch entfernt wurden – und somit diese Weichteile zeitnah beigesetzt werden konnten. Anschließend dürfte das vor-präparierte Skelett durch den Dornspeckkäfer so weit abgenagt worden sein, dass nur die Knochen und die Gelenkverbindungen übrig blieben. Das so präparierte Skelett musste schließlich nur noch auf einem Metallstab (verankert im Wirbelkanal der Lendenwirbelsäule) mit einer hölzernen Bodenplatte zur aufrechten Präsentation verbunden und der Schädel per Metallspange fest mit der Halswirbelsäule fixiert werden. Schließlich erhielt der Schädel, der im Zuge der Entfernung des Gehirns zirkulär aufgesägt worden war, okzipital ein Metallschar-

213) Dornspeckkäfer (*Dermestes maculatus*), weltweit verbreiteter Vorratsschädling an fetten Lebensmitteln wie Speck oder getrocknetem Fisch. Als Aaskäfer wird dieser vielfach bei der Präparation von Skeletten von Mensch und Tier verwendet, um das Fleisch von Knochen in der Skelettherstellung zu entfernen. Diese Methode wird seit inzwischen 200 Jahren eingesetzt. Graves R. Beetles and bones: care, feeding, and use of dermestid beetles, Jillett Publ. South Berwick, USA, 2006, S. 44.

214) Sturm L. B. Präparationstechniken und ihre Anwendung in den Meckelschen Sammlungen zu Halle/Saale. In: Schultka R., Neumann J. N. (Hrsg.). Anatomie und Anatomische Sammlung im 18. Jahrhundert. Lit Verlag Berlin, 2007, S. 377–388.

215) Zu Details s.: Nerlich A. 2013, a. a. O., S. 31–32.

nier und frontal einen kleinen Metallhaken, so dass der Schädelinnenraum nach Öffnung des Schädels inspiziert werden konnte und dennoch fest verschlossen blieb.

Exkurs: Die Anatomische Anstalt in München

Wie bereits ausgeführt, wurde der Leichnam des Finessensepperl rasch nach dem Tode präpariert. Dies fand unzweifelhaft in der Anatomischen Anstalt statt – und diese war erst wenige Jahre vor dem Tod des Sepperl in einem eigenen Gebäude untergebracht worden. Es lohnt sich also an dieser Stelle ein ganz kurzer Exkurs in die Geschichte der Münchner Anatomie bis zu Sepperls Tod.[216]

Bereits 1752 hatte der Anatom Professor Leonhard Obermeyer von der Landesuniversität, die zu jener Zeit (noch) in Ingolstadt angesiedelt war, ein „Anatomisches Theater" auch in München gegründet, das am Spital der Barmherzigen Brüder gelegen war. Da Obermeyer die Residenzstadt jedoch schon 1754 wieder verließ, dauerte es bis 1779, bis der Münchner Chirurg Carl von Orf mit der Sammlung „schöner anatomischer Präparate" fortfuhr.[217] Im Jahre 1805 wurde der berühmte Anatom Samuel Thomas von Soemmering[218] nach München an die Bayerische Akademie der Wissenschaften berufen, wo er bis 1820 wirkte. Soemmering brachte nicht nur eine bedeutende Sammlung anatomischer Präparate mit, sondern führte in dem Anatomischen Theater wissenschaftliche Untersuchungen ebenso wie öffentliche Sektionen durch. Nach dem Fortgang Soemmerings von München nach Frankfurt dauerte es

Ignaz Doellinger als Anatom in Bamberg

bis 1824, bis mit Ignaz Doellinger[219] wieder ein Professor für Anatomie berufen wurde. Doellinger hatte diese Funktion bereits in Würzburg inne, als er den Ruf nach München erhielt. Damit war Doellinger zum Zeitpunkt des Todes des Finessensepperl Leiter der Anatomischen Anstalt.

Bereits mit der erneuten Besetzung der Position eines Professors für Anatomie dürften auch Pläne für ein eigenes Gebäude vorangetrieben worden sein, wozu ein Grundstück in Nähe des Allgemeinen Krankenhauses vor dem Sendlinger Tor erworben wurde. Die Anatomische Anstalt war somit nicht unmittelbar auf dem Gelände des Krankenhauses gelegen, der nahe räumliche Bezug vereinfachte jedoch den Zugriff auf Verstorbene aus dem Allgemeinen Krankenhaus. Der Bau wurde bereits 1826 fertiggestellt und in Betrieb genommen.

Das Gebäude wurde vom berühmten Münchner Hofarchitekten König Ludwigs I., Leo von Klenze, ent-

216) Putz R. Die Anatomische Sammlung der Ludwig-Maximilians-Universität. In: Stein C. (Hrsg.) Die Sammlungen der Ludwig-Maximilians-Universität gestern und heute. Beiträge zur Geschichte der Ludwig-Maximilians-Universität München, Bd. 10, Utzverlag München, 2019, S. 166–171.

217) Doellinger I. Bericht von dem neuerbauten anatomischen Theater der Königlichen Akademie. Lindauer München, 1826, S. 1–16.

218) Samuel Thomas von Soemmering (1755–1830), bekannter deutscher Anatom, Anthropologe und Erfinder. Nach Tätigkeit als Anatomie-Professor in Göttingen und Mainz ging Soemmering 1805 nach München, welches er aus gesundheitlichen Gründen 1820 wieder verließ.

219) Ignaz Doellinger (1770–1841), Anatom und Biologe. Nach Tätigkeit in Bamberg und Würzburg kam Doellinger 1824 nach München.

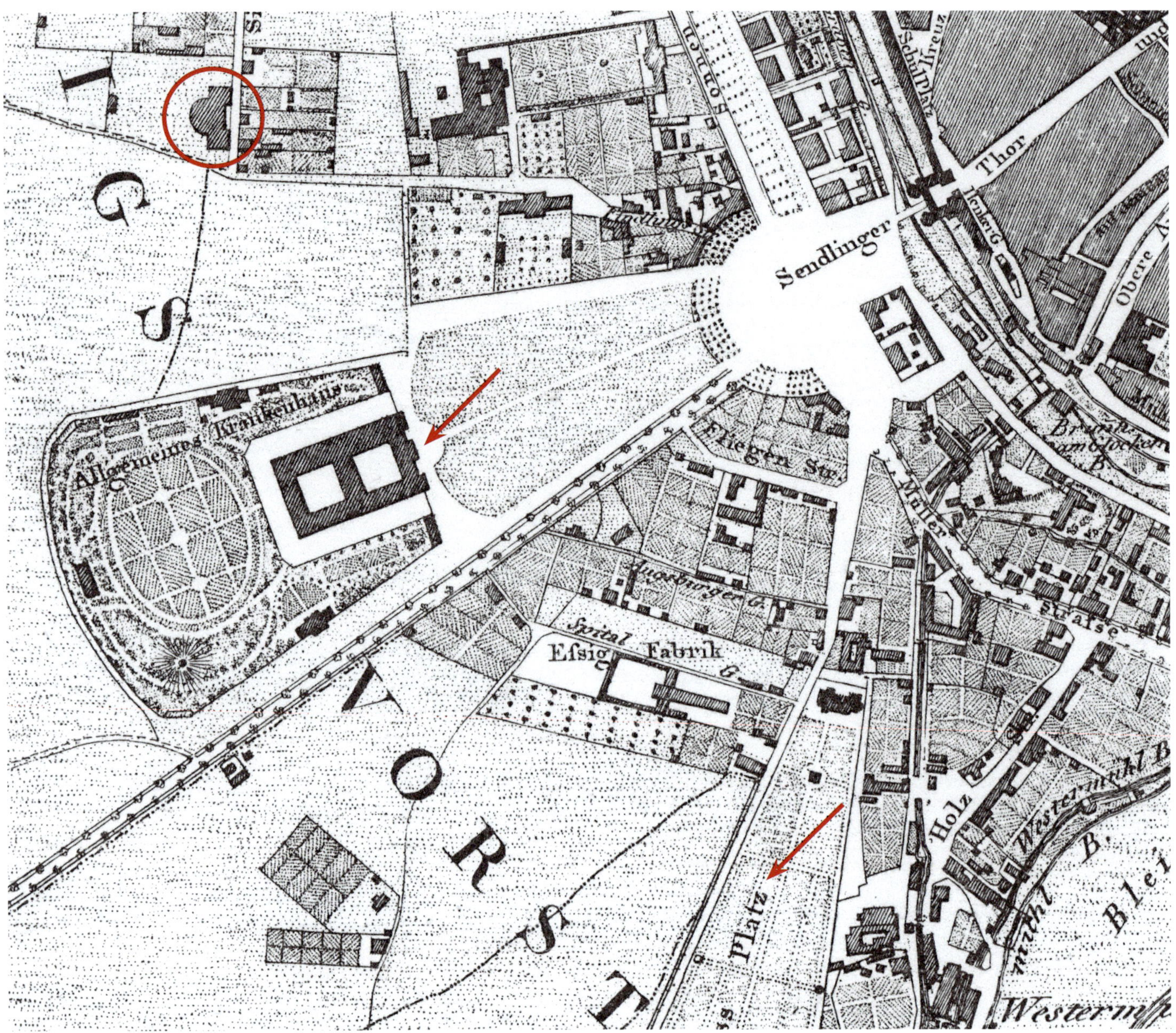

Die letzten Aufenthaltsorte des Finessensepperl. Pfeil links: Gebäude des Allgemeinen Krankenhauses, Kreis: Gebäude der Alten Anatomischen Anstalt, Pfeil rechts: Alter Südfriedhof. Plan der königlichen Residenzstadt München, 1826

wickelt, der einen zweiflügeligen Bau mit einem nach Westen halbrunden Demonstrationssaal konzipierte, dessen Form und Lage mit großen, zum Garten gelegenen Fenstern viel Licht einließen.

Doellinger kann somit nicht nur als einer der wesentlichen Väter der Anatomie in München gelten, er dürfte es auch gewesen sein, der hier drei Jahre nach der Fertigstellung des Gebäudes den Leichnam des Finessensepperl präparierte. Als hilfreich dürfte es sich dabei erwiesen haben, dass das Institut im nach Westen großzügig anschließenden Garten bereits ein kleines Mazerierhäuschen hatte. Auf die technisch exzellente Ausführung der Präparation wurde oben bereits hingewiesen.

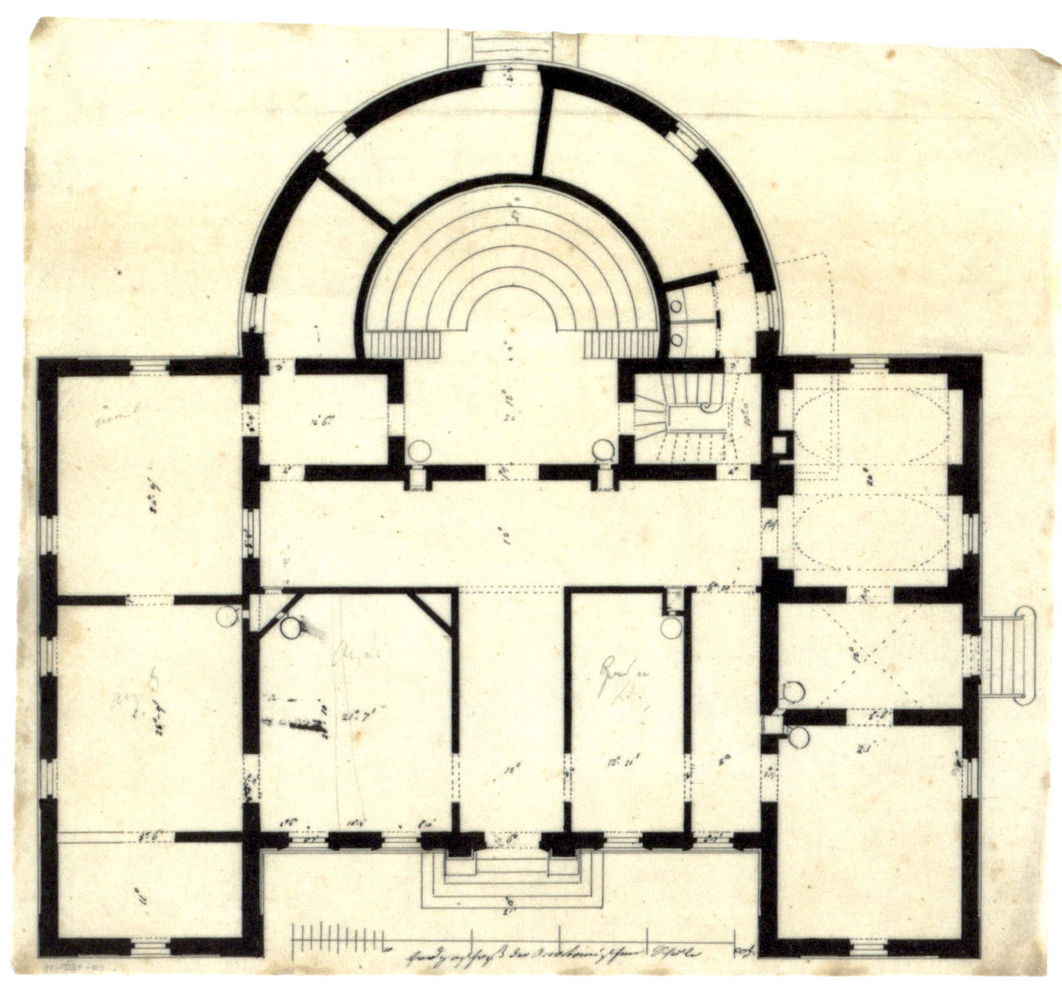

Fassadenaufriss und Schnitt durch die Alte Anatomie. Leo von Klenze

Erste wissenschaftliche Beschreibungen und Untersuchungen des Skeletts

Außer der vorgenannten Erwähnung des Skelettes im Zusammenhang mit dem Einbruch 1829 liegen keine Hinweise oder Angaben über die „Nutzung“ des Knochenmannes oder gar wissenschaftliche Untersuchungen des Skelettes vor. Allerdings ist die aktuelle Untersuchung, die nachfolgend detailliert beschrieben wird, wie bereits eingangs erwähnt, nicht die erste wissenschaftliche Analyse des knöchernen Sepperl. Bereits 1991 konnte der Autor dieses Beitrages das Skelett – damals noch im Pathologischen Institut der Universität München – einer ersten umfangreichen Analyse unterziehen. Jedoch gibt es aus bereits deutlich früherer Zeit schon wissenschaftliche Erwähnungen des Skeletts, speziell des Schädels – wenn auch in einem heute schwer verständlichen Zusammenhang. Diese Datenlage soll dementsprechend chronologisch betrachtet werden.

Beschreibungen des Schädels des Finessensepperl

Im „Handbuch der Erforschung und Fürsorge des jugendlichen Schwachsinns“[220] von H. Vogt und W. Weygandt wird der Finessensepperl erstmals 1911 im Zusammenhang mit „Originalen, Volks- und Hofnarren“ erwähnt wie folgt: „*Als schlagendes Beispiel dafür, daß zweifellos unter den Originalen, Volks- und Hofnarren geistig abnorme Menschen eine Rolle spielten, sei mit freundlicher Erlaubnis von Professor Borst*[221] *der Schädel eines Münchner Originals, des sogenannten Finessensepperl, abgebildet, der noch aus dem 18. Jahrhundert stammt und gemeinsam mit dem Hofnarren Prangerl und dem Volksnarren Flinserl im Münchner Ratskeller verewigt ist.*[222] *Die Länge des im Museum des Pathologischen Universitätsinstituts zu München konservierten Skeletts beträgt*

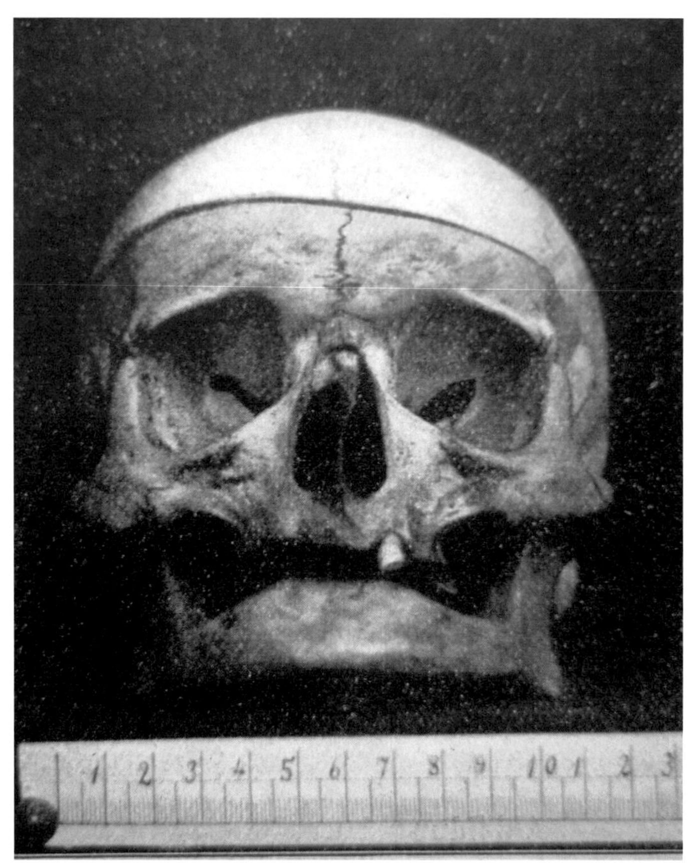

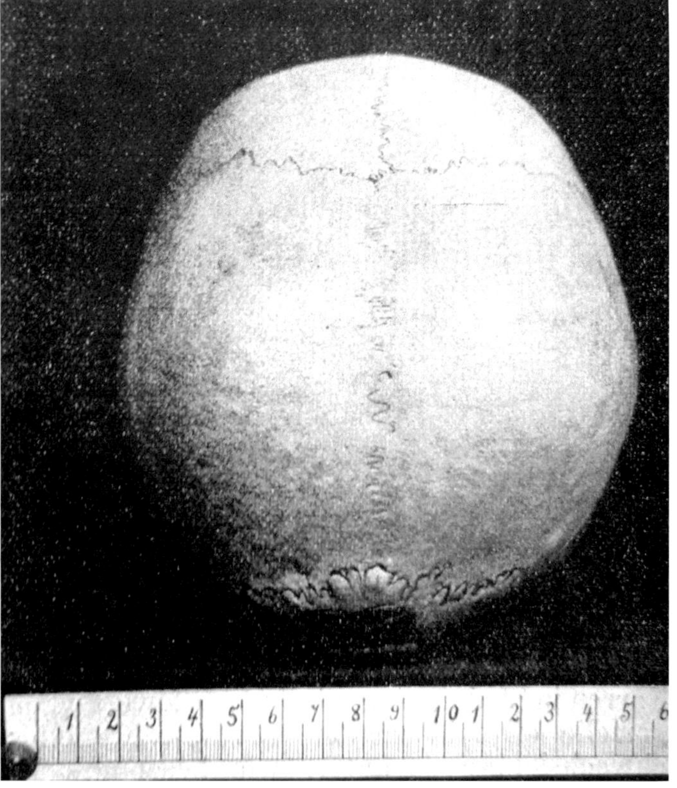

Der Schädel des Finessensepperl in allen vier Ansichten, wie dieser in der Publikation von Vogt und Weygandt, 1911, dargestellt wurde. Die Abbildungen entsprechen vollständig dem heutigen Bild des Schädels mit der einzigen Ausnahme, dass der Schädel offenbar noch lose mit dem postkranialen Skelett verbunden und damit abnehmbar war und kein Scharnier zum Öffnen des Schädelinneren angebracht war.

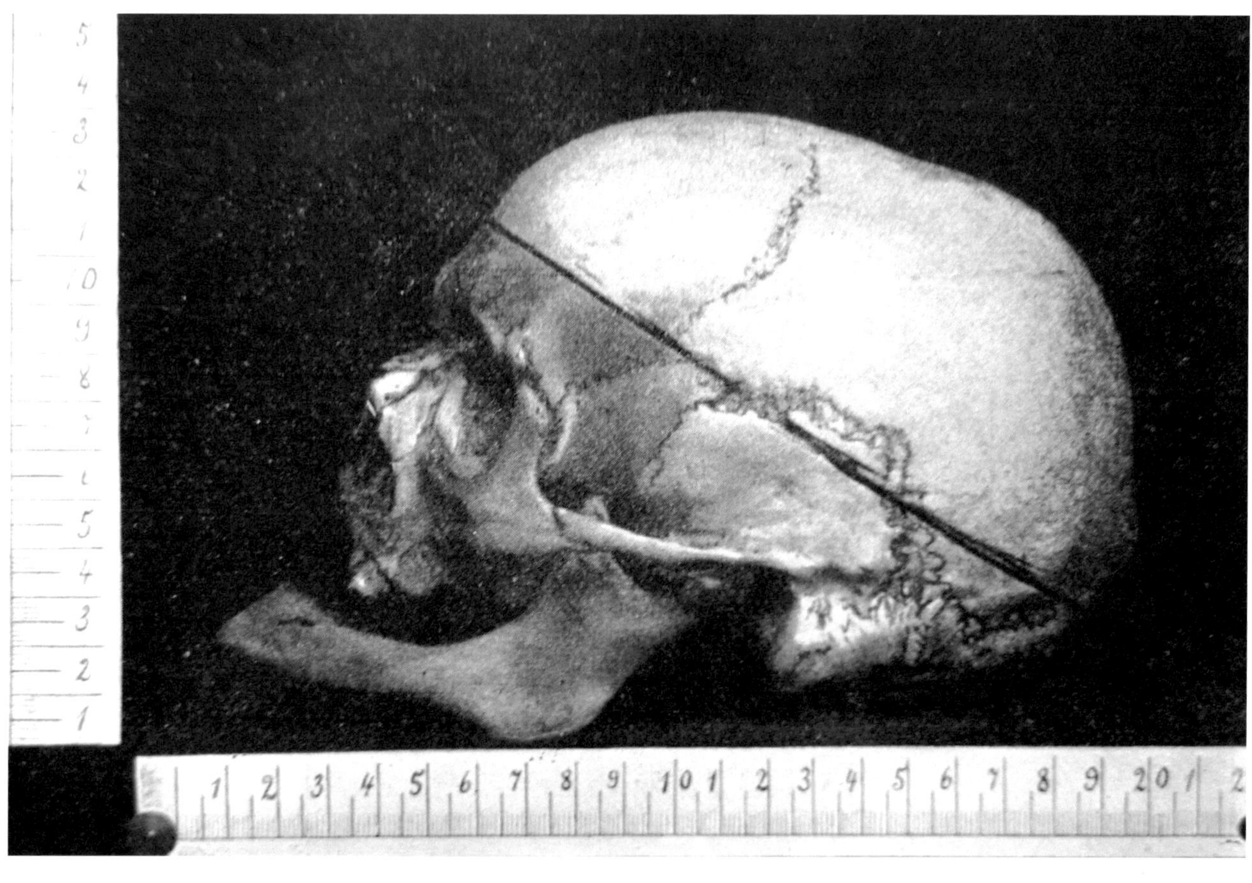

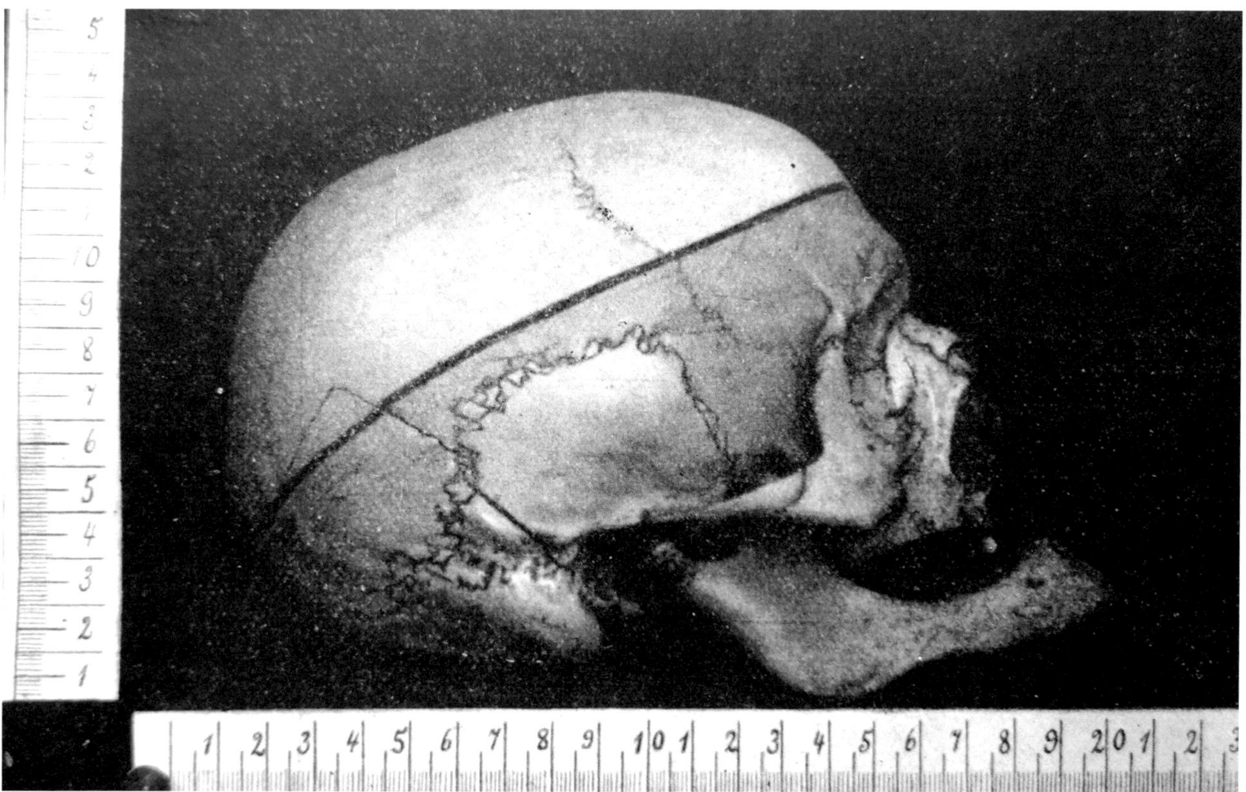

148,5 cm, der größte horizontale Schädelumfang 50 cm, die Schädellänge 16,5, der biparietale Durchmesser 13, der bitemporale 11,5, während der Schädelinhalt 1150 ccm beträgt. Microcephalie liegt zweifellos vor. Die Abbildungen lassen deutlich die vorspringenden Orbitalbogen, eine etwas zurückweichende Stirn, die senilen Kiefer und die wohlerhaltene Stirnnaht erkennen."

Ein Jahr darauf wird erneut über den Schädel des Finessensepperl berichtet. Der Artikel „Über Mikrocephalie"[223] bezieht sich dabei auf die vorgenannte Veröffentlichung und bildet ebenfalls den Schädel des Finessensepperl ab, der auch hier als „*mikrocephaler Schädel des Volksnarren ‚Finessensepperl', der im Münchner Ratskeller plastisch verewigt ist. Zwergwuchs. Schädelinhalt 1150 ccm; erhaltene Stirnnaht. Sammlung des pathologisch-anatomischen Instituts der Universität München, Prof. Dr. Borst*" bezeichnet wird.

In einem Buch von 1936[224] fasst der Autor der zuerst genannten Publikation den Befund des Finessensepperl nochmals zusammen, wobei die numerischen Daten hier wiederholt werden, ebenso der Volksbezug. Interessanterweise verweist Weygandt auf einen „ähnlichen Fall", die „Zitronenjette"[225] aus Hamburg, die er wie folgt beschreibt: „*In Hamburg war die Zitronenjette populär, eine schwachsinnige Zwergin auf Grundlage eines sporadischen Kretinismus, die schließlich in psychiatrische Pflege gebracht wurde.*"

Diese Beschreibungen beziehen sich nahezu ausschließlich auf den Schädel. Der Verweis auf „jugendlichen Schwachsinn" ist für den heutigen Leser befremdlich und muss deshalb im Zusammenhang mit der Beobachtungszeit gesehen werden. Zur Zeit der Abfassung der vorgenannten Buchkapitel/-beiträge hatte sich die Medizin gerade erst von dem alten, hippokratischen Erklärungsmodell[226] für die Ursache von Krankheiten verabschiedet, insbesondere unter dem Einfluss von modernen Ansichten der Zellularpathologie[227], der Infektiologie[228] und der Entwicklung zahlreicher medizinischer Fachspezialisierungen. Zum Ende des 19. Jahrhunderts wurden dementsprechend viele Krankheiten und deren Genese noch sehr mechanistisch betrachtet, so dass beispielsweise die Größe des Gehirns mit dem Ausmaß an geistigen Fähigkeiten gleichgesetzt wurde. Diesem heute vollständig überholten Denkschema folgend, wurde somit ein geringeres

Die „Zitronenjette"

220) Vogt H., Weygandt W. Handbuch der Erforschung und Fürsorge des jugendlichen Schwachsinns. 1. Heft, Fischer Jena, 1911, S. 12–14.

221) Max Borst (1869–1946), Pathologie-Professor, Direktor des Pathologischen Instituts ab 1910.

222) Die zunächst im Münchner Ratskeller aufgestellte Figur des Finessensepperl wurde später in das Münchner „Valentin-Musäum" transferiert. Diese ist hier auf S. 65 abgebildet.

223) Glüh D. Über Mikrocephalie. Zschr. Erforsch. Behandl. Jugendl. Schwachsinn 6, 1913, S. 207–223.

224) Weygandt W. Der jugendliche Schwachsinn. Enke Stuttgart, 1936, S. 4.

225) Henriette Johanne Marie Müller (1841–1916), genannt „Zitronenjette", Hamburger Original; in der geistigen und körperlichen Entwicklung zurückgeblieben, wurde Henriette Müller nur 1,32 m groß und wog als erwachsene Frau knapp 35 kg. Sie litt an einer Hypothyreose (sog. Kretinismus).

226) Hippokratische Krankheitslehre (formuliert von Hippokrates von Kos [um 460–370 v. Chr.], auch als galenisches Konzept von

Gehirnvolumen (und ebenso Gehirngewicht) mit einer Minderung an geistiger Fähigkeit gleichgesetzt, so dass Kleinwüchsige (gleich welcher Ursache) als „Narren“, „Idioten“ oder „Imbecille“ tituliert wurden. Aus den in diesem Buch ausführlich dargestellten Berichten, die gerade seine verschmitzte Klugheit, die ihm schon zu Lebzeiten nicht zu Unrecht den Titel eines „Münchner Diogenes“ eingetragen hatte, in den Vordergrund stellen, ist leicht zu ersehen, wie klug und überlegt der Sepperl agierte – ein klarer Gegenbeweis gegenüber einer Einschätzung als „Narr“.

Über diese unhaltbaren Einschätzungen hinaus geben uns aber die kurzen Bemerkungen weitere Informationen: Das Skelett – hier insbesondere der skelettierte Schädel – ist heute im Vergleich zu damals praktisch unverändert (siehe dazu auch die nachfolgenden Ausführungen). Die Größe des montierten Skeletts wird mit 1,485 m angegeben. Die weiteren Schädelmaße zeigen eine proportionierte Verminderung von Größe und Schädelvolumen. Die Persistenz der *Sutura frontalis* (vordere Schädelnaht) ist als „*Sutura metopica*“ eine Normvariante ohne jeglichen Krankheitswert, die in 3–9 % der Population vorkommen kann und gelegentlich als epigenetisches Phänomen bezeichnet wird.[229] Ebenso gut erkennbar ist der fast völlige Verlust aller Zähne – bis auf den (Eck-)Zahn Regio 23 (Oberkiefer links) – mit komplettem Verschwinden (Atrophie) der übrigen Zahnhälse (Alveolen), so dass von einem intravitalen Zahnverlust fast aller Zähne bereits längere Zeit vor dem Todeszeitpunkt auszugehen ist. Hinweise auf auffällige Befunde des übrigen (sog. postkranialen) Skeletts sind in diesen Berichten nicht aufgeführt.

Die „Nachuntersuchung“ des Jahres 1991

Nachdem das Skelett über viele Jahre und Jahrzehnte ein weitgehend unbemerktes, einsames Dasein in der Sammlung des Pathologischen Instituts der Münchner Universität gefristet hatte, ergab es sich im Zuge einer wissenschaftlichen Beschäftigung mit dem Skelett des Riesen vom Tegernsee – dieser war viele Jahre lang der einzige und unmittelbare Nachbar des Sepperl in den Resten der Sammlung, die durch Krieg und Nachkriegswirren schwer gelitten hatte –, dass sozusagen im Nebenschluss auch das Skelett des Sepperl einer naturwissenschaftlichen Betrachtung unterzogen wurde.[230] Dabei wurde das Skelett äußerlich beurteilt, genau anthropologisch vermessen[231] sowie eine vollständige Röntgen-Untersuchung vorgenommen, die allerdings allein schon aus technischen Gründen an dem fix montierten Knochenmann nicht in den üblichen zwei Ebenen (anterior-posterior und lateral) durchgeführt werden konnte, sondern lediglich in anterior-posteriorem Strahlengang (mit Ausnahme des Schädels, der in beiden Ebenen geröntgt wurde).

Die genaue anthropologische Untersuchung ergab eine aktuelle Größe des Skeletts von 1,45 m, was beinahe identisch ist mit den 1911 von Dr. Weygandt angegebenen Abmessungen. Die im Anhang detailliert aufgeführten Messwerte für die langen Röhrenknochen zeigen einen proportionierten Körperaufbau; Stamm und Extremitäten sind somit in gleichem Maße verkürzt. Ermittelt man nach alterskorrigierten Wertetabellen den mutmaßlichen Weichteilmantel, den man zur Skelettgröße hinzurechnen muss, um die wahre Körpergröße des Sepperl zu erfahren, so gelangt man auf eine Gesamtgröße von etwa 1,55 m. Dieser Wert liegt im oberen Bereich der von R. Martin und K. Saller 1959 definierten[232] Gruppe kleinwüchsiger Männer (bis

---

Galenus von Pergamon weiterentwickelt) beruht auf der Annahme, dass alle Krankheiten durch einen Verlust der Balance zwischen den vier grundsätzlichen Körpersäften (rotes Blut, gelbe und schwarze Galle sowie weißer Schleim) beruht. Hieraus ergab sich das grundlegende Behandlungskonzept, die Balance wiederherzustellen, z. B. durch Aderlass, Abführen, Erbrechen oder Anlage eines „Fontanells“.

227) Besonders propagiert vom Pathologen Rudolf Virchow (1821–1902). Die Zellularpathologie basiert darauf, dass die Krankheiten auf Störungen der Körperzellen bzw. ihrer Funktionen beruhen. Sie wurde in den 1850er Jahren von Rudolf Virchow entwickelt, der 1855 auch den Begriff „Cellularpathologie“ prägte.

228) Besonders von Robert Koch (1843–1910) propagiertes und weiterentwickeltes Konzept, dem zufolge Infektionskrankheiten auf einer Infektion durch mikrobielle Erreger beruhen.

229) Bergerhoff W. Atlas anatomischer Varianten des Schädels im Röntgenbild. Springer Berlin/Heidelberg, 1964, S. 35–41.

230) Nerlich et al. 1991, a. a. O. (siehe auch Anm. 8), S. 12–16.

231) Die anthropologischen Untersuchungen wurden sämtlich von Herrn PD Dr. Franz Parsche, Institut für Anthropologie und Humangenetik der Universität München durchgeführt. Das Protokoll von Dr. Parsche datiert vom 02.07.1990.

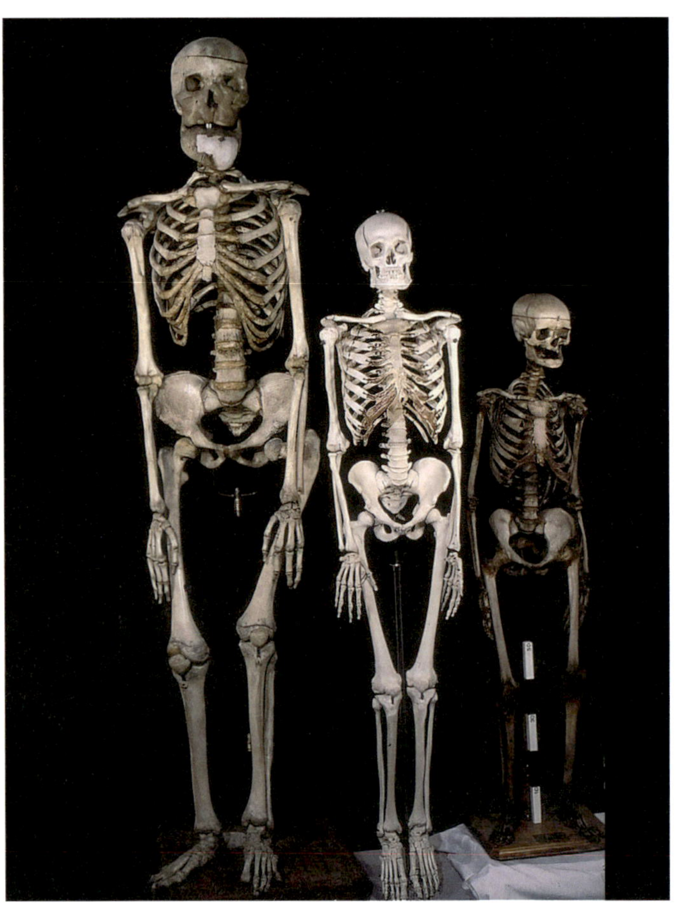

Die Skelette des Riesen vom Tegernsee (links) und des Finessensepperl (rechts). In der Mitte ein modernes Vergleichsskelett

1,599 m). Ein Blick auf Vergleichswerte aus dem Beginn des 20. Jahrhunderts[233] ergibt für Minderwüchsige allerdings kleinere Werte mit Körpergrößen zwischen etwa 1,35 und 1,40 m. Hierzu geben Kraus und Brugsch 1919 an: „*Zwerge dieser Art, die ich in den letzten Jahren untersuchen konnte, haben alle eine Größe erreicht, die zwischen 135 und 140 cm betrug. [...] [N]ach den Angaben in der Literatur [...] [hatte] der Zwerg, den Paltauf beschreibt, [...] eine Körperlänge von 112 cm, der Hüters 106 cm, der von Evans 140 cm, von Iutaka Kon 147 cm, von Burnier 125 cm und der Spreizels 106 cm.*"

Zieht man also diese Vergleichsdaten heran, so rangiert die Wachstumsminderung des Sepperl hier ebenso an der Obergrenze der Beobachtungen. Hinzu kommt, dass die allgemeine durchschnittliche Körpergröße der damaligen Bevölkerung geringer ausfiel als in heutigen Bevölkerungen. Nach dem oben bereits zitierten Lehrbuch der Anthropologie betrug die Körpergröße im Altbayern des späten 19. Jahrhunderts im Durchschnitt 1,66 m.[234] Eine genaue Erhebung der Größe von männlichen Militärpflichtigen aus dem Jahr 1880 zeigt eine durchschnittliche Körpergröße von 1,68 m[235] und eine Statistik des Pathologischen Instituts in München[236] von 1875 kann in der Altersgruppe der 19–29-jährigen Männer einen Durchschnittswert von 1,65 m angeben. Eine Darstellung des größten sowie des kleinsten Soldaten der Münchner Garnison von 1897 ergibt für Ersteren eine Größe von 2,09 m und für Letzteren 1,535 m.[237]

Der Finessensepperl war somit durchaus klein, wobei der Befund das Ausmaß relativiert und wir hier von einem Grenzbefund zum Minderwuchs sprechen können. Damit dürfte er sich nicht nur in der Gesellschaft mit dem vorgenannten kleinsten Soldaten der Münchner Garnison befunden haben – auch die Körpergröße anderer bekannter Personen des erweiterten Zeitraums lag in ähnlichen Bereichen: So wird vermutet, dass Wolfgang Amadeus Mozart 1,625 m oder eventuell sogar weniger groß war, und auch Ludwig van Beethoven hat mit seinen etwa 1,60 m den Sepperl wahrscheinlich nicht um Vieles überragt.[238]

Die weitere Inspektion des Skeletts bestätigte die bereits erwähnte *Sutura metopica* der Schädelkalotte – jene nicht-krankhaft persistierende Nahtlinie zwischen den Schädelschuppen des Frontalpols. Ebenso ließ sich eine Verdopplung der 3. Rippe rechts am Ansatz zum Sternalknorpel, eine sog. Schaufelrippe, nachweisen –

232) Martin R., Saller K. Lehrbuch der Anthropologie. Bd. II, Fischer Stuttgart, 1959.

233) Kraus F., Brugsch T. Spezielle Pathologie und Therapie innerer Krankheiten. Bd. I. Urban und Schwarzenberg Berlin, 1919, S. 698–699.

234) Martin R., Saller K., a. a. O.

235) Ranke J. Zur Statistik und Physiologie der Körpergröße der Bayerischen Militärpflichtigen. Bd. IV. Beiträge zur Anthropologie und Urgeschichte Bayerns, 1880, S. 1ff.

236) Hermann E. Über Gewicht und Volumen des Menschen. In: von Buhl (Hrsg.), H. Mittheilungen aus dem Pathologischen Institute zu München. Enke Stuttgart, 1878, S. 1–25.

237) Ranke J. Der Mensch. Bd. II. Die heutigen und die vorgeschichtlichen Menschenrassen. Bibliograph. Inst. Leipzig, 1923, S. 123–130.

238) Mittermeier S. Als Postillon d'Amour feiner Damen unterwegs. Traunsteiner Tagbl. Nro. 23, 1. Juni 2013.

auch dieses eine nicht-krankhafte Variante im Sinne eines Anlagefehlers bei der Skelettentwicklung. Diese „zusätzliche“ Rippe (die ja nur in einem ganz kleinen Abschnitt eine Verdoppelung der Rippe umfasst) war bereits an dem aufgestellten Skelett des Sepperl in früherer Zeit festgestellt worden – und sogar mit seinen außergewöhnlichen Eigenschaften und Fähigkeiten in Verbindung gebracht worden.[239] Ein Blick in den aufklappbaren Schädelinnenraum (Schädelhöhle) zeigt typische Strukturen an Knochen, Gefäßverteilung und eine regelrecht große und formierte Hypophysengrube.
Die weitere Untersuchung ergab eine Unterbrechung und Fehlstellung in der Mitte des rechten Schlüsselbeins (*Clavicula*), wie dies bei einer Fraktur des Knochens auftritt. Die beiden Kiefer zeigen das schon erwähnte fast komplette Fehlen der Bezahnung bis auf den Zahn der Regio 23 (linker oberer Eckzahn) und vollständigen Verlust der übrigen Zahnhaltestrukturen (sog. Greisenspange) – es bestätigt sich also der intravitale Verlust aller Zähne längere Zeit vor dem Tod (bis auf den vorgenannten einzelnen Zahn). Der letzte verbliebene Zahn zeigt zudem eine erhebliche Abrasion seiner Zahnkrone, d.h. eine Abnutzung des Zahnschmelzes, wie sie beim Verzehr (und speziell dem Kauen) von harter Nahrung, z. B. Brot mit viel Hartsubstanz, auftritt. In einer 5-stufigen Skala wird der Abrasionsgrad des Zahnes als „Gruppe 4“ klassifiziert.
In der Röntgenuntersuchung lassen sich die soeben beschriebenen Veränderungen nachvollziehen; die Fraktur des Schlüsselbeins rechts ist nach dem Tod versuchsweise durch einen Metalldraht verbunden worden, klafft aber dennoch etwas auseinander. Ansonsten ist die allgemeine Knochenmasse und -dichte – erkennbar an der Strahlendichte des Knochensystems – überall als gut zu bezeichnen. Es gibt keinen Hinweis auf eine Demineralisierung, wie beispielsweise bei Vitamin-Mangelsituation oder allgemeiner (altersbedingter) Osteoporose. Die Gelenke sind zumeist glatt berandet und die Wirbelkörper ohne wesentlichen Umbau, so

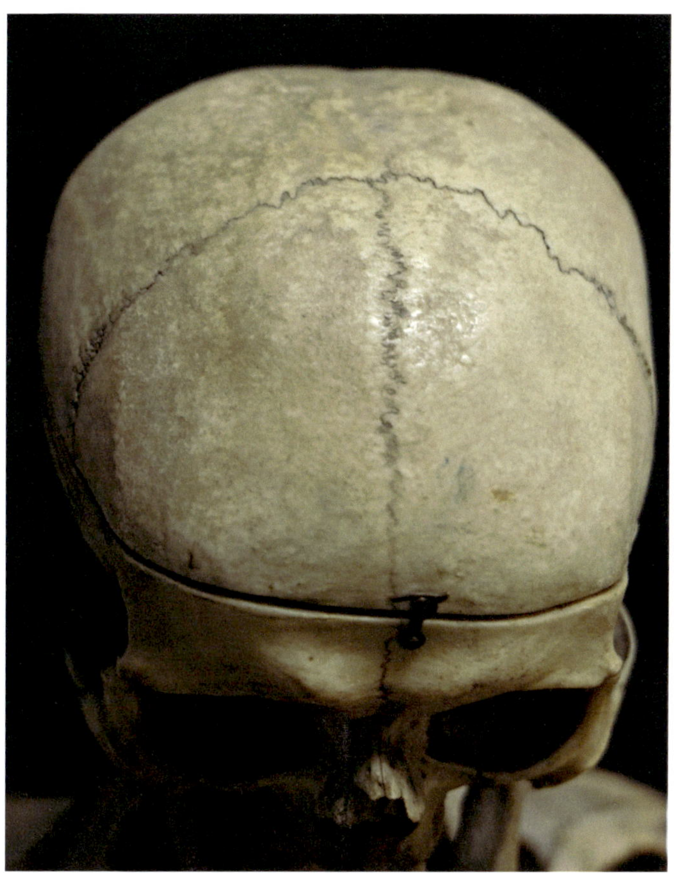

Die Sutura metopica an dem Schädelskelett des Sepperl

dass nennenswerter Gelenkverschleiß (Arthrose) oder Wirbelsäulendegeneration (Spondylose) auszuschließen sind und somit keine Hinweise auf körperliche Über- oder Fehlbelastung vorliegen.
Abweichend hiervon ist allerdings das linke Hüftgelenk zu sehen: Dieses zeigt massiven Gelenkumbau mit Randzackenbildung (Exophyten) sowie Lochdefekten im Hüftkopf (Zysten und Usuren). Der Gelenkspalt ist stark verschmälert und irregulär gestaltet, der angrenzende Knochen von Hüftkopf und Gelenkpfanne unregelmäßig strukturiert und teils stark verdichtet (sklerosiert). Dies deutet auf eine schwere Arthrose dieses Hüftgelenks – aber auch nur dieses einen Gelenks – hin, wobei das Ausmaß des Verschleißes einen weitgehenden Verlust der Gelenkfunktion annehmen lässt.
Insgesamt konnten 1991 erstmals naturwissenschaftliche Belege erhoben werden, die zusätzliche Einblicke in das Leben des Finessenmannes erlaubten. Auch wenn es sich dabei um begrenzte Informationen zum

---

239) Z. B.: von Daxenberg S. Münchener Hundert und Eins. 1840 (Anm. 144); Dischinger M. Witzchronik in heiteren Memoiren aus dem Leben berühmter und berüchtigter Personen. Finsterlin München, 1858, S. 123–132 (Anm. 149); Weichselgartner A. J. Bayerische Originale einst und jetzt. Verlag Bayerland Dachau, 1998, S. 37–38.

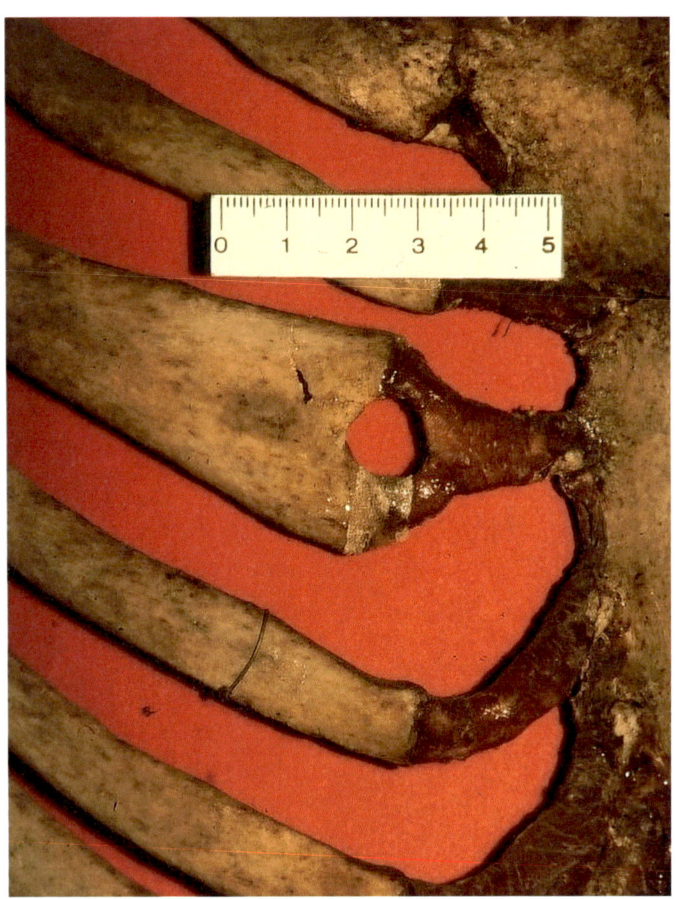

Die Schaufelrippe (3. Rippe rechts) des Skeletts

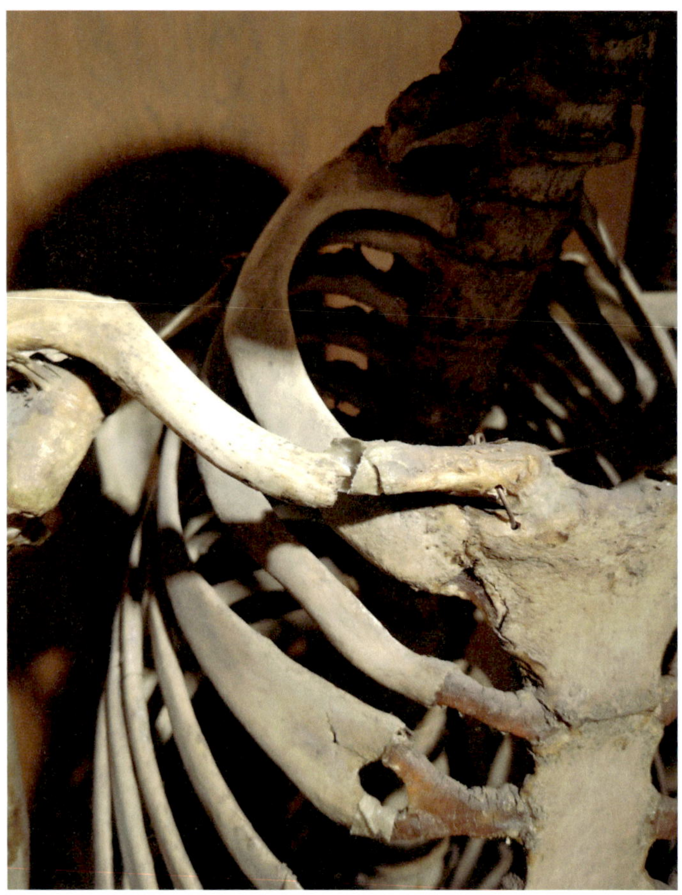

Das rechte Schlüsselbein weist einen leicht fehlgestellten Bruch auf.

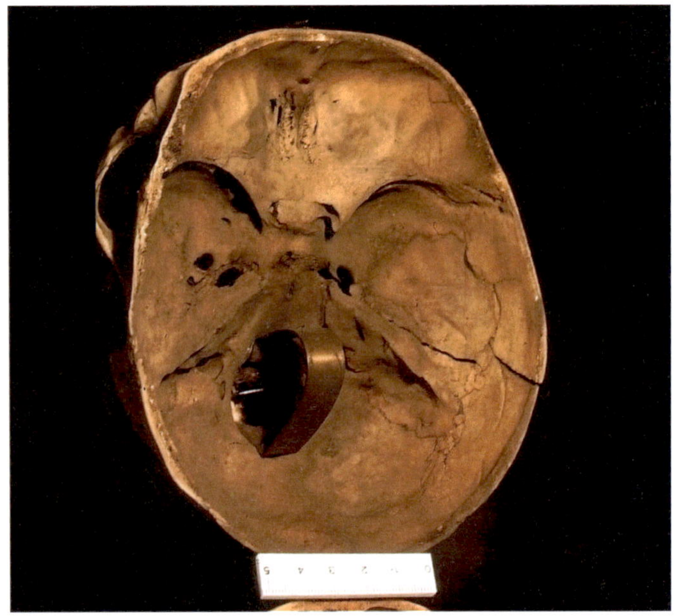

Blick in die geöffnete Schädelhöhle des Sepperl

Leben des Sepperl (und zudem nur bezogen auf den Zeitpunkt seines Todes) handelte (gleichsam eine Blitzlicht-Aufnahme), so konnten die Beobachtungen zeigen, dass der Finessensepperl zuletzt doch gelitten haben dürfte, und zwar an drei Krankheitskomplexen:
(I) An einer schweren Einschränkung der Beweglichkeit des linken Hüftgelenks, was das stete Gehen zumindest in den letzten Jahren (ohne nähere zeitlich Eingrenzung) für den Sepperl stark erschwert haben und mutmaßlich mit einer erheblichen Schmerzsymptomatik einhergegangen sein dürfte.
(II) Der fast völlige Verlust der Zähne einige Zeit vor dem Tod dürfte dazu geführt haben, dass sich der Sepperl praktisch nur noch von breiiger bzw. flüssiger Nahrung ernähren konnte. Die Ursache für den derart ausgedehnten Zahnverlust lässt sich nicht erkennen. Der einzelne erhaltene Zahn weist eine massive Abnutzung (Abrasion) auf, die im Widerspruch zur vor-

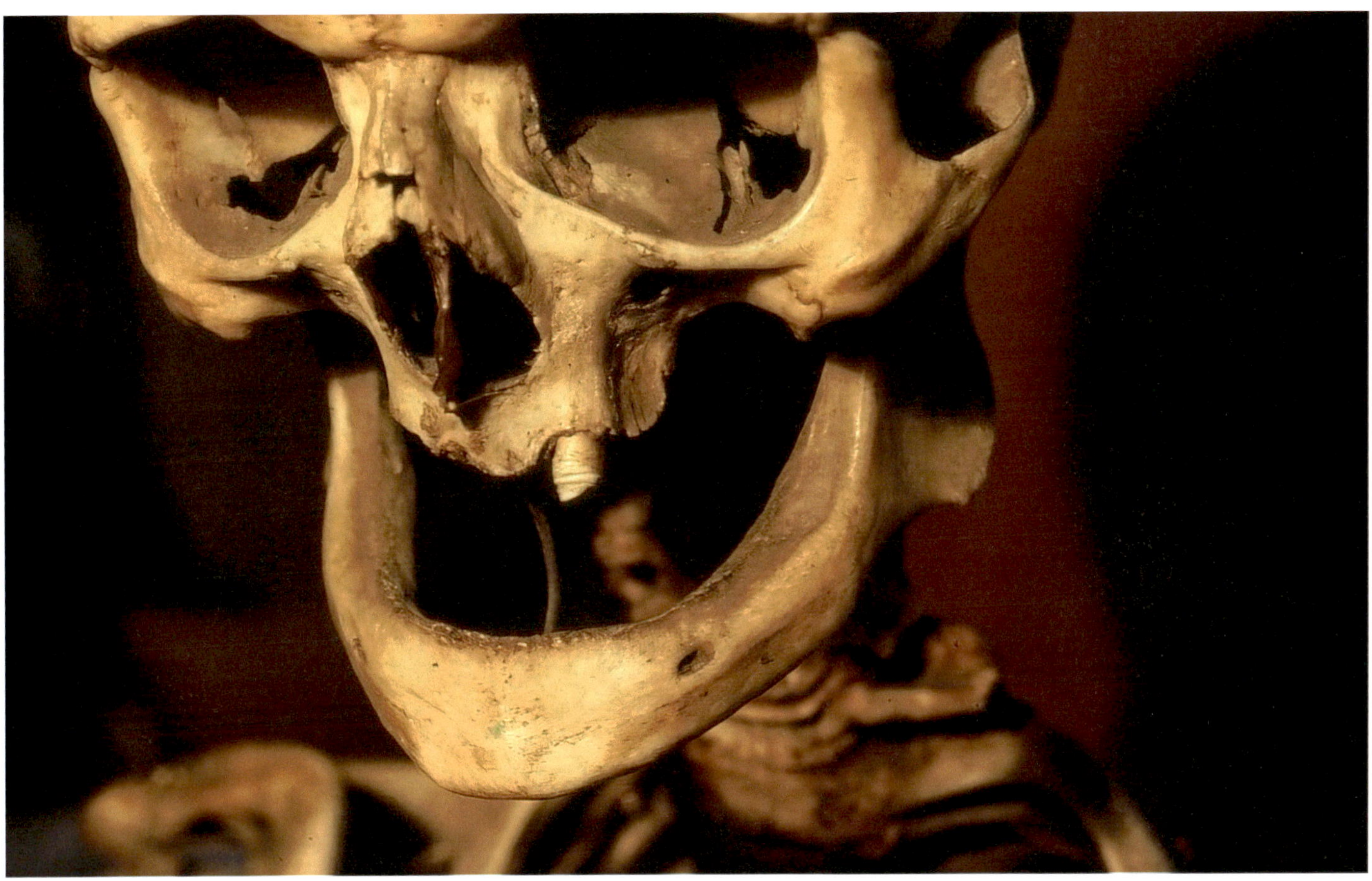

Blick auf die nahezu zahnlosen Ober- und Unterkiefer des Sepperl

genannten Nahrungsart (Brei/Flüssigkeiten) steht und somit nur zu erklären ist, wenn die Abrasion vor dem Zahnverlust eingetreten ist, also schon länger vor dem Tode manifest war.

(III) Die Fraktur (Knochenbruch) des rechten Schlüsselbeins dürfte als Folge eines Traumas (Unfall) entstanden sein; die leichte Abrundung des einen Endes weist darauf hin, dass der Bruch einige Zeit vor dem Tod erfolgt ist und das Ereignis – zunächst – überlebt wurde. Handelte es sich dabei um das erste Traumaereignis, infolge dessen der Sepperl zum ersten Mal 1829 ins Allgemeine Krankenhaus eingeliefert wurde? Das eindimensionale Röntgenbild kann keine weitere Information dazu bieten.

Hinweise auf weitere Erkrankungen oder gar die Todesursache ergaben sich nicht – allerdings gibt die Zusammenschau der genannten Befunde einen guten Ansatz, um die Art und evtl. Ursache des Minderwuchses des Sepperl zu identifizieren.

Warum war der Finessensepperl so klein?

Interessanterweise scheint der Finessensepperl – zumindest noch in der letzten Hälfte des 19. Jahrhunderts – auch vom damaligen Vorstand des Pathologischen Instituts der Universität München, Prof. Dr. Otto Bollinger[240], in dessen Institut ja das Skelett des Sepperl inzwischen gelandet war, nicht als „Zwerg" oder Zwergwüchsiger angesehen worden zu sein. Dies leitet sich zumindest ab von einem umfangreichen (auch kurz darauf gedruckten) Vortrag des Prof. Bollinger vor

240) Otto (von) Bollinger (1847–1909), deutscher Pathologe, ab 1865 Assistent im neu gegründeten Pathologischen Institut unter Prof. Ludwig von Buhl, seit 1880 Nachfolger als Vorstand des Instituts.

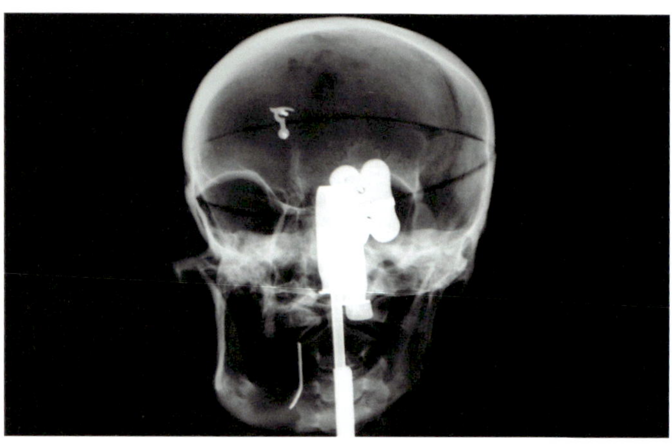

Röntgenbild des Schädels. Gut erkennbar sind die metallenen Verankerungen des Schädels mit der Halswirbelsäule.

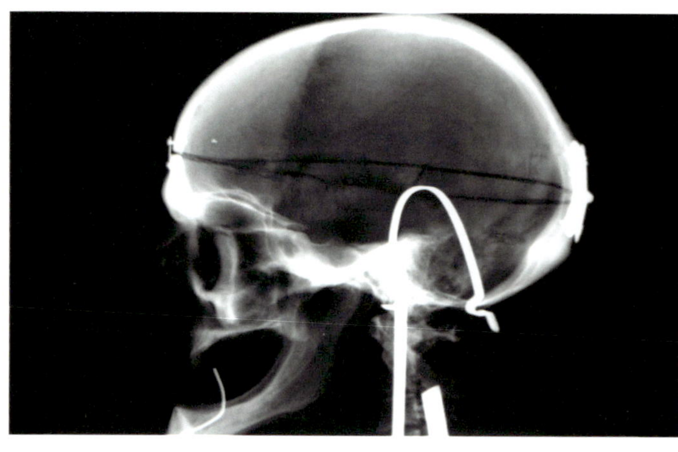

Röntgenbild des Schädels im seitlichen Strahlengang. Gut erkennbar ist die zirkuläre Sägelinie zur Eröffnung der Schädelhöhle.

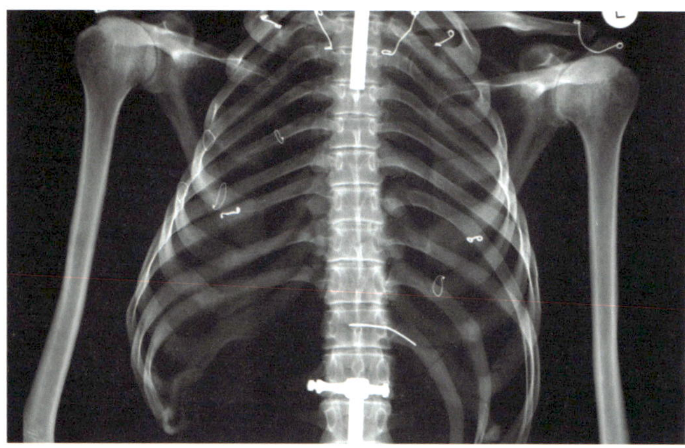

Röntgenbild des Brustkorbes. Hier sind nur wenige Metallverbindungen – außer an der Wirbelsäule – erkennbar.

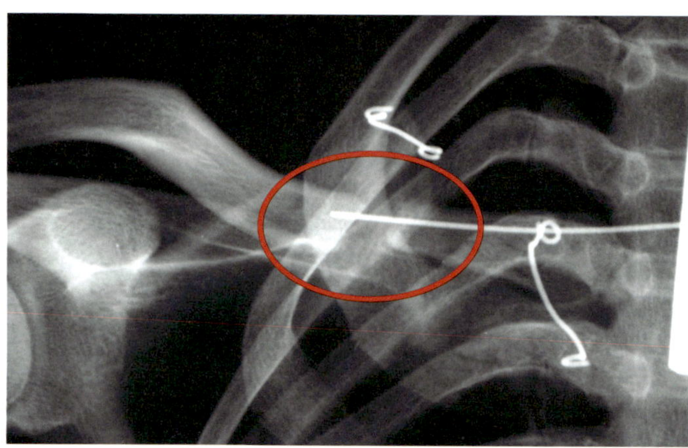

Frakturzone der Schlüsselbeins rechts (im Kreis, teilweise von den benachbarten Rippen überlagert)

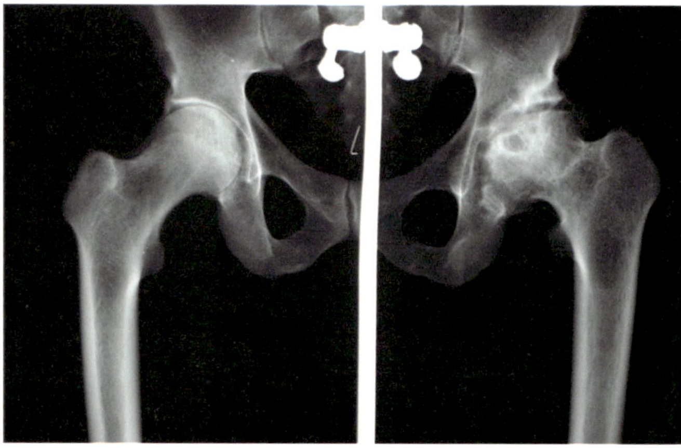

Übersicht des Beckenskeletts mit der massiven Arthrose im Hüftgelenk links

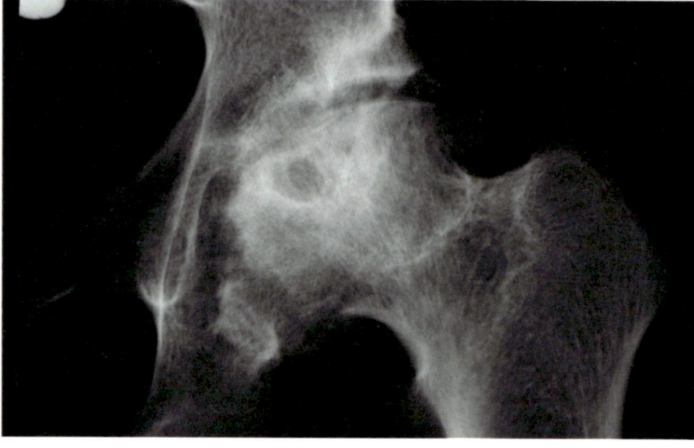

Schwere Arthrose im Hüftgelenk links

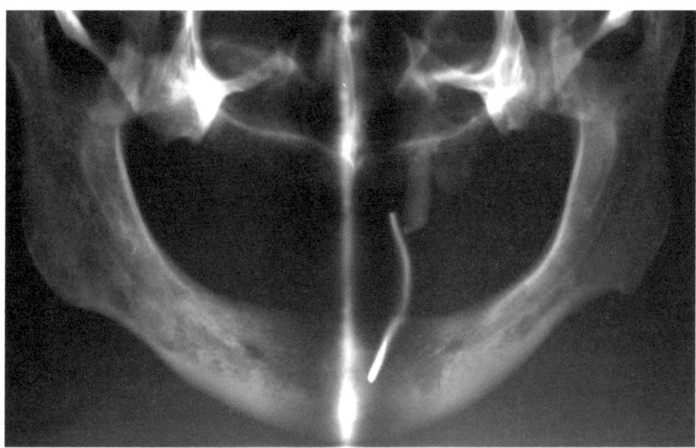

Übersichtsaufnahme des Kiefers (sog. Ortho-Pan-Tomogramm).

der Anthropologischen Gesellschaft in München vom 26. Oktober 1883, in dem dieser ausführlich über Riesen- und Zwergwuchs referierte und dabei auch das Beispiel des institutseigenen „Riesen vom Tegernsee" Thomas Hasler ausführlich erwähnte. Dabei ist von Bedeutung, dass Prof. Bollinger *„für die Bewohner Mitteleuropas [...] eine [Körper-] Höhe von etwas über 1 Meter (105 Centimeter) als Grenze [ansieht], unterhalb welcher das Zwergenthum beginnt."*[241] Der Sepperl bzw. sein Skelett wird mit keiner Silbe erwähnt. Wie bereits ausführlich dargestellt, stellt der Finessensepperl offensichtlich einen Grenzbefund für einen Minderwüchsigen dar, so dass wir an dieser Stelle einen kurzen Blick auf mögliche Ursachen für Minderwuchs im Allgemeinen werfen wollen.

Aufgrund unterschiedlicher pathophysiologischer Mechanismen unterscheidet man heute verschiedene Ursachen des Minderwuchses.[242] Neben genetischen Defekten kann eine Wachstumsminderung auch unabhängig von spezifischen Erkrankungen bei langdauernder Mangelernährung oder bei langer (konsumierender) Erkrankung im Wachstumsalter auftreten. Vom klinischen Bild her lassen sich grob die nachfolgend diskutierten vier Haupterkrankungsformen abgrenzen:[243]

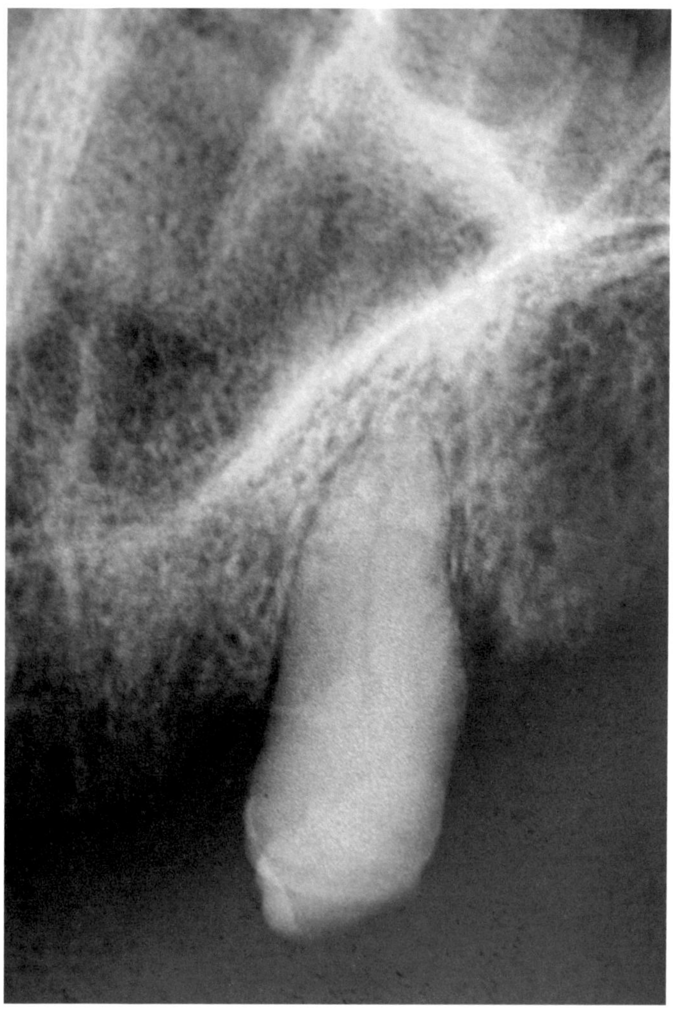

Ziel-Röntgenaufnahme des einzig verbliebenen Zahnes Regio 23 mit deutlicher Abnutzung der Zahnkrone

1) Primordialer oder hypoplastischer Minderwuchs

Die Wachstumsstörung in dieser Gruppe besteht in einer meist proportionierten Verkleinerung aller Körperteile. Die Wachstumsminderung kann bereits bei der Geburt erkannt werden. Die Ursache der Störung ist zumeist unbekannt, genetische Faktoren werden diskutiert (wobei es hier eine Überlappung mit der 2. Gruppe, der hormonellen Ursachengruppe, gibt dergestalt, dass eine Wachstumsfaktor-Defizienz, wie z. B. auch bei Pygmäen und Buschmännern, ursächlich in Betracht kommt). In dieser Sammelgruppe an verschie-

241) Bollinger O. Über Zwerg- und Riesenwuchs. In: Virchow R. v., Holtzendorff F. (Hrsg.) Sammlung gemeinverständlicher wissenschaftlicher Vorträge. XIX. Serie, Carl Habel Berlin, 1884, S. 3–32.

242) Nerlich et al. 1991, a. a. O., S. 13–16.

243) Hermanussen M. Von Zwergen und Riesen. Med. Welt 42, 1991, S. 603–610.

denen Erkrankungen gibt es solche mit „großem“ und solche mit „kleinem“ Kopf, die jedoch mit zahlreichen weiteren Defekten und Einschränkungen einhergehen.

2) Hormoneller Minderwuchs

In den meisten Fällen liegt die Ursache dieser Minderwuchsform in einem Mangel oder einer beeinträchtigten Wirkung von Wachstumshormonen („human growth hormone“ hGH/Somatotropin), sei es wegen Defektes des Peptidhormons, Störung der Hormon-Produktion oder Rezeptorstörungen an den Effektor-Geweben. Als Beispiel gelten die in Afrika beheimateten Populationen von Pygmäen und Buschleuten, die einen Mangel an „Insulin-like Growth factor I“ (IGF-I) aufweisen, einem Faktor, der für die Entfaltung der Hormonwirkung des Somatotropins essenziell ist.[244] Auch ein Ausfall von Schilddrüsenhormonen (Hypo- oder Athyreose) ab Geburt führt zu einem Minderwuchs unter dem Bild eines „Kretinismus“, der bereits zuvor beispielshaft am Beispiel der „Zitronenjette“ aus Hamburg (vgl. S. 94) dargestellt ist. Dieser Hormonmangel ist typischerweise mit Kleinwuchs, Schwachsinn und angeborener Taubheit assoziiert. Auch gibt es Mischformen bei Ausfall des Hypophysen-Vorderlappens, mit Myxödem, ACTH-Mangel oder Pigmentierungsstörungen. Ebenfalls in die Gruppe der hormonell bedingten Minderwuchsformen ist das seltene komplexe Mauriac-Syndrom mit Fettleibigkeit, Infantilismus und Lebervergrößerung (Hepatomegalie) assoziiert mit Minderwuchs einzureihen.

3) Dysostotischer Minderwuchs

Eine ganze Reihe von verschiedenen angeborenen Erkrankungen des Skelettsystems, die unter dem Oberbegriff der Osteo-Chondrodysplasien zusammengefasst werden, führt zu Minderwuchs unterschiedlichen Ausmaßes. Es gibt dabei nahezu 200 unterschiedliche Krankheiten und Syndrome mit teils bekannter, teils unbekannter Ursache, wobei inzwischen für die häufigeren Erkrankungsformen molekulare Defekte in Strukturproteinen des Knorpels und/oder Knochens oder in deren Regulationssystemen als ursächlich bekannt sind. Hierzu gibt es meist ein typisches Fehlbildungsmuster des Skelettsystems. Beispielsweise liegen eine Disproportionalität von Rumpf und Extremitäten oder aber typische Verformungen des Schädels oder selektive Deformierung und/oder Verkürzung von Skelettabschnitten vor. Sind lediglich einzelne Knochen oder Skelettabschnitte pathologisch verändert, spricht man von einer Dysostose (ggf. mit Bezug/Hinweis auf den betroffenen Skelettabschnitt), die jedoch im engeren Sinne wegen des nur isolierten Knochenbefalls nicht zu einem wesentlichen Minderwuchs führt.

4) Stoffwechselbedingter Minderwuchs

Störungen im Stoffwechsel des Knochens können ebenfalls zu einem Minderwuchs führen, wobei hier gewisse Überlappungen zu hypoplastischem und hormonellem Minderwuchs bestehen können (z. B. der IGF-Rezeptor-Defekt der Pygmäen etc.). Eine Ursache für stoffwechselbedingten Minderwuchs kann in Störungen der Ausscheidungsfunktion (Nieren, Phosphat-Stoffwechsel), des Vitamin-Metabolismus (Rachitis bei Vitamin-D-Mangel) oder aber bei direktem Defekt der Enzymausstattung der Knochenzellen (Hypophosphatasie) liegen. Ebenso führen Störungen des Lipid-, Mucopolysaccharid- und Glykogen-Stoffwechsels, die mit Speicherphänomenen einhergehen (sog. Thesaurismosen), über ihre enzymatischen Störungen zum Minderwuchs. Bei den meisten dieser Speichererkrankungen sind auch innere Organe, ggf. auch das Gehirn (ZNS) betroffen.

Woran litt nun der Finessensepperl? – Diese Frage ist angesichts der nur beschränkt zur Verfügung stehenden Informationen nur näherungsweise zu beantworten, mithin ist lediglich eine am ehesten plausible Diagnose zu stellen, die jedoch heutigen medizinischen Ansprüchen an eine Diagnose nicht vollends genügen kann.
Immerhin verrät uns schon das regelrecht und proportioniert aufgebaute Skelett, dass die große Gruppe an „dysostotischem Minderwuchs“ (oben 3. Gruppe) ausgeschlossen werden kann, da hier mit Fehlbildungen einzelner Knochenabschnitte oder des Gesamtskeletts zu rechnen wäre. Auch sind generelle Stoffwechselstörungen der zuvor aufgelisteten 4. Erkrankungsgruppe „stoffwechselbedingte Störungen“ äußerst unwahr-

244) Merimee T. J., Zapf J., Hewlett B., Cavalli-Sforza L. L. Insulin-like growth factor in pygmies. New Engl. J. Med. 316, 1987, S. 906–911.

scheinlich, da diese ein so langes Überleben wie das des Finessensepperl und ein sonstiges offensichtliches Fehlen von Symptomatik während seiner Lebenszeit (soweit dies aus den Erzählungen abzulesen ist) ausschließen würden. Gerade die systemischen pathologischen Defekte bei Thesaurismosen sind beim Sepperl praktisch ausgeschlossen. Aus der Gruppe des „hormonellen Minderwuchses" ist der in den Voralpen-Regionen in früheren Zeiten weithin gut bekannte und dabei nicht seltene „Kretinismus" (also die Funktionsstörung der Schilddrüse mit Mangel an Schilddrüsenhormon) ebenfalls auszuschließen, da dieser mit zerebralen Einschränkungen einhergeht, was beim Sepperl sicherlich nicht zu beobachten ist.

Bleibt somit noch die 1. Gruppe des „primordialen oder hypoplastischen Minderwuchs" übrig, wobei die an Sepperls Skelett beobachtete proportionierte Verkürzung von Stamm, Extremitäten und Schädelskelett in diese Gruppe durchaus passen würde. Leider wissen wir nichts über die Eltern des Sepperl – noch etwas über Geschwister oder andere Verwandte[245] – und darüber, ob in der Familie des Sepperl eine gewisse Tendenz zur Kleinwüchsigkeit bestand, die möglicherweise auf dem Boden eines molekularen Defektes entstanden sein kann (vgl. hierzu das Beispiel der Pygmäen und des EGF-I-Rezeptor-Defektes in jener Bevölkerungsgruppe). Dabei sind die bekannten anderen Ursachen des primordialen Minderwuchses allerdings auszuschließen, da diese mit einer oft ganz drastischen Verkürzung der Körpergröße (teilweise eine Endgröße von ca. 100 cm nicht übersteigend) einhergehen.

In jedem Fall gilt: Auch wenn wir heute eine definitive Ursache des (grenzwertigen) Kleinwuchses vom Finessensepperl nicht mehr bestimmen können, gehörte der Minderwuchs zu seinem Auftreten genauso dazu wie seine übrigen, externen Attribute: das Körbchen, das Leder-Mützchen und der verwaschene Kaftan, in dem er durch Münchens Straßen streifte.

245) Wenn man absieht von der völlig unrealistischen Erzählung mit dem seltsamen Titel: „Wundersames Leben und höchst merkwürdige Stadt-, Reise- und Kriegsabenteuer des Simplicius Simpel, Nähweh seines Onkels, des einst in München als Wahrzeichen stadtbekannten und beliebten Finessensepperls […]", (Anm. 150).

246) Nerlich A., Peschel O., Wimmer J. Berührt von der Majestät des Todes. Die Mumie in der Kirchengruft von St. Thomas am Blasenstein. Wagner Linz, 2019.

Die aktuelle Nachuntersuchung

Nach einer weiteren Ruhepause von etwa 30 Jahren gelangte das Skelett des Finessenmanns erst vor kurzer Zeit in die Sammlung des Instituts für Pathologie des Klinikums Schwabing – und wurde für den Autor dieses Buches erneut zugänglich. In dieser Zwischenzeit hatten sich auch die Untersuchungsmöglichkeit fortentwickelt, wodurch sich somit eine gute Chance bot, neue Informationen über die historische Person des Finessensepperl und sein tatsächliches Leben zu gewinnen. Eine neue Untersuchung des Skeletts stand also an. Doch was sollte (und könnte) mit welchen Techniken ermittelt werden?

Analyse-Strategie

Zunächst sollte das Skelett nochmals genau inspiziert werden, dies allerdings nicht als allererster Schritt, sondern insbesondere in Kenntnis der nachfolgend beschriebenen Ganzkörper-CT-Analyse. Diese Vorgehensweise hatte sich in kürzlich durchgeführten Mumienuntersuchungen[246] als hilfreich erwiesen, da die Kenntnis der dreidimensional rekonstruierbaren CT-Schichten mehr Details aufdecken kann, als zunächst zu sehen sind. Die genannte CT-Untersuchung wurde mit einem modernen Hochleistungs-Multi-Slice-CT-Scanner (Somatom, Fa. Siemens) vorgenommen, dabei wurden rund 2500 virtuelle Schnitte in einer Schichtdicke von 0,625 mm angefertigt, die nicht nur eine Analyse in allen 3 Schnittebenen, sondern auch eine dreidimensionale Rekonstruktion von Strukturen erlauben.

Schließlich wurde das Knochengewebe selbst untersucht: Zum einen zur Bestimmung des Individualalters mit Hilfe von histologischen Kriterien, von biologischen Hinweisen auf Stoffwechseleigenschaften des Sepperl und ebenfalls mit histologischen Analysen, aber auch durch die Bestimmung von Stabilisotopen-Verhältnissen, die zudem Daten über das metabolische Versorgungsausmaß in spezifischen Zeiträumen liefern kann, je nachdem, welche Knochen bzw. ob Zahnbein untersucht werden. So sind metabolische Informationen der Kindheit und Jugend im Zahnbein enthalten, während Knochen des langen Röhrenknochens (*Femur*) einen Zeitraum der letzten ca. 20 Jahre, mehr spongiöser Knochen beispielsweise der Rippen Informationen über etwa 10 Jahre und das straffe Kapselgewebe der Gelenkkapsel solche der letzten 1–2 Jahre vor dem Tode gespeichert haben. Ein Stückchen Knochen von der Schädelkalotte weist die geringsten Umbauraten auf, so dass hier ein Surrogat (Sammelsignatur) von etwa 30 Jahren vorliegt.

Äußere Inspektion

Die Wiederholung der äußeren Inspektion bestätigt zunächst sämtliche Beobachtungen aus der Analyse des Jahres 1991, insbesondere die (epigenetischen, aber nicht krankheits-assoziierten Befunde zur) *Sutura metopica* des Schädels und die Schaufelrippe der 3. Rippe rechts, den weitgehenden Zahnverlust und die Greisenspange der beiden Kieferknochen sowie die starke Abnutzung des einzig verbliebenen Zahnes und die Fraktur des rechten Schlüsselbeins.
Eine weitere genaue Durchsicht der Knochen – insbesondere in Kenntnis der nachfolgend beschriebenen CT-Daten – ergibt zudem eine reaktionslose Bruchlinie des rechten Schläfenknochens, der über die Sägelinie der postmortalen Kopferöffnung hinausgeht und entlang des Felsenbeins verläuft. Diese war bei der Untersuchung von 1991 noch als Artefakt entweder bei der Präparation des Schädels (so z. B. beim Aufsägen des Schädels) oder als Folge des „Unfalls" des Skeletts vom Juni 1829 gewertet worden, als angeblich zwei Einbrecher in der anatomischen Sammlung das Skelett umgerissen haben sollen. Die neuerliche Inspektion zeigt jedoch eine Ausbreitung der Bruchlinie entlang des inneren Teils des Felsenbeins beim Blick auf die Schädelbasis bis tief in diese hinein, ein Ausmaß, dass zunächst nicht hinreichend gewürdigt werden konnte (und durch die nachfolgend beschriebene CT-Analyse ergänzt wird!). Interessanterweise ist die äußere Bruchlinie auch bereits auf den Bildern des Schädels aus dem Jahr 1911 gut sichtbar, die hier wie heute mit einer nach oben hin horizontalen Abformung vorliegt. Eine Entstehung in der jüngeren Zeit des Skeletts ist damit ausgeschlossen. Somit dürfte es sich um eine perimortale (reaktionslose) Fraktur erheblichen Ausmaßes handeln, deren Genese noch zu diskutieren ist.
Ein weiterer Zusatz-Befund – wieder deutlicher in den CT-Scans zu entdecken – betrifft die hinteren Anteile der Rippen 3–6 rechts: Auch hier finden sich Kontinuitätsunterbrechungen ohne erkennbare Knochenreaktion, diese zudem teilweise mit kleinen Drähten verbunden. Sie sind ebenfalls in der früheren Untersuchung als postmortale Defekte, etwa bei der Skelettpräparation, interpretiert worden, bedürfen jedoch jetzt einer differenzierteren Betrachtung. Die Frakturen sind teils spiralförmig angeordnet, jeweils in der regelrechten Achse stehend und wie bereits gesagt ohne nachweisbare Knochenreaktion. Auch diese werden noch gesondert beurteilt.
Demgegenüber ist der zackenförmig-irreguläre Defekt des rechten Schulterblatts, der ebenso ohne jegliche Knochenreaktion ist, in seiner Genese unklar: Handelt es sich hierbei ebenfalls um eine offensichtliche Traumafolge wie an den benachbarten Rippen oder ist hier der papierdünne Knochen bei der Knochenpräparation abgebrochen und einfach abgesplittert? Diese Frage lässt sich bedauerlicherweise nicht beantworten. Schließlich finden sich eindeutig späte postmortale/post-präparatorische Defekte, wie etwa das Fehlen einzelner Zehenendglieder und eine stark dislozierte Rippe, die bei einem offensichtlichen früheren Reparaturversuch mit einem kleinen Metalldraht am Schulterblatt links fixiert werden sollte, jedoch weiterhin oder erneut in „Schieflage" geraten war.

CT-Analysen

Wie bereits ausgeführt, hat insbesondere die Untersuchung mit Strahlentechniken in den letzten Jahren ganz enorme technische Fortschritte gemacht, die nun auch einer Nachuntersuchung des Skeletts vom Finessensepperl zugutekommen. Hatte die Röntgenuntersuchung noch 1991 aus technischen Gründen in nur einer Ebene erfolgen können (mit Ausnahme des Schädels), so bietet die Ganzkörper-CT-Untersuchung jetzt Einblicke in Detailstrukturen in allen Körperebenen und ermöglicht dreidimensionale Rekonstruktionen. Auch ist inzwischen die Auflösung der CTs so hoch, dass feine Veränderungen und Umbauvorgänge detektiert und wesentlich besser dargestellt werden können.[247]
Die nachfolgend geschilderten Befunde orientieren sich von Kopf bis Fuß: In Übereinstimmung mit den vorge-

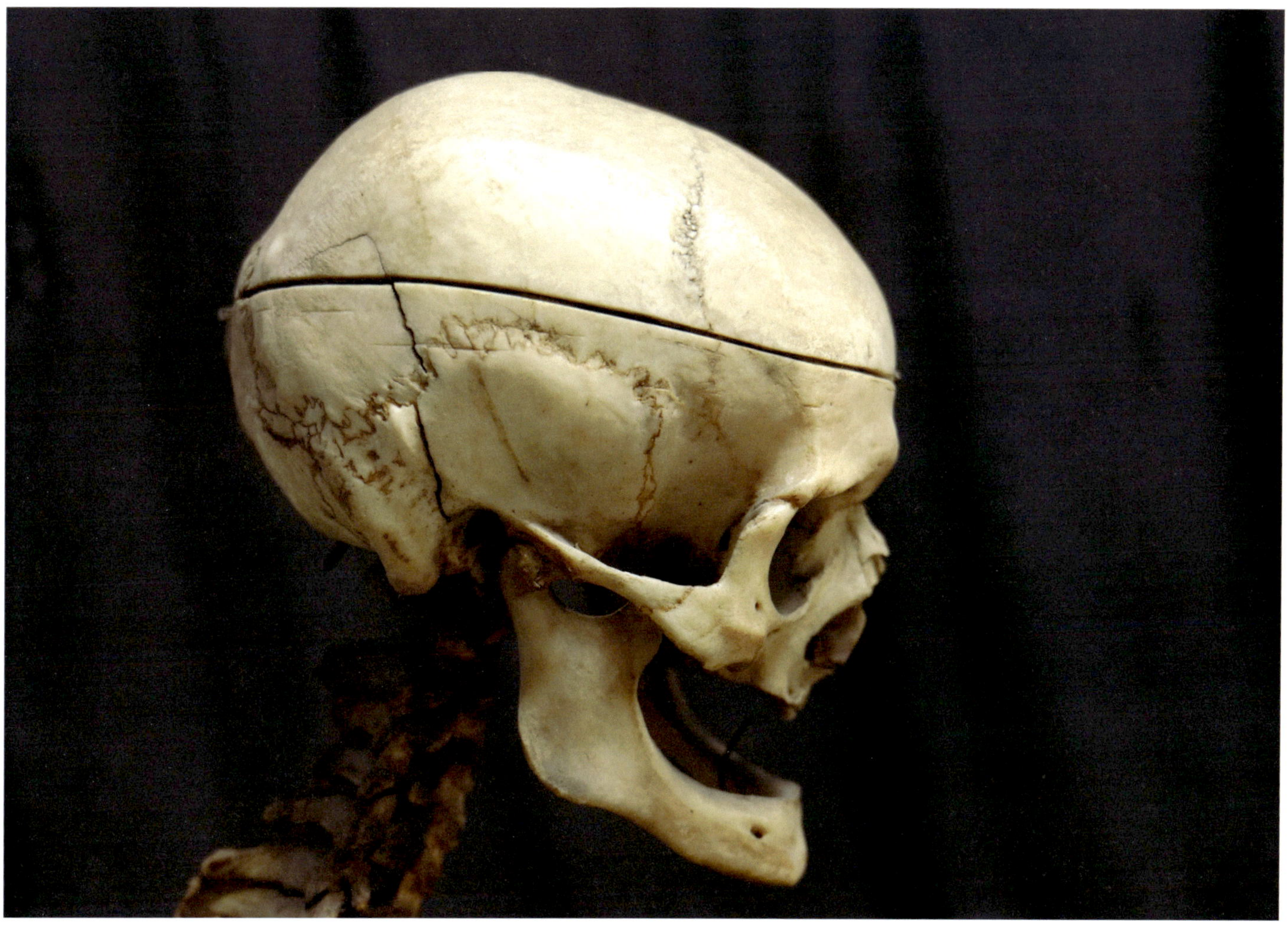

Schädel seitlich von rechts mit dem umgedreht-L-förmig verlaufenden Frakturspalt

nannten makroskopischen Beobachtungen besteht am Schädel neben der querverlaufenden, glatt berandeten zirkulären Osteotomie auf der rechten Seite eine durch die Osteotomie verlaufende Spaltbildung (Fraktur) des Schläfenbeins (*Os temporale*) mit Übergang in eine Felsenbeinlängsfraktur (mit irregulären Rändern, und somit sind beide Frakturlinien als intravital entstanden zu werten, ohne Hinweis auf knöcherne Reaktion). Die Felsenbeinlängsfraktur strahlt in die Knochenstrukturen des Mittelohrs ein, das vermutlich eingeblutet war und damit zu einer akuten Hörminderung geführt haben dürfte. Darüber hinaus erstreckt sich die Fraktur in den Gefäßkanal der Hirnhauptschlagader (*Canalis caroticus*), jedoch ohne Fehlstellung oder Absprengung (Dislokation) und damit auch ohne größere Gefahr einer direkten Gefäßzerreißung (insbesondere als sog. Karotisdissektion). Rechtsseitig fehlen die Gehörknöchelchen (Ossikel), links sind sie vermutlich disloziert, aber erhalten. Diese Veränderungen können somit als intravital entstandene Folge einer massiven stumpfen Gewalt gegen den Schädel interpretiert werden (zur zeitlichen und forensischen Interpretation siehe unten).

247) Die Ganzkörper-CT-Aufnahme wurde freundlicherweise am Institut für Radiologie des Klinikums München-Bogenhausen (Direktor: Prof. Dr. T. Helmberger) durchgeführt. Die Auswertung der Befunde erfolgte durch die Paläo-Osteoradiologin Frau Prof. S. Panzer vom Institut für Radiologie der Berufsgenossenschaftlichen Unfallklinik Murnau und Universität Salzburg. [Beiden Institutionen wie auch besonders den Ausführenden, gerade Frau Prof. Panzer, sei an dieser Stelle sehr für die außerordentlich kompetente Hilfe gedankt].

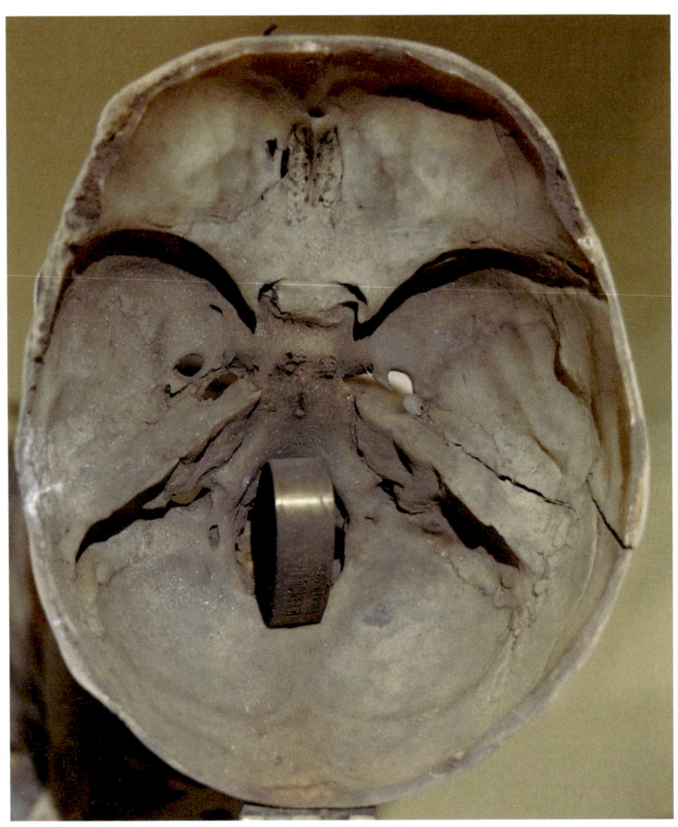

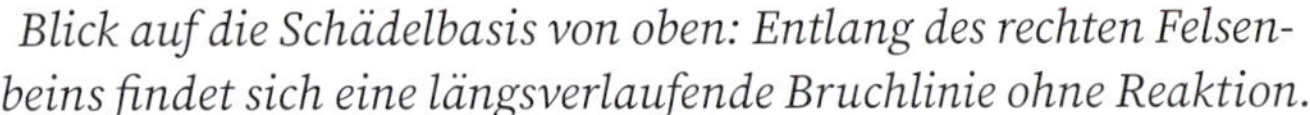

Blick auf die Schädelbasis von oben: Entlang des rechten Felsenbeins findet sich eine längsverlaufende Bruchlinie ohne Reaktion.

Thoraxskelett von hinten (dorsal) rechts. Die Rippen 3–6 zeigen Frakturen mit teils längs-, teils spiralförmigem Verlauf.

Weiterhin findet man am Schädel eine relativ kleine Keilbeinhöhle (*Sinus sphenoidalis*) mit dicker Wand, die insbesondere nach hinten (dorsal) angrenzend deutlich verstärkt verknöchert (Hypersklerose) und damit vereinbar ist mit chronischer Entzündung der Keilbeinhöhle (*Sinusitis sphenoidalis*), mit wiederholten und ausgeprägten Kopfschmerzen als möglicher klinischer Folge. Dem gegenüber sind die Kieferhöhlen (*Sinus maxillaris* beidseits) unauffällig, die Stirnhöhle (*Sinus frontalis*) fehlt in der Anlage.

In der Nase besteht eine mäßige Nasenscheidewand-Verbiegung (Septumdeviation) nach links mit knöchernem Sporn, das Nasenbein (*Os nasale*) zeigt eine Fraktur mit geringer Impression (fraglich intravital oder postmortal?). Der Kieferkamm (Alveolarkamm) ist komplett verknöchert und atrophisch, die Zähne sind somit schon längere Zeit vor dem Tode ausgefallen. In beiden Kiefergelenken finden sich jeweils gut erhaltene Weichteilstrukturen (Gelenkscheibe, Diskus) mit deutlichen Abnutzungserscheinungen.

An der Wirbelsäule zeigen sich allenfalls geringe degenerative Veränderungen der beiden oberen Halswirbelkörper (HWK), rechts mehr als links, und geringe bis mäßige Degenerationszeichen (Osteochondrosen) an der gesamten Halswirbelsäule mit Maximum im Segment HWK 5/6. Beidseitig liegen als nicht-pathologische Variante jeweils eine Halsrippe am HWK 7 vor. Die Brustwirbelsäule zeigt eine diskrete *Spondylosis deformans* der oberen Brustwirbelsäule (also ein minimaler degenerativer Umbau), die Lendenwirbelsäule zeigt keine pathologischen Veränderungen.

Am Thorax findet sich die bereits zuvor bekannte Fraktur der Clavicula rechts mit Auseinanderweichen (Dehiszenz) und einer deutlich sichtbaren Kallusbildung, also einer knöchernen Neubildungs-Reaktion, die einen Entstehungszeitraum des Knochenbruchs einige Wochen vor dem Tode belegt. Demgegenüber

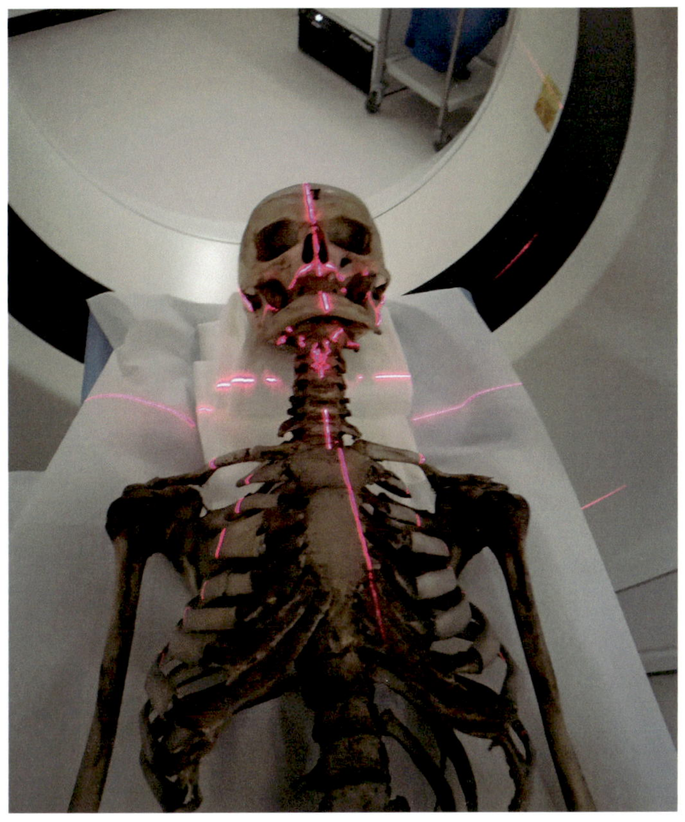

Das Skelett im CT-Scanner

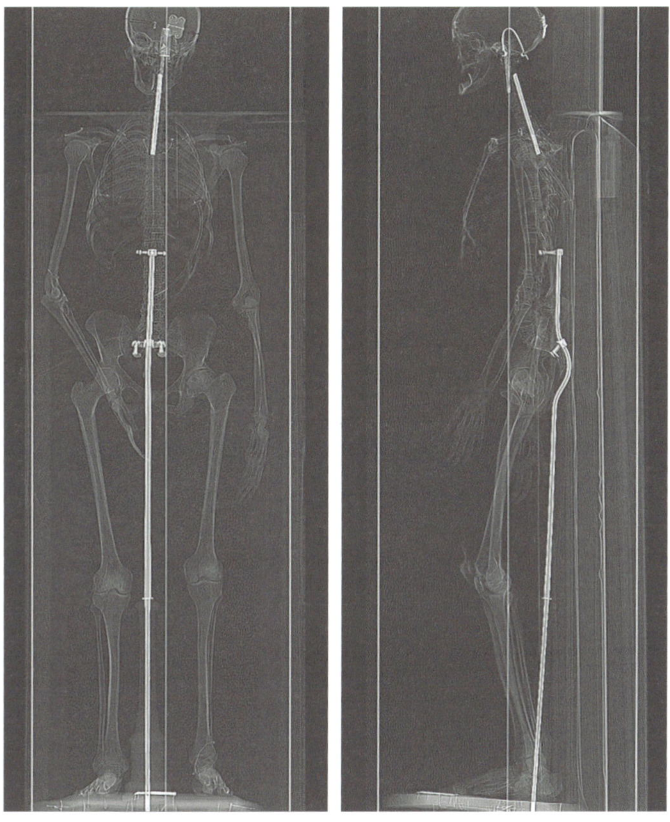

CT-Ganzkörper-Scan frontal und seitlich

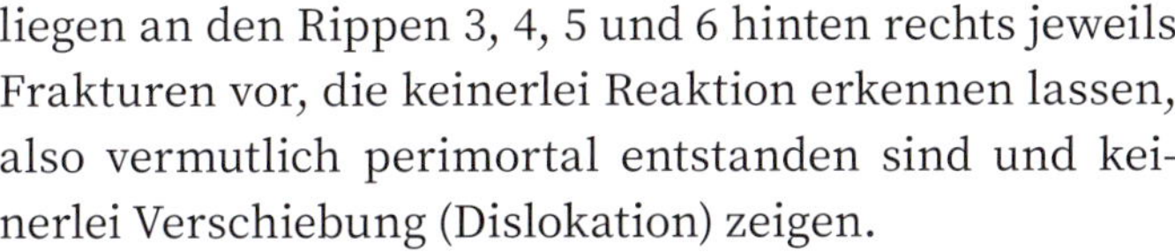

liegen an den Rippen 3, 4, 5 und 6 hinten rechts jeweils Frakturen vor, die keinerlei Reaktion erkennen lassen, also vermutlich perimortal entstanden sind und keinerlei Verschiebung (Dislokation) zeigen.

Am Becken liegen geringe degenerative Veränderungen beider Ileosacral-Gelenke vor, dabei rechts etwas mehr ausgebildet als links. Im Hüftgelenk findet sich die bereits 1991 röntgenologisch festgestellte massive Arthrose (Coxarthrose) links. Dabei liegt ein stark deformierter Hüftkopf mit oberflächlicher Abflachung vor. Unter dem Knorpelniveau finden sich große Zysten mit einer ausgeprägten Verknöcherung. Der Schenkelhals ist deutlich verkürzt, der Winkel zwischen Hüftkopf und Schenkelhals (sog. CCD-Winkel/Centrum-Collum-Diaphysen-Winkel) liegt bei ca. 108°, damit stellt sich die Diagnose einer *Coxa vara*, mutmaßlich als

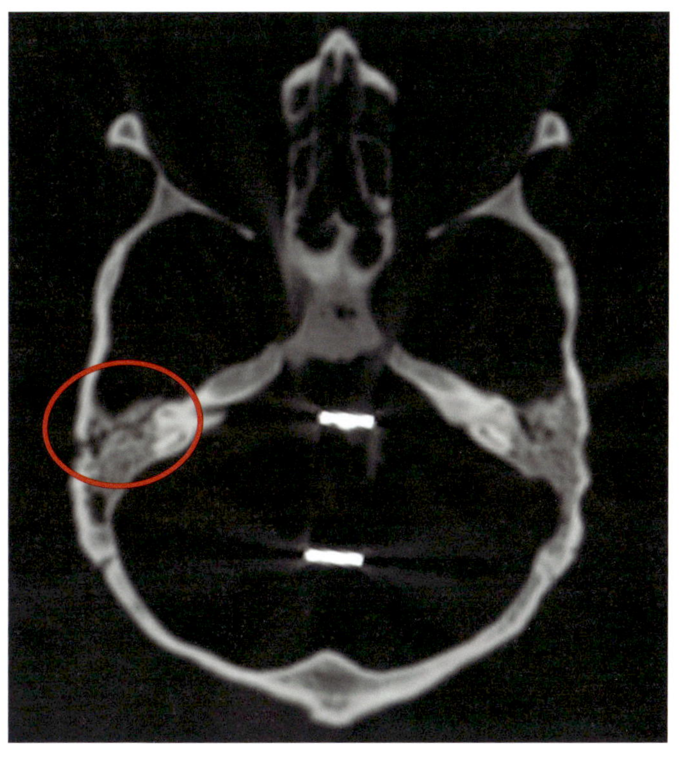

CT-Schnitt durch den Schädel. Im Bereich des rechten Felsenbeins eine Frakturzone, die in einen Frakturspalt der Kalotte übergeht (Kreis)

Folge einer alten und in Fehlstellung verheilten Schenkelhalsfraktur. Dadurch kam es zu einer Verkürzung der linken unteren Extremität.
Die kontralaterale Hüfte rechts weist demgegenüber eine normale Morphologie auf, der vorgenannte CCD-Winkel beträgt 131° und ist damit normal.
Schlussendlich besteht am Sprungbein (*Talus*) beidseits ein prominenter *Processus posterius* als eine Anlagenvariante. Im Fersenbein rechts liegt eine umschriebene Verknöcherungsinsel (sog. Kompaktainsel) vor. Das obere Sprunggelenk links steht in Fehlstellung (Subluxation), wobei unklar bleibt, ob diese vor oder nach dem Tode entstand.
Schließlich gibt es am Ellbogen links eine Ansatzverkalkung (Sporn) der Trizepssehne am Oberarmknochen (*Olecranon*).
Insgesamt liegt ein sehr gut erhaltenes Skelett ohne höhergradige Demineralisierung vor, mit an den meisten Stellen überraschend gut erhaltenen Weichteilstrukturen in und um Gelenke (Gelenkkapsel). An den Gelenken selbst ergeben sich keine Hinweise auf wesentliche Abnutzungserscheinungen – abgesehen von der mutmaßlich durch Trauma entstandenen Hüftgelenksveränderung links – und somit keine Anhaltspunkte für eine schwere oder einseitige körperliche Belastung. Auch die Abnutzungserscheinungen an der Wirbelsäule zeigen keine nennenswerten Befunde, geben also ebenfalls keine Hinweise auf besondere körperliche Belastung.

Zusammenfassende Beurteilung der makroskopischen und radiologischen Befunde

Ganz im Vordergrund der Befunde stehen Verletzungsfolgen unterschiedlicher Körperregionen, jedoch auch unterschiedlichen Entstehungsalters. Es lassen sich 3 Verletzungsgruppen feststellen, die sich nach ihrem mutmaßlichen zeitlichen Auftreten wie folgt gruppieren lassen:[248]
1) Die massive Deformierung des linken Hüftkopfes passt am besten zu einer alten, über eine lange Zeit überlebten Schenkelhalsfraktur mit Fehlstellung des Hüftkopfes und sekundärer massiver Coxarthrose. Diese Verletzung ist sicherlich mehrere Jahre vor dem Tode entstanden, ohne dass jedoch eine präzisere Zeitangabe möglich wäre oder ein spezifischer Schädigungsmechanismus zu belegen ist. In jedem Fall dürfte die Verletzung zu einer erheblichen akuten, aber auch chronischen Funktionseinschränkung des linken Hüftgelenkes geführt haben; praktisch ausgedrückt hat diese Fraktur den Sepperl wahrscheinlich für mehrere Wochen auf das Krankenlager gezwungen. Die weitere Funktion des linken Hüftgelenks dürfte auch danach schmerzhaft eingeschränkt gewesen sein, so dass zumindest ab dem Zeitpunkt der Fraktur das stete Hin- und Herwandern des Finessensepperl in München vermutlich deutlich eingeschränkt (bzw. schmerzhaft) war.

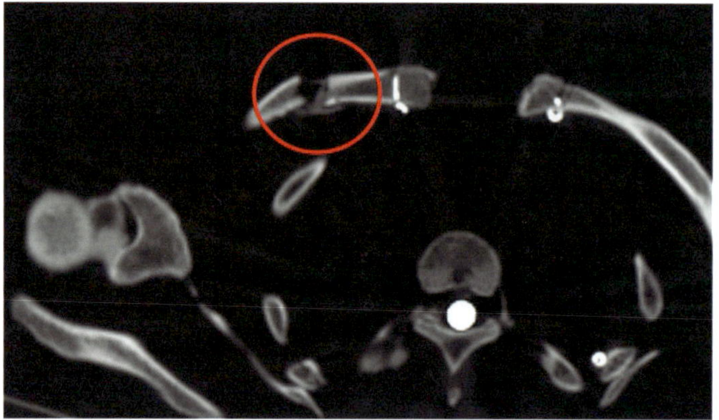

CT-Querschnitt durch den Brustkorb mit der Clavicula-Fraktur, die abgerundete Enden und im Markraum neugebildeten Knochen zeigt

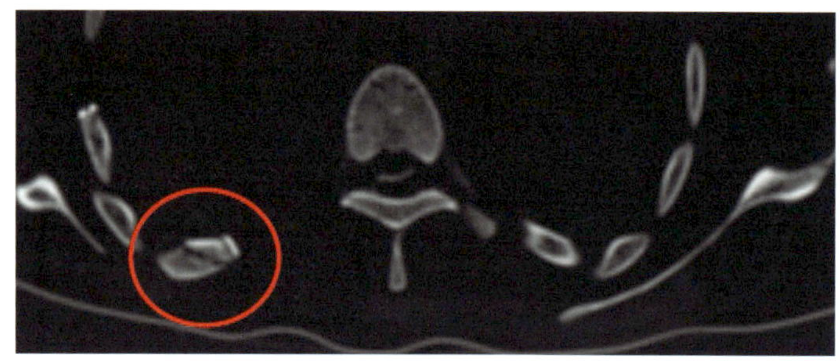

CT-Schnitt durch den Brustkorb mit einer (exemplarischen) reaktionslosen Rippenfraktur rechts hinten (Kreis)

248) Für die forensische Interpretation der Befunde bin ich Herrn Prof. Dr. O. Peschel, Institut für Rechtsmedizin der Universität München, zu außerordentlichem Dank verpflichtet.

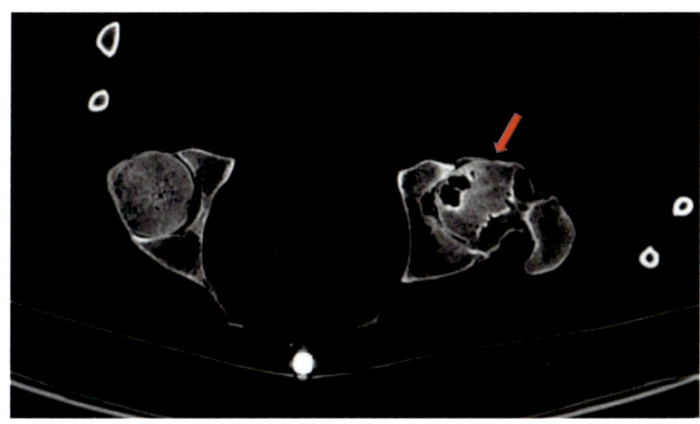

CT-Querschnitt durch die beiden Hüftgelenke mit der schweren Arthrose des linken Hüftkopfes (Pfeil)

2) Die Clavicula-Fraktur zeigt eindeutige Umbauveränderungen (Abrundung, Kallusbildung), die auf ein Frakturalter von mehreren Wochen hindeutet. In jedem Fall ist die Verletzung zu Lebzeiten eingetreten – im zeitlichen Kontext würde das Alter mit dem ersten Krankenhaus-Aufenthalt des Sepperl im Allgemeinen Krankenhaus gut korrelieren.

3) Die massive Fraktur des Schläfenbeins rechts mit Ausbreitung in das Felsenbein der Schädelbasis rechts ist ebenso reaktionslos wie die Rippenserien-Frakturen der Rippen 3–6 rechts hinten. Beide Frakturen/Frakturgruppen zeigen keinerlei knöcherne Reaktion, sind also nicht lange vor dem Tod entstanden, wobei eine Entstehung nach dem Tod bei der Schädelfraktur aufgrund ihrer Ausdehnung und Morphologie als eher unwahrscheinlich einzustufen ist. Die Schädelfraktur passt gut zu einer stumpfen Gewalteinwirkung gegen den Kopf – sei es als Folge eines Schlages mit einem geformten Gegenstand mit flacher Oberfläche gegen die Schläfenregion, sei es alternativ als Folge eines Sturzes auf einen entsprechend geformten Gegenstand. Da die Schädel- sowie die rechte hintere Rippenverletzung zwar auf der jeweils gleichen Seite gelegen sind, jedoch einmal von seitlich (Schädel) bzw. von hinten (Rippen) erfolgt sein müssen, ist ein zweizeitiges Ereignis wahrscheinlicher, was im Umkehrschluss einen Fall auf die rechte Körperseite deutlich unwahrscheinlicher und zwei aufeinander folgende Schlagverletzungen deutlich wahrscheinlicher macht. Somit lässt sich festhalten, dass diese Verletzungen eher von „dritter Hand" erfolgten – und somit als Folge einer Attacke durch einen Angreifer und mithin eines verbrecherischen Angriffs zu werten sind. Für diese Annahme spricht zudem, dass keine weiteren frischen, reaktionslosen Knochenverletzungen an anderen Skelettzonen vorliegen, die z. B. bei einem Sturz mit zwei verschiedenen Aufschlagsereignissen eher zu erwarten wären.

Hinsichtlich der klinischen Folgen ist ein derartiges massives Trauma gegen das Schläfen- und Felsenbein häufig mit Hörverlust, Hirnquetschung (Contusion) und/oder Blutungen aus der Fraktur und/oder dem Ohr assoziiert. Diese treten in etwa 20 % aller Schädelfrakturen auf. Als Komplikationen lassen sich vermuten: intrazerebrale Blutungen, Nervenschäden und -lähmungen, Zerstörung der Gehörknöchelchen-Kette, Schwindel und Hörverlust, bei etwas längerem Verlauf auch Liquoraustritt und -fistelung, Meningitis und damit letztlich septischer Tod. Die Felsenbeinfraktur an sich muss nicht selbst zum Tode geführt haben, kann allerdings durch die intrakraniellen Komplikationen (v. a. eine Hirnblutung) sekundär zu einem baldigen Versterben geführt haben – und wäre damit im Falle des Finessensepperl nicht nur der Grund für den zweiten, letzten Krankenhausaufenthalt, sondern möglicherweise auch für den Tod des Joseph Huber.

Neben diesen für die letzten Jahre des Finessensepperl entscheidenden Befunden konnten einige weitere, chronische Einschränkungen des Lebens des Finessenmanns festgestellt werden:

(i) Mutmaßliche rezidivierende oder chronische Kopfschmerzen bei chronischer Entzündung der Keilbeinhöhle (Nasennebenhöhle/*Sinusitis sphenoidalis*)

(ii) Verbiegung der Nasenscheidewand mit Behinderung der Nasenatmung – potenzielles Schnarchen im Schlaf

(iii) Fast kompletter Zahnverlust mit Atrophie der Kieferknochen (sog. Greisenspange) unklarer Ursache mit der Folge von Einschränkungen der Ernährung. Die ebenfalls feststellbaren degenerativen Veränderungen in den Kiefergelenken könnten Folgen des Zahnverlustes und der Änderung der Kaumechanik darstellen.

(iv) Erhebliche Abnutzung des einzig verbliebenen Zahns (Regio 23) als Hinweis auf Beimengung von

Hartsubstanzen zur Nahrung – dies allerdings vermutlich lange Zeit vor dem Tod
(v) Geringe degenerative Abnutzungserscheinungen an der Wirbelsäule, hier in erster Linie an Halswirbelsäule und Ileosacral-Gelenk (also der gelenkigen Verbindung zwischen dem Kreuzbein und den beiden Beckenschaufeln), hingegen praktisch keine arthrotischen Degenerationszeichen an den großen, lasttragenden Gelenken. Die körperliche Belastungssituation dürfte also für den Finessensepperl sehr begrenzt gewesen sein, auch lassen sich einseitige Tätigkeiten (z. B. Knien etc.) praktisch ausschließen.
Letztlich spricht der gute Mineralisationsgrad des gesamten Skeletts dafür, dass der Sepperl zeit seines Lebens keine wesentlichen Mangelsituationen erlebte (Nahrungsmangel oder schwere konsumierende Erkrankungen) und bei ihm auch keine Vitamin- oder sonstigen stoffwechselbedingte Einschränkung vorlag.

Untersuchungen zur Ernährungssituation des Finessensepperl – eine Stabilisotopenanalyse

Neben der vorgenannten Aussage zum Stoffwechsel des Finessenmanns gibt es einen zweiten Ansatz, um Informationen über die allgemeine Ernährungs- und Versorgungslage des Sepperl zu verschiedenen Lebensabschnitten zu erhalten. Dieser beruht auf einer Untersuchung der Verhältnisse von Stabilisotopen im Eiweiß von Strukturproteinen des Körpers.[249]

Exkurs: Das Verhältnis von Stabilisotopen und deren Aussagemöglichkeiten

Die Bestimmung von sog. stabilen Isotopen in menschlichem Gewebe bietet eine Informationsquelle, die wichtige Daten über die Zusammensetzung der Nahrung von Individuen geben kann. Hintergrund sind die spezifischen Isotopen-Signaturen von fester und flüssiger Nahrung, die im Laufe des Lebens in das Körpergewebe, insbesondere auch in die Strukturproteine des Skeletts (v. a. das Kollagen) eingebaut werden.[250]
In der menschlichen Nahrung variiert die Isotopenzusammensetzung der Elemente Kohlenstoff (C), Stickstoff (N) und Schwefel (S) je nach Art und Herkunft der flüssigen und festen Nahrung. Eine Bestimmung der Verhältnisse der stabilen Isotope v. a. von Stickstoff und Kohlenstoff vermag daher Informationen über die individuellen Ernährungsgewohnheiten zu liefern. So gibt beispielsweise die Isotopenzusammensetzung von Stickstoff in menschlichen Körpergeweben Auskunft über die Art der Eiweißquelle in der Nahrung: Hier kann zwischen überwiegend pflanzlichem oder tierischem Eiweiß unterschieden werden. Bei Letzterem lässt sich wiederum die Herkunft aus land- oder wassergestützter Nahrungsquelle ablesen – also landlebende (terrestrische) Tiere wie Rind, Schwein, Schaf, Ziege etc. gegenüber Fischen. Mit Hilfe der Isotopie des Kohlenstoffs ist es möglich, die Zusammensetzung der pflanzlichen Grundnahrung aufzuschlüsseln. Dabei ist der Anteil von sog. C3-Pflanzen (Gerste, Hafer, Roggen, Weizen) und C4-Pflanzen (Mais, Hirse) zu erkennen. Die individuellen Daten können in ein sog. Nahrungsnetz eingepasst werden, aus dem sich die durchschnittliche Zusammensetzung der Nahrung einer Person und damit indirekt die Qualität der Nahrungsversorgung ableiten lässt.
Die wichtigsten Untersuchungsmaterialien humaner Herkunft sind Knochen und Zähne. Als Hauptinformationsquelle bezüglich der durchschnittlichen Nahrung eines Individuums dienen die Biomoleküle des Knochens, in denen ein Zeitraum von mehreren Lebensjahren gespeichert ist. Dabei umfasst die Information aus Knochenkollagen von Wirbelkörpern und Rippenknochen mit ihrem hohen Anteil an weniger dichtem (spongiösem) Knochen einen Zeitraum von rund 10 Jahren vor dem Tod, wohingegen kompaktere Skelettelemente, so gerade die Langknochen, einen Zeitraum von bis zu über 30 Jahren abdecken können. Eine Analyse von Zähnen (Zahnbein) spiegelt sogar die

249) Die nachfolgend beschriebenen Untersuchungen wurden von Frau Dr. Ch. Lehn, Abt. Isotopendiagnostik, Institut für Rechtsmedizin der Universität München, durchgeführt, der an dieser Stelle ganz herzlich für die kompetente Untersuchung und die wertvolle Interpretation der Daten gedankt sei.

250) Siehe hierzu auch die Ausführungen und Beobachtungen in anderen historischen Fällen: Nerlich A., Peschel O., Wimmer J. 2019, a. a. O.; Wimmer J., Nerlich A. G., Peschel O. Dieser Zeitlichkeit entrissen – Die Mumien in der Gruft der ehemaligen Stiftskirche Waldhausen. Wagner Linz, 2022; Nerlich A. Wilhelm von Jordan. Konrad Verl. Weißenhorn, 2022.

Zeitspanne unserer Kindheit und Jugend wider. Dem gegenüber sind deutlich kürzer vor dem Tod „eingebaute“ Werte durch die Untersuchung von Bindegewebe, wie es im vorliegenden Fall als Kapselstruktur um die größeren Gelenke gut erhalten vorlag, ermittelbar. Hier dürfte eine Umbaurate des Kollagens von etwa 1–2 Jahren vorliegen, so dass die Messungen in solchem Gewebe diesen Zeitraum abdecken können.

Die Messung von Stabilisotopen-Verhältnissen basiert auf der Tatsache, dass alle Elemente in Biomolekülen – und damit auch sämtliche zu Ernährungszwecken aufgenommenen Moleküle – aus verschiedenen Atomarten, den Isotopen, bestehen. Atomkerne von Isotopen enthalten gleich viele Protonen, aber unterschiedlich viele Neutronen. Isotope eines Elements haben die gleiche Ordnungszahl, aber verschiedene Massenzahlen. Beispielsweise gibt es die gängigen Formen der Elemente Kohlenstoff (^{12}C), Stickstoff (^{14}N) und Sauerstoff (^{16}O), daneben existieren die stabilen Isotope ^{13}C, ^{15}N, ^{18}O und ^{17}O; die hochgestellte Zahl stellt die Massenzahl dar. Dabei sind die chemischen Eigenschaften von Isotopen sehr ähnlich, so dass sie chemisch praktisch nicht unterschieden werden können.

Stabile Isotope sind nicht radioaktiv, sie zerfallen nicht und können somit auch nicht für radiometrische Datierungen, wie zum Beispiel Radiokarbon (^{14}C) zur Radiokarbondatierung, eingesetzt werden. Der menschliche Körper besteht hauptsächlich aus Wasser; rechnerisch machen bei einer Person mit einem Körpergewicht von 50 kg die Sauerstoff- und Wasserstoffatome einen Anteil von über 35 kg aus, gefolgt von Kohlenstoff- (mehr als 11 kg) und Stickstoffatomen (mehr als 1 kg). Dabei überwiegt die Menge der leichten Isotope eines Elements bei weitem, die schweren Isotope nehmen nur einen kleinen Anteil ein.

Ergebnisse der Stabilisotopenanalyse

Im Fall des Finessensepperl konnte wie bereits erwähnt eine Probe des Zahnbeins, eine Probe einer Rippe (mehr spongiöser Knochen) und vom Oberschenkelknochen (*Femur*, kompakter Knochen), eine Probe aus dem Schädelknochen (sehr langsamer Umbau mit einer „Sammelsignatur“ von etwa 30 Jahren) sowie zusätzlich eine Probe der Gelenkkapsel/des Sehnenansatzes am linken Kniegelenk gewonnen werden.

Für die vorliegende Untersuchung wurden die Stabilisotopen-Verhältnisse von Kohlenstoff (δ^{13}C), Stickstoff (δ^{15}N), Schwefel (δ^{34}S) und Wasserstoff (^{2}H) gemessen. Dabei zeigte sich, dass die Werte insbesondere für Kohlenstoff- und Stickstoff-Isotop-Verhältnisse in allen Proben in einem relativ engen Bereich liegen, also über die oben genannten Zeitspannen keine großen Veränderungen in der Ernährung und Versorgung eingetreten sein können und insbesondere keine nennenswerten Unterschiede zwischen Kindheit/Jugend und späterem Erwachsenenleben vorlagen. Dies deckt sich auch mit dem Ergebnis an der Langzeit-Sammelsignatur des Schädelknochens, der praktisch identische Werte im Vergleich zu den anderen beiden Knochenproben

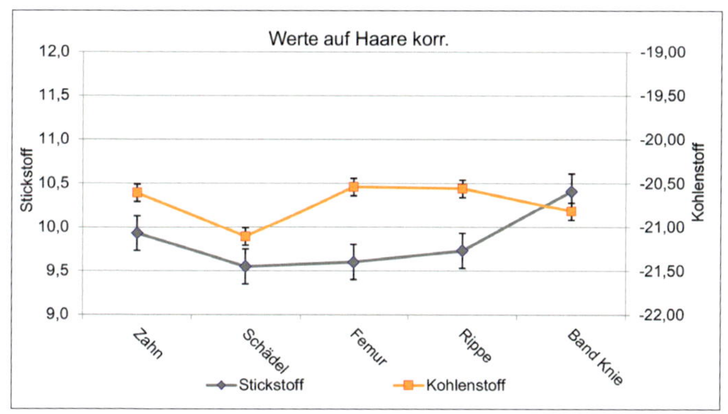

Stabilisotopen-Verhältnisse für Stickstoff (N) und Kohlenstoff (C) in den verschiedenen Gewebeproben. Quelle: Lehn

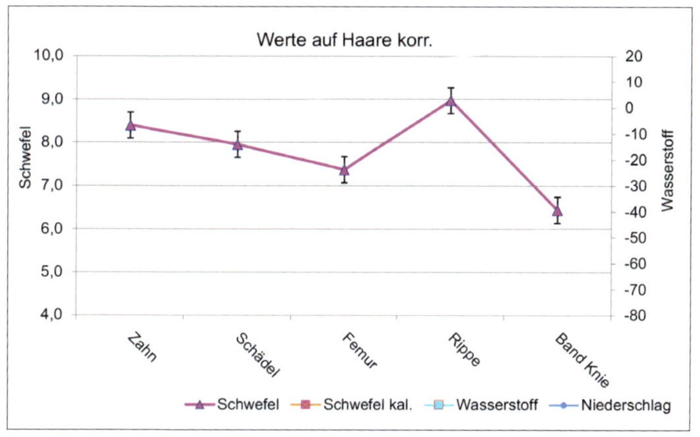

Stabilisotopen-Verhältnisse für Schwefel (S) in den verschiedenen Gewebeproben: Quelle: Lehn

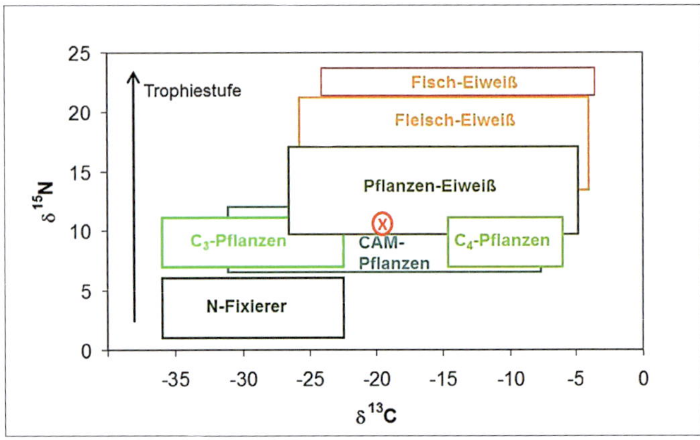

„Nahrungsnetz" anhand der Stabilisotopen-Signatur. Die Ernährungsstufe des Finessensepperl ist mit einem „X" markiert.

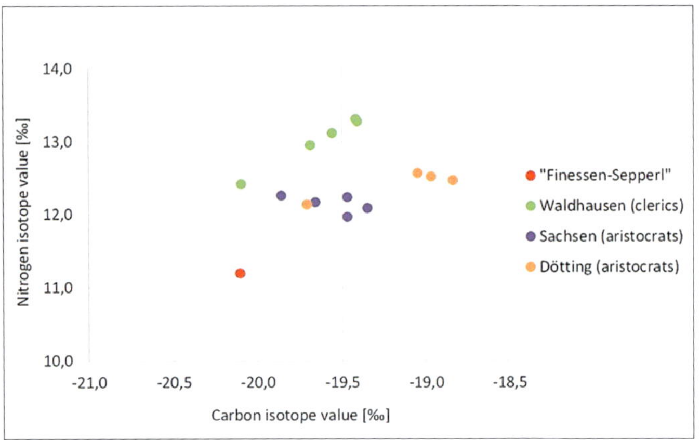

Grafik zur Stabilisotopen-Verteilung zwischen dem Finessensepperl (rot) und Vergleichsgruppen Adeliger bzw. Klosterangehöriger. Grafik: Lehn

und dem Zahnbein erkennen lässt. Eine geringe Veränderung findet sich lediglich in der Kapselgewebsprobe mit hier etwas höherem Stickstoffwert, was auf eine geringfügig veränderte Ernährung in den letzten Jahren des Sepperl hindeuten kann. Diese wäre auch nicht verwunderlich, wenn man den fast vollständigen Zahnverlust in diese letzte Lebensphase einordnet und von einer dadurch bedingten Änderung der Essgewohnheiten ausgeht. Ein weiteres Indiz für eine solche Annahme könnte der Isotopenwert für die Schwefelisotopie bieten, denn auch hier unterscheiden sich die Daten zwischen Kindheit/Jugend und Erwachsenenalter kaum, sinken dann jedoch für das Bindegewebe als zeitlich jüngstem Bereich ab, was ebenfalls als Hinweis auf veränderte Ernährungsweise gedeutet werden kann.

Die relativ ähnlichen Werte sind darüber hinaus ein Indiz dafür, dass sich der Sepperl vorwiegend an einem Ort, nämlich in München, aufgehalten hat und keine längeren oder größeren Reisen zu vermuten sind, die ja oft auch mit einer Änderung der Ernährung bzw. deren Zusammensetzung einhergehen. Insofern besteht zumindest zu einem längeren oder ausgeprägten Ortswechsel, so z. B. der im „autobiografischen" Teil angegebenen Reise als junger Mann, keinerlei Anhaltspunkt.

Blickt man schließlich auf die Versorgungsqualität und die grob klassifizierte Zusammensetzung der Ernährung des Sepperl, so liegt diese in einem durchaus zeittypisch üblichen Bereich mit einer Kohlehydrat-Komponente von mitteleuropäisch üblichen C3-Pflanzen (typischerweise hier angebaute Getreide wie Gerste oder Weizen) und einer bevorzugt pflanzlichen und untergeordnet tierischen Eiweißquelle, wobei die Schwefelsignatur keine Hinweise auf wesentlichen Fischkonsum erkennen lässt. Der Sepperl hat sich somit konstant und durchaus ausgewogen ernährt.

Schließlich soll der Ernährungs-/Versorgungsgrad des Sepperl mit anderen zeitgenössischen Personen/-gruppen verglichen und in Relation gesetzt werden. Hierzu stehen insbesondere Daten von hochstehenden Personen der Zeit (Adelige), aber auch Klosterbrüdern zur Verfügung. Diese waren die 4 Mitglieder der Familie des Barons Wilhelm von Jordan (1775–1841)[251] – hier genannt „Dötting" –, 5 Mitglieder der Barons-Familie von Könneritz (1780–1934) – hier genannt „Sachsen" – sowie der Klosterpröpste des oberösterreichischen Stifts Waldhausen, Maximilian Rathgeb (gest. 1647), Laurenz Voss (1616–1680) und Marcellin Wilhelm (1643–1684)[252] und des Konventualen Franz Xaver Sidler (1709–1746).[253]

251) Weitere Familienmitglieder waren neben dem Baron von Jordan dessen Ehefrau Violante von Jordan, geb. Gräfin Sandizell (1783–1859) und deren Sohn Max von Jordan (1818–1850); Ergebnisse aus: Nerlich A. 2022, a. a .O.

252) Wimmer J., Nerlich A. G., Peschel O. 2022, a. a. O.

253) Nerlich A., Peschel O., Wimmer J. 2019, a. a. O.

In diesem Vergleich kommen nun doch gewisse Unterschiede zwischen dem Versorgungsgrad des Finessensepperl und den Adeligen bzw. Klosterangehörigen früherer Zeit zum Vorschein, die sämtlich eine etwas höherwertige Versorgung als Joseph Huber zeigen.

Feingewebliche (histologische) Untersuchung

Schließlich wurden zwei Knochenproben – einmal ein Querschnitt durch eine Rippe, zum Zweiten ein aus der Kompakta der rechten Femurdiaphyse entnommener Keil – für eine feingewebliche, histologische Untersuchung verwendet, wie oben angegeben.[254] Das so präparierte Gewebe wurde sodann in Paraffin eingebettet und hiervon Schnitte angefertigt und eingefärbt.

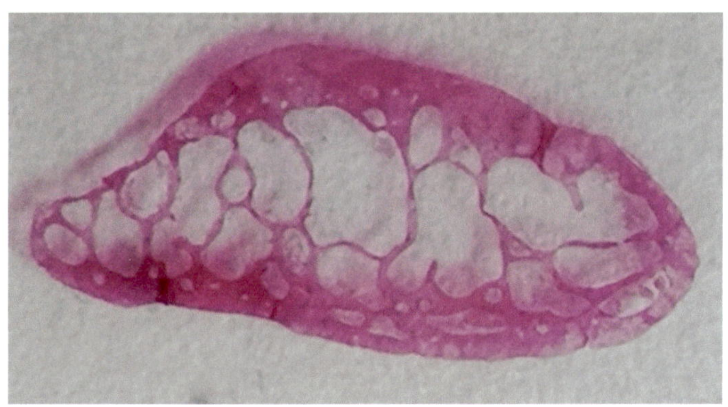

Histologisches Bild des Querschnitts durch die Rippe

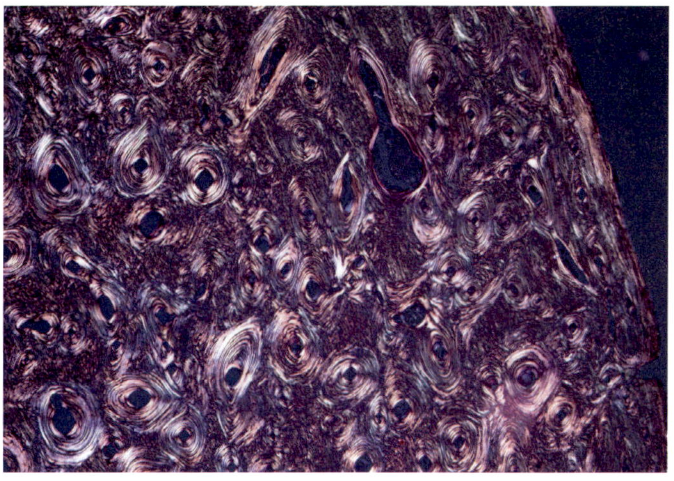

Histologischer Querschnitt durch die Femurkompakta (im polarisierenden Licht)

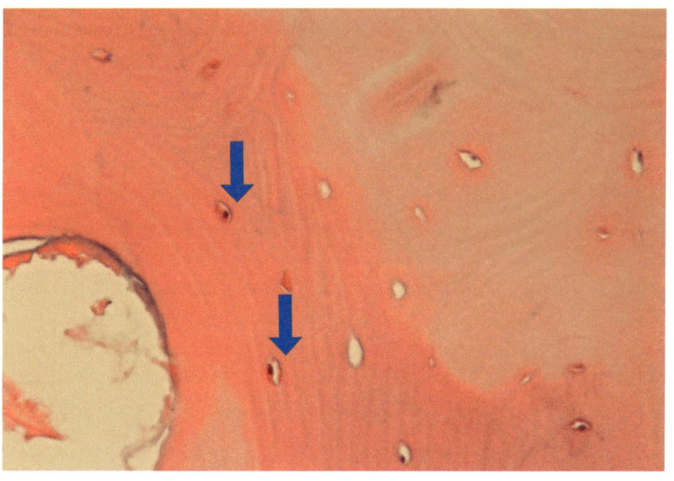

Histologische Details in der Knochenkompakta: Fokal sind sogar noch Residuen von Knochenzell-Kernen nachweisbar (Pfeile).

Dabei wurden zunächst Knochenqualität und Umbauzeichen bzw. Hinweise auf metabolische Störungen überprüft. Es zeigen sich typische kompakte und spongiöse Knochenstrukturen, stellenweise mit Residuen von Kernresten in Knochenzellen (Osteozyten), keinerlei Anhaltpunkte für Knochenmangel (Osteopenie), erhöhten Knochenumbau (z. B. durch Nachweis von Lakunen bei Vitamin-Mangel oder Hyperparathyroidismus) oder unreife Knochenstrukturen (z. B. Mikrofrakturen etc.). Diese Beobachtungen bestätigen den makroskopischen, radiologischen und stabilisotopischen Hinweis auf eine ausreichend gute, adäquate Ernährung des Sepperl, der keinerlei Anzeichen für Mangel (auch relative Mangelsituation) liefert; aber auch entzündliche oder hormonelle Veränderungen praktisch ausschließt.

Altersbestimmungen des Finessensepperl am Skelett

Schließlich bot sich die feingewebliche Untersuchung von Hartgewebe (Knochen/Zahn) an, um eine natur-

254) Zur Methodik vgl. Nerlich A. G., Parsche F., Kirsch T., Wiest I., von der Mark K. Immunohistochemical detection of interstitial collagens in bone and cartilage tissue remnants in an infant Peruvian mummy. Am. J. Phys. Anthropol. 91, 1983, S. 279–285.

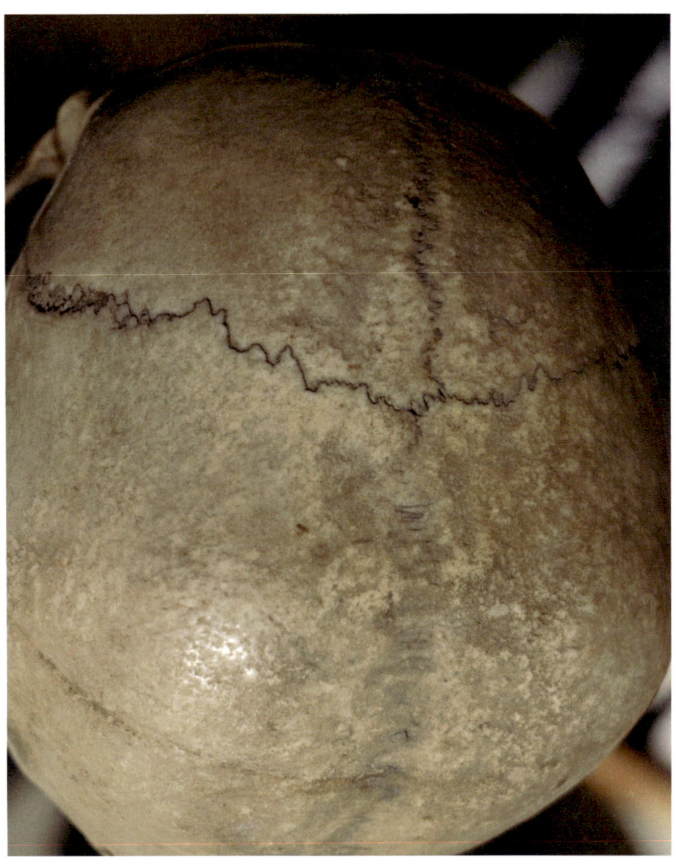

Makro-Blick auf die Schädelkalotte zur Begutachtung der Nahtverschlüsse zur Altersabschätzung

wissenschaftliche Altersbestimmung des Finessensepperl durchzuführen. Dies war nötig – wie nachfolgend noch näher darzustellen sein wird –, da sonstige Techniken zur postmortalen Altersbestimmung keine hinreichend sicheren Informationen über das tatsächliche Alter des Sepperl ergeben haben. Doch seien an dieser Stelle der Vollständigkeit halber die grundsätzlichen Vorgehensweisen zur Ermittlung des Alters und deren Anwendungsmöglichkeiten beim Skelett des Sepperl dargestellt.

Für die Ermittlung des Individualalters bei Skelettfunden unter forensischer oder anthropologischer Fragestellung können verschiedene Kriterien herangezogen werden, die allerdings mit unterschiedlichem Aufwand gewonnen werden können – und ebenfalls teils recht verschiedene Zuverlässigkeitsgrade der Aussagen aufweisen.

Als einfachste Informationsquellen können am Erwachsenen-Skelett bestimmte Verknöcherungszonen, besonders an den Schädelnähten, aber auch an der Schambeinfuge (Symphyse) und für grobe Einschätzungen das Ausmaß eines Knochen-Spongiosa-Verlustes herangezogen werden. Eine weitere Quelle bieten Zähne, die über die rein morphologische Beurteilung der Zahnabnutzung (Abrasion) wie auch des Zahnhalteapparats Aufschlüsse über das Alter liefern können. Schließlich existieren inzwischen weitere Spezialverfahren, die ggf. eine Individualaltersbestimmung erlauben. Auch diese können sich auf die Knochen-Feinstruktur oder Struktur und/oder biochemische Veränderungen an Zähnen beziehen. Hierauf und auf die Praktikabilität und die evtl. Ergebnisse im Zusammenhang mit dem Sepperl soll nachfolgend eingegangen werden.

Die Individualaltersbestimmung an den Schädelnähten nutzt die Tatsache, dass die Nähte (Suturen) des menschlichen Erwachsenenschädels bis zu einem Alter von etwa 60 Jahren in besonderen Regionen regelhaft „verstreichen“, d. h. verschwinden. Die äußerliche Begutachtung zeigt bei dem Sepperl einen Verschluss der Nähte S1–S4 mit kleinen offenen Resten in S2, während die Nähte L1–L3 und C1–C3 noch alle offen sind.

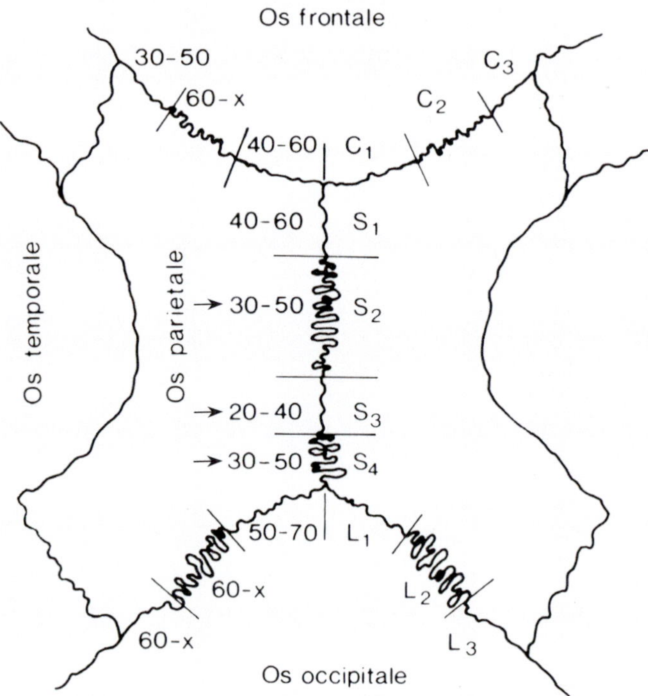

Schema der Verschlusszeiten der Schädelnähte beim Erwachsenen

Hieraus ergibt sich eine Altersschätzung von mehr als 50 Lebensjahren. Eine weitere Aussage ist hier nicht möglich, zumal im vorliegenden Fall als Einschränkung beachtet werden muss, dass die epigenetische zusätzliche Fehlanlage einer *Sutura metopica* einen möglichen Einfluss auf die Verknöcherung der *Sutura coronalis* nicht sicher ausschließen lässt.

Die nächste morphologische Bestimmungsregion ist die Schambeinfuge, die allerdings am vorliegend montierten Skelett nicht makroskopisch, sondern „nur" mit Hilfe der Röntgen-/CT-Daten beurteilt werden kann. Dabei liegt eine abgeschliffene *Facies symphysalis* vor, die nach Nemeskeri[255] in die Altersgruppe IV–V klassifiziert werden kann, entsprechend einer Altersspanne zwischen ca. 52 und 76 Jahren.

Als weitere radiologisch-morphologische Abschätzung können wir auf die Spongiosa von großen Röhrenknochen zurückgreifen. Diese zeigt beim Sepperl keinerlei Verlust an Spongiosa[256], was somit ein Individualalter zwischen 20 und 61 Jahren angibt.

Diese makromorphologischen Kriterien ergeben zusammen betrachtet eine Individualaltersbestimmung zwischen etwa 50 und 70 Jahren, erlauben jedoch keine genauere Zuordnung – und liefern somit zu wenig Information im vorliegenden Fall, bei dem

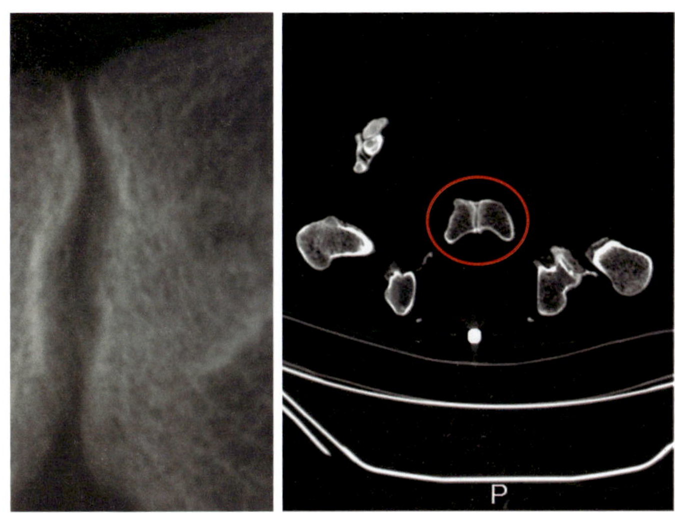

Röntgenbild (a-p-Orientierung; links) und CT-Schnitt (quer, rechts) durch die Symphysenfuge mit einer weitgehend abgeschliffenen Knochen-Oberfläche

es ja gerade um einen potenziellen Unterschied zwischen 53 und 66 Jahren beim Lebensalter (vgl. oben) geht.

Weitere, insbesondere zahnbezogene (odontologische) Möglichkeiten zur Altersbestimmung sind beim Finessensepperl eingeschränkt zu erheben: Da nur ein einzelner Zahn vorhanden ist, lässt sich eine typische ondontologische Analyse am Zahnapparat[257] nur äußerst beschränkt durchführen. Hinzu kommt, dass neuere Analysen darauf hinweisen, dass die Technik der eigentlich genauesten biochemischen Altersbestimmung am Zahn[258], nämlich eine Bestimmung von D- zu L-Aspartat-Säure im Zahnbein[259], leider bei langen Liegezeiten – insbesondere unter nicht kontrollierten Aufbewahrungsbedingungen – als zu unzuverlässig anzusehen ist[260] und damit im vorliegenden Fall – noch dazu in Unkenntnis der genauen zwischenzeitlichen Lagerungsbedingungen – nicht sinnvoll erscheint.

In einem weiteren Schritt wurde zur Zahnzementring-Analyse eine schmale Querschnitt-Probe des Zahnbeins angefertigt.[261] Der Querschnitt durch die Zahnwurzel wurde fixiert, vorsichtig entkalkt und eingebettet und die Zahnzementringe ausgezählt. Diese ergaben in 5-fach-Auszählung einen Durchschnittswert von 36 „Jahresringen", zu denen das Zahndurchbruchs-Alter[262] hinzugerechnet wird, um auf das Sterbealter

255) Nemeskeri J., Harsanyi L., Acsädi G. Methoden zur Diagnose des Lebensalters von Skelettfunden. Anthropol. Anz. 24, 1960, S. 70–94.

256) Nemeskeri J. et al., a. a. O.

257) Phulari R. G. S., Dave E. J. Evolution of dental age estimation methods in adults over the years from occlusal wear to more sophisticated recent techniques. Egypt. J. Forensic Sci. 11, 2021, S. 36.

258) Ritz-Timme S., Cattaneo C., Collins M. J., Waite E. R., Schutz H. W., Kaatsch H. J., Borrman H. I. M. Age estimation: the state of the art in relation to the specific demands of forensic practise. Int. J. Legal Med. 113, 2000, S. 129–136.

259) Ritz-Timme S., Collins M. J. Racemization of aspartic acid in human proteins. Ageing Res. Rev. 1, 2002, S. 43–59.

260) Mahlke N. S., Renhart S., Talaa D., Reckert A., Ritz-Timme S. Molecular clocks in ancient proteins: do they reflect the age at death even after millennia? Int. J. Legal Med. 135, 2021, S. 1225–1233.

261) Phulari et al., a. a. O.

262) Das Zahndurchbruchsalter für einen Eckzahn (Regio 23) des Oberkiefers beträgt 10–12 Jahre (vgl. Schröder H. E. Orale Strukturbiologie. Entwicklungsgeschichte, Struktur und Funktion normaler Hart- und Weichgewebe der Mundhöhle, 5. Auflage, Thieme Stuttgart, 2000.)

Querschnitt durch den Zahnhals im oberen Wurzelbereich mit der äußeren Oberfläche und den Zahnzementringen (H&E)

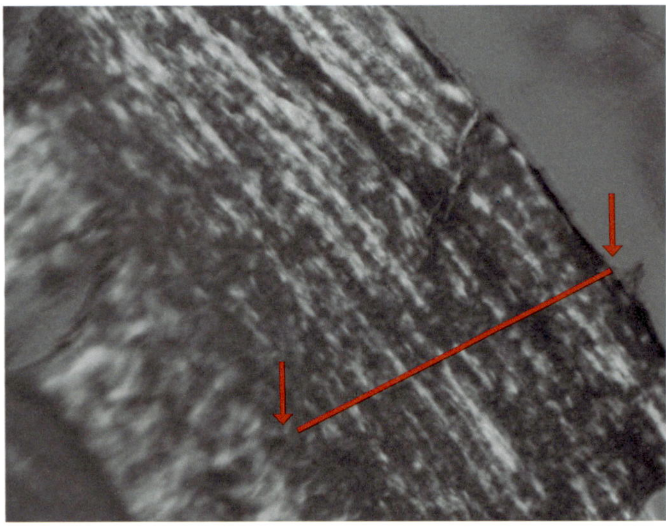

Zahnzementringe im polarisierten Licht (zwischen den roten Pfeilen); links der Übergang in das Zahnbein, rechts die Zahnhals-Oberfläche

zu kommen. Da dieses an der Lokalisation 10–12 Jahre beträgt, ergäbe sich ein Sterbealter von 46–48 Jahren. Allerdings zeigte sich hierbei, dass die äußere Oberfläche des Zahns Degradationszeichen aufwies, so dass die Auszählung der Zementringe zu keinem sicheren Ergebnis führte und möglicherweise etwas höher anzusetzen ist.

So blieb letztlich als zusätzliche Methode noch die Altersbestimmung durch histologische Untersuchung der Knochenkompakta des Femurs übrig, zu der es Referenzwerte gibt.[263] Diese Bestimmung wurde am Probenmaterial aus der Diaphyse des rechten Femurs durchgeführt, an dem auch das Verhältnis der Stabilisotopen bestimmt wurde.

Aus dem beschriebenen Knochenkeil wurde dabei zunächst eine knapp 1 mm dünne Scheibe herausgesägt, die in horizontaler Ausrichtung den knapp halben Querschnitt des Oberschenkelknochens des Sepperl umfasste und dabei fast vollständig aus dichtem, kompaktem Knochen besteht. Diese Scheibe wurde wie zuvor berichtet fixiert, sorgfältig und schonend entkalkt und in Paraffin eingebettet zur Anfertigung von 2–4 µm dicken Schnitten, die mit H&E gefärbt wurden (siehe oben). Dieses Präparat wurde sodann im äußeren Kompaktadrittel im polarisierten Licht, das die kollagene Grundstruktur des Knochens sehr gut erkennen lässt, unter Anwendung einer Größenkalibrierung nach den folgenden Kriterien begutachtet[264]: (i) Bestimmung der Zahl der (sekundären) Osteone/Fläche; (ii) Zahl der Osteon-Fragmente (also der abgebauten ehemaligen Osteonen)/Fläche; (iii) Bestimmung von Anwesenheit und ggf. Ausmaß an zirkumferenziellem lamellärem Knochen (im oberflächennahen kompakten Knochen).

---

263) Kerley E. R. The microscopic determination of age in human bone. Am. J. Phys. Anthropol. 23, 1965, S. 149–164; Kerley E. R., Ubelaker D. H. Revisions in the microscopic method of estimating age at death in human cortical bone. Am. J. Phys. Anthropol. 49, 1978, S. 545–546; Jowsey J. Age changes in human bone. Clin. Orthop. Rel Res. 17, 1960, S. 210–218.

264) Kerley E. R. 1965, a.a.O., S. 149–164; Thompson D. D., Galvin C. A. Estimation of age at death by tibial osteon remodeling in an autopsy series. Forensic Sci. Intl. 22, 1983, S. 203–211; Thomas C. D. L, Stein M. S., Feik S. A., Wark J. D., Clement J. G. Determination of age at death using combined morphology and histology of the femur. J. Anat. 196, 2000, S. 463–471.

Dabei hatten zahlreiche frühere Publikationen die Möglichkeiten und Limitationen des Verfahren aufzeigen können, insbesondere die Problematik von Feldgröße[265], Entnahme aus verschiedenen Knochen[266] – darunter auch Rippen und Schlüsselbein[267] – wie aus spezifischen Zonen der Knochenkompakta.[268] Auch die Anwendung der für den vorliegenden Bericht genutzten Technik, also Fixierung in Formalin, Entkalkung, Einbettung und dann Schnittpräparation, war im Vergleich zu histologischen Schliffpräparaten ohne Fixierung, Entkalkung und Paraffineinbettung geprüft und als ohne nennenswerten Einfluss erkannt worden.[269]

(i) In insgesamt 15 zufällig ausgewählten unmittelbar subperiosteal gelegenen [also im äußeren Kompaktadrittel lokalisierten] Zielfeldern von je 1 mm² Größe ließen sich damit mit Hilfe von verschiedenen Regressionsformeln[270] Alterswerte errechnen. Dabei ergibt sich ein durchschnittliches Alter des Knochengewebes von rechnerisch 46,8 Jahren +/- 8,5 Jahre. Innerhalb der Konfidenzgrenzen (1 SD) käme also ein Individualalter von bis etwa 55,3 Jahren in Betracht.[271] Eine alternative Berechnung mit einer rein femur-assoziierten Formel ergäbe sogar nur 41,63 Jahre, somit mit 1 SD-Spannweite ein maximales Alter von bis etwa 45,23 Jahren.[272]

(ii) In dem vorgenannten Material wurden zudem die sog. Osteon-Fragmente in den identischen Feldern zu 2 mm² bestimmt.[273] Hierbei ergibt sich ein Alter von 54,2 Jahren mit einer Spanne bis zu 61,2 Jahren.

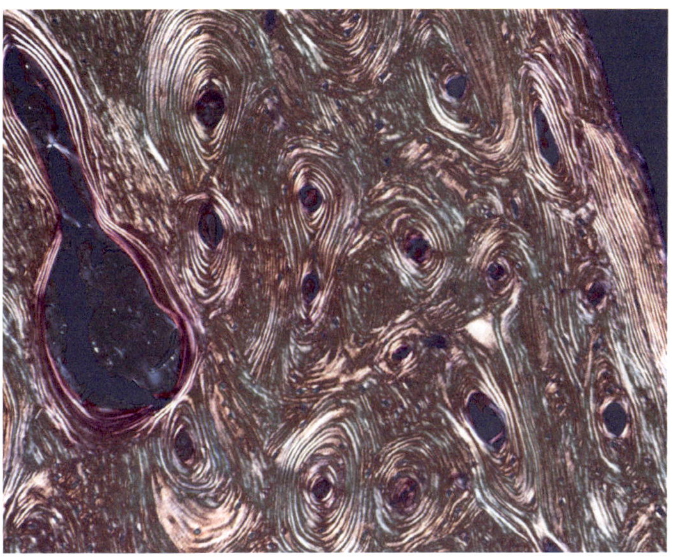

Querschnitt durch das äußere Drittel der Femurkompakta. Oberfläche rechts im polarisierten Licht

(iii) Oberflächennah zeigt der kompakte Knochen noch erhaltenen zirkumferenziellen lamellären Knochen[274] in einem Ausmaß von näherungsweise geschätzt 10 % der Knochenfläche. Dieses findet sich typischerweise in einer Altersspanne zwischen etwa 40 und 60 Jahren, ohne dass dieses Kriterium eine nähere Eingrenzung erlaubt.

Zusammenfassende Beurteilung der Altersabschätzungen:

Die anthropologischen und histologischen Bestimmungsverfahren zur Altersabschätzung zeigen eine durchaus konsistente Beurteilung, wobei die Verfahren schon rein technisch gesehen durch ganz verschiedene Parameter mit unterschiedlicher Präzision in der Aussage und variablem Ausmaß des technischen Aufwandes gekennzeichnet sind.

Anthropologisch lässt sich das Individualalter des Finessensepperl in eine Spanne zwischen 50 und 70 Lebensjahren eingruppieren. Die histologische Altersbestimmung liegt zwischen 40 und 60 Jahren, wobei die Zahnzementring-Analyse und die

265) Kerley E. R., Ubelaker D. H., a. a. O., S. 545–546; Stout S. D., Gehlert S. J. Effects of field size when using Kerley's histological method for determination of age at death. Am. J. Phys. Anthropol. 58, 1982, S. 123–125.

266) Kerley E. R. 1965, a. a. O., S. 149–164.

267) Stout S. D., Paine R. R. Histological age estimation using rib and clavicle. Am. J. Phys. Anthropol. 87, 1992, S. 111–115.

268) Ericksen M. F. Histologic estimation of age at death using the anterior cortex of the femur. Am. J. Phys. Anthropol. 84, 1991, S. 171–179.

269) Singh I. J., Gunberg D. L. Estimation of age at death in human males from quantitative histology of bone fragments. Am. J. Phys. Anthropol. 33, 1970, S. 373–382.

270) Z. B. in: Thompson D. D., Galvin C. A., a. a. O.; Kerley E. R., Ubelaker D. H., a. a. O.

271) Hier: Thompson D. D., Galvin C.A., a. a. O.

272) Hier: Singh I. J., Gunberg D. L., a. a. O.

273) Hier: Kerley E. R., Ubelaker D. H., a. a. O.

274) Kerley E. R. 1965, a. a. O., S. 149–164.

Beurteilung der Knochenkompakta einen überlappenden Bereich zwischen etwa 46 und 54 Jahren angeben. Die anthropologischen wie auch histologischen Ansätze überlappen sich also insgesamt, wobei ein Altersbereich zwischen etwa 50 und 60 Jahren als wahrscheinlichste Spanne angenommen werden kann. Da die histologischen Bestimmungen sogar noch eine präzisere Aussage ermöglichen als die anthropologischen, wäre somit eher noch eine Eingrenzung in den Zeitbereich 50 bis 55 Jahre plausibel.

Insgesamt lässt sich somit mit großer Wahrscheinlichkeit ein erreichtes Lebensalter des Sepperl zwischen 50 und 55 Jahren annehmen. Vergleicht man diese Spanne mit den eingangs angegebenen beiden „biografischen" Daten, muss man klar feststellen, dass der ermittelte Altersbereich eher das Geburtsjahr von 1775/76 wahrscheinlich macht.

Rekonstruktion des Lebens des Finessensepperl – eine Synopsis

Die umfangreichen Untersuchungen erlauben es, die historisch berichteten Anekdoten und Angaben mit den naturwissenschaftlichen Beobachtungen zusammenzuführen und somit den Versuch zu unternehmen, das Leben des Finessenmanns zu rekonstruieren. Dieser duale Ansatz ist umso interessanter, als damit eine bisher nur spärlich in historischem Zusammenhang genutzte Quelle, nämlich menschliche Überreste – auch wenn „nur“ das Skelett vorhanden ist –, angezapft wurde. Es sei dabei betont, dass die hier vorliegenden Untersuchungen nur den aktuellen Stand an naturwissenschaftlicher Technologie umfassen – so gesehen werden möglicherweise in Zukunft noch weitere Daten aus diesem Bioarchiv ausgelesen werden können. Dann könnte evtl. die Lebensgeschichte des Finessensepperl weiter ergänzt oder in Teilen nochmals umgeschrieben werden.

Familie, Geburt und Jugend

Weder die schriftlichen Daten noch die naturwissenschaftlichen Befunde können den genauen Hergang oder die Hintergründe zur Geburt, also familiäre Konstellation, Ort und genauen Zeitpunkt der Geburt des Sepperl, identifizieren. Es ist jedoch mehr als plausibel, dass der Finessenmann in München zur Welt kam – mutmaßlich in eine kleinbürgerliche Familie (Hu[e]ber) hinein; ob er Geschwister hatte oder nicht, muss ebenso offenbleiben wie Namen und Beruf von Vater und Mutter. Die in seinem „autobiografischen Bericht“ von 1818 verzeichneten Angaben hierzu sind zu vage und wenig glaubwürdig.

Was allerdings aus diesem Bericht durchaus als glaubhaft zu bewerten ist, ist das Geburtsjahr! Das dort vermerkte Jahr 1775 ist fast deckungsgleich in dem offiziellen Personalbogen der Stadt München (dort mit 1776 angegeben) niedergelegt.[275] Das alternative Geburtsjahr 1762/63, das sich aus den letzten offiziellen Dokumenten zum Sepperl, nämlich Sterbe- und Bestattungseintrag, ableitet, ist mit den naturwissenschaftlichen Altersabschätzungen nicht vereinbar – diese Daten allerdings passen durchaus zu dem Geburtszeitraum 1775/76. Sepperl wurde also nicht 66 Jahre, sondern nur 54 Jahre alt!

Diese Klarstellung des Geburtsjahres macht auch den mutmaßlich frühen Werdegang des Sepperl etwas plausibler: Geboren und aufgewachsen in München – möglicherweise spielte der Sepperl tatsächlich als Jugendlicher im frisch eingerichteten Englischen Garten und möglicherweise ging er ebenfalls in eine Klosterschule in München –, begann er wohl um 1800 im Alter von etwa 25 Jahren mit seiner Tätigkeit als Stadtbote und Postillion d'amour. Die lange nach seinem Tod vermerkte Geschichte, dass *„[…] der [Sepperl] auf Grund seiner Kleinheit (1,30 m) keine Lehrstelle fand und darum 1801 eine Stadtpost für Liebespaare einrichtete“*[276], bleibt ohne weiteren Beleg und ist somit mit Vorsicht zu interpretieren – zumal die „Kleinheit (1,30 m)“ definitiv unzutreffend ist! Was allerdings der Sepperl tatsächlich zu jener Zeit getan hat, muss im Ungewissen bleiben – so kann er durchaus auch eine Reise durchs Land (wohin, für wie lange?) absolviert haben, aber all dies bleibt spekulativ. Fakt hingegen ist, dass der Finessen-

275) Auf die Problematik der verschiedenen Daten wurde bereits früher hingewiesen. Dabei sollte nur nochmals vermerkt werden, dass der Personalbogen vermutlich erst nach 1824 angelegt wurde, die Sterbe- und Bestattungseinträge allerdings erst 1829. Zudem sei darauf hingewiesen, dass der Zeitungsvermerk im „Münchner Tagsblatt, Nro. 119, Donnerstag 30. April 1829“ (Anm. 120) angibt, der Sepperl sei „in seinem 60ten Lebensjahr“ verstorben.

276) Schneider A., a. a. O.

sepperl in seiner Kindheit/Jugend ausreichend gut versorgt war (insbesondere mit Nahrung in ausreichender Qualität), und dass diese Nahrung sich in der Güte und generellen Zusammensetzung nicht sonderlich von der seines späteren Lebens unterschied. Dies ist zumindest ein Hinweis darauf, dass er in seiner Kindheit und Jugend keine Hungerperioden (sei es durch Nahrungsmangel oder schwere Erkrankungen) durchleiden musste – und auch ein mittelfristiger Ortswechsel, der oft mit einer Änderung der Nahrungsversorgung einhergeht, lässt sich nicht ableiten.

War der Sepperl ein Zwerg?

Immer wieder wird die Figur des Finessensepperl ausführlich – mehr oder weniger wohlwollend – beschrieben, worunter neben dem Aufzug und der ungewöhnlichen Bekleidung öfters auch seine Kleinheit hervorgehoben wird. Zu Beginn des 20. Jahrhunderts wurde beim Sepperl anhand des präparierten Schädels gar eine „Mikrozephalie" [= Verkleinerung des Gehirnschädels] konstatiert und davon eine „Idiotie" und „Schwachsinn" abgeleitet. Auch wenn beide letzteren Begriffe zur Zeit ihrer Verwendung eine etwas andere Bedeutung besaßen, als dies heute der Fall ist, haben diese Bezeichnungen doch eines gemeinsam: Es sind Beschreibungen für etwas Krankhaftes. Doch war der Sepperl wirklich krank?

Betrachtet man seinen Körperwuchs und seine Größe, ergibt sich rasch, dass der Sepperl im Vergleich zur Durchschnittsbevölkerung zwar eher klein war, dass aber sicher kein Zwergwuchs vorlag. Schon die ersten wissenschaftlichen Angaben der Größe des montierten Skelettes hätten die damaligen Beobachter darauf bringen können, dass Angaben wie „Zwerg", „Körpergröße von 1.30 m" etc. nicht zutreffend waren. Auch wissen wir heute, dass die Größe – oder vielmehr das Volumen – des Gehirns keinerlei Aussage über geistige Fähigkeiten erlaubt, eine Ansicht, die zum Beginn des 20. Jahrhunderts noch nicht in den allgemeinen Lehrmeinungen etabliert war. Die Berichte und Beschreibungen präsentieren den Finessenmann ganz im Gegensatz dazu als einen schlauen Menschen, der sich sehr wohl gezielt viele Vorteile aus seiner begrenzten persönlichen Situation zu verschaffen wusste.

Die Nachuntersuchungen des Skelettes 1991 und aktuell ergeben also eine grenzwertige Reduktion der Körpergröße im Vergleich zum damaligen Bevölkerungsdurchschnitt und zudem am Knochen keine Hinweise auf krankhafte Bildungsstörungen. Da die Stabilisotopen zudem eine ausreichend gute Ernährungslage auch in Kindheit und Jugend ergaben (siehe oben), ist eine Wachstumsretardierung durch Versorgungsmangel oder durchgemachte schwere Erkrankungen praktisch auszuschließen. Möglicherweise gab es eine gewisse familiäre Disposition für eine etwas geringere Körpergröße (Grenzbefund zum hypoplastischen Minderwuchs)? Da wir indes die Familie des Sepperl nicht identifizieren können, bleibt dies im Dunkel der Geschichte – Nix G'wiss woas ma ned!

Kleidung und Auftreten des Sepperl

Das Besondere am Sepperl dürfte also wie gezeigt weniger sein grenzwertiger Minderwuchs als vielmehr sein Aufzug – vor allem die Kleidung –, seine stete Präsenz auf den Straßen Münchens und natürlich seine Sprüche gewesen sein. Die Kleidung wird zumeist als verschlissen, manchmal gar als verschmutzt, in jedem Fall als (für damalige Zeiten) unordentlich beschrieben, wobei wir sowohl in den Texten als auch den Bildern durchaus deutliche Unterschiede in der Bekleidung, besonders aber auch in der Kopfbedeckung des Sepperl finden. So ist die „zuckerhutartige" Leder- (manchmal auch Filz-) Kappe ein regelrechtes Wahrzeichen des Sepperl; in den 1820er Jahren wird diese – vielleicht etwas spöttisch – gar zur Hutmoden-Form erhoben. Andere, vor allem wohl spätere Abbildungen des Sepperl zeigen ihn mit einer anderen Kopfbedeckung, die man als Schirmmütze oder auch Kutscherhut bezeichnen könnte und die sich in jedem Fall vom Bild der vorgenannten Kappe unterschied. Der Überrock, auch als Kaftan bezeichnet, wird in verschiedenen Farben, Längen und Formen beschrieben, ebenso sind hier die Abbildungen durchaus unterschiedlich.

Das Auftreten und Wesen des Sepperl wird ebenfalls unterschiedlich dargestellt, möglicherweise dies aber als Folge unterschiedlicher Wahrnehmungen des Berichterstatters oder dessen Intention. Von „einfältig" und „dumm" über „verschmitzt" bis zu „philosophisch" (also eigentlich hochgeistig) ist dabei alles vertreten. Schon die Tatsache, dass sich der Sepperl in die Position eines Volks-Originales bringen konnte, spricht sehr für seine durchaus kluge, fast berechnende und planende Denkweise – die ihm immerhin ein durchaus auskömmliches Leben erlaubte. Dabei hatte die Funktion des Briefboten und Nachrichtenübermittlers eine zentrale Rolle.

Der Sepperl als Postillion d'amour

Der Zeitpunkt des Beginns seiner Tätigkeit als Bote und Liebesbriefträger wie auch die Gründe hierfür bleiben völlig im Unklaren, ebenso, wo der Sepperl zu jener Zeit wohnte. Auch wenn es keine schriftlichen Belege dafür gibt, scheint durchaus plausibel, dass der Sepperl um das Jahr 1800 mit den Botengängen anfing. In jedem Fall war er in seinem „Geschäft" wohl bald gut etabliert, da ab 1810 durchgängige Berichte über seinen Tagesablauf existieren. Auch der ausführliche, angeblich biografische Bericht von 1818 liest sich zumindest so, dass die darin aufgeführten Ereignisse und Anekdoten über einen gewissen Zeitraum gesammelt worden sein müssen. Dafür spräche auch der Hinweis, dass bereits 1812 ein Heft mit Berichten (und einem Bild) des Finessenmannes existierte – welches bedauerlicherweise nicht mehr aufzufinden ist. Hier wird möglicherweise eine künftige Recherche noch weitere Klarheit bringen können.

Die Routinetätigkeiten des Sepperl umfassten also das Herumspazieren in der Stadt und die offensichtliche Volksbelustigung, die sein Aufzug der Bevölkerung brachte. Beides diente zuerst dem eigenen Unterhalt, da die gesammelten Speisen – und das immer wieder erwähnte, wohl auch durchaus kräftig genossene Bier – den Sepperl hinreichend gut versorgten. Sepperl war bei allen Belustigungen, Fasching, Marktereignissen etc. dabei und wohl ein geplanter Bestandteil dieser Lustbarkeiten.

Dieses stete Umherwandern in München und die ganz offensichtliche Zugänglichkeit praktisch aller Häuser und Gebäude für den Finessenmann sind für die damalige Zeit nicht unbedingt außergewöhnlich, da ein Bericht des Münchner Polizeidirektors von Stetten aus dem Jahr 1810, der allerdings v. a. auf polizeiliche Informationsgewinnung zielt[277], uns folgende Situation berichtet: *„[...] die sogenannten Pflastertreter, die von einem Cafeehause, von einem Gasthofe in den anderen, [...] vom Englischen Garten in den Glasgarten und von diesem in den Hofgarten gehen und davon es hier eine so beträchtliche Anzahl giebt, sind wohl die tauglichsten Subjecte zu solchen Geschäften[278]: allein die Reichen geben sich damit nicht ab und [die] Unbemittelten, wenn sie auch die erforderlichen Fähigkeiten dazu haben, wollen besoldet seyn, woher aber diese Besoldung, da die Polizeycasse auf keine Weise angewiesen [worden] ist, diese Ausgabe zu bestreiten [...]?"*

Es gab also offensichtlich genügend Personen, die dazu in der Lage gewesen wären, Informationen – sei es für Privatpersonen, sei es für die Stadtpolizei – zu beschaffen und zu überbringen. Allerdings weisen alle Quellen darauf hin, dass nur der Sepperl als derart hochgradig vertrauenswürdig angesehen und anerkannt wurde, diese Funktion auszuüben – hatte doch der Münchner Polizeidirektor von Stetten schon 1808 von einer zunehmenden Zahl an Hausdiebstählen berichtet[279], weil viele Personen, insbesondere viele „Frauenspersonen", ungehinderten Zutritt zu den unverschlossenen Bürgerhäusern hätten. Von Stetten warnte vor dieser Freizügigkeit und erließ sogar Order, die Wohnungs- und Haustüren zu versperren – er drohte hierzu sogar Überprüfungen durch seine Polizeisoldaten an! Dies hätte – im Falle einer strengen Beachtung und Durchsetzung – das Geschäftsmodell des Finessensepperl stark behindern können.

Erstaunlicherweise wird jedoch die Tätigkeit, mit der er sein „richtiges" Geld verdiente, nämlich die heimliche Übermittlung von Botschaften, in den Zeitungsberichten und Erwähnungen nur selten und wenn, dann eher nebensächlich aufgeführt. Auch dies spricht tatsächlich für die vor allem später hochgepriesene Verschwiegenheit. Immerhin schaffte es der Sepperl

277) BayHStA München, MInn 45127, 10. Juli 1810.

278) Hierbei ist gemeint: Beschaffung von Informationen aus dem Volke, *vulgo* Spionage in der üblichen Bevölkerung.

279) BayHStA München, MInn 45125, 27. Oktober 1808.

durch seinen treuherzigen, einfältigen, nach außen hin dumm erscheinenden Auftritt, sich Zugang zu allen Häusern der Stadt zu verschaffen, sogar in die von Personen höheren Standes, wo er dann entweder Briefnotizen oder auch mündliche Botschaften überbrachte und dafür entlohnt wurde – gegebenenfalls sogar doppelt, wenn er eine Retourbotschaft wieder von so einem Besuch mitnahm. Auch wenn die Erzählungen darauf abzielen, dass der Sepperl in erster Linie mit Dienstboten, Köchinnen und einfachen Handwerksleuten verkehrte, könnte es durchaus sein, dass er in amouröse Affären auch von Adeligen involviert war – so wie auch berichtet wird, dass der Sepperl „höheren Töchtern" eigentlich verbotene Literatur beschafft haben soll!

Immerhin scheint sein Geschäft so gut gegangen zu sein, dass der Finessensepperl sich ein kleines Vermögen zusammensparen konnte. Die Quellen berichten, dass er kurz vor seinem Tod einen Geldbetrag von 60, anderen Aussagen zufolge gar von 80 Gulden zusammengespart hatte – in jener Zeit kein sehr hoher, aber immerhin doch ein Betrag, der ein sorgenfreies Leben für eine gewisse Zeit ermöglicht haben könnte. Der offizielle Eintrag im Nachlassverzeichnis des Amtsgerichts München bestätigt, dass ein gewisses Vermögen zum Zeitpunkt seines Todes vorhanden gewesen sein muss, auch wenn leider die Detailunterlagen hierzu – und damit die Höhe des Vermögens – unbekannt bleiben müssen. Dass hieraus in späteren Berichten über den Finessensepperl teilweise ein gigantisches Vermögen von mehreren tausend Gulden wurde, dürfte aber klar erfunden sein. Ebenso gibt es keine Belege dafür, dass der Sepperl, wie ebenfalls gelegentlich behauptet, einen Immobilienbesitz hatte.

Interessant ist, dass es einzelne, wenn auch späte Quellen gibt, die für die letzten Lebensjahre des Sepperl einen gewissen Rückgang seines Geschäftes andeuten – auch, dass sich dadurch die Lebenssituation des Sepperl deutlich verschlechtert habe. Als dafür ursächlich wird angeführt, dass die Einführung von offiziellen Postverbindungen dem Sepperl gleichsam das Geschäft verdorben habe. Dem ist jedoch entgegenzuhalten, dass die offizielle Post wohl schwerlich einen Ersatz für die Übermittlung heimlicher Botschaften – und erst recht nicht mündlicher Informationen – geboten haben kann!

Unsere Untersuchungen zeigen allerdings, dass sich die Versorgungssituation des Sepperl – gemessen an Art und Qualität seiner Nahrungsversorgung – tatsächlich in der letzten Lebenszeit (mutmaßlich den letzten Jahren) etwas, wenn auch sicherlich nicht dramatisch verschlechtert haben könnte. Zumindest ist das Stabilisotopenmuster durchaus mit einer gewissen Verminderung des Versorgungsumfanges vereinbar. Es gibt allerdings hierfür auch eine plausible physische Erklärung: Sepperl muss einige Zeit – vermutlich ein paar Jahre – vor seinem Tode einen Unfall erlitten haben, der zu einer Schenkelhalsfraktur mit Fehlstellung des linken Hüftgelenks und nachfolgender massiver degenerativer Abnutzung (Arthrose) des Gelenkes geführt hat. Der Zustand ist ausgeprägt und so verheilt, dass wir hier von einem chronischen, vermutlich mehrjährigen Leiden sprechen müssen, das sich wohl in Schmerzen und einer erheblichen Bewegungseinschränkung des linken Hüftgelenkes manifestierte. Ein stetes Umherlaufen und Spazieren durch die Straßen Münchens dürfte dem Sepperl also zunehmend schwergefallen sein und nur unter erheblichen Beschwerden stattgefunden haben. Sepperl wurde also nicht weniger gebraucht oder durch die neue Stadtpost obsolet – er konnte schlicht sein Geschäft als Folge des Unfalls nicht mehr so umfangreich ausüben!

Die Ursache der verheilten Schenkelhalsfraktur ist unbekannt, schriftliche Hinweise darauf fehlen komplett – ein normaler Sturz, z. B. bei Glatteis im Winter, könnte schon ausgereicht haben. Immerhin können wir eine „pathologische Fraktur" ausschließen, also einen Knochenbruch, der durch eine Bildungsstörung des Knochens (lokal oder generalisiert) erleichtert worden wäre, wie dies bei den osteoporotischen Schenkelhalsfrakturen von älteren Menschen durchaus häufig anzutreffen ist. Die generelle Knochenstruktur des Skeletts vom Sepperl ist so gut, dass sich dies sicher ausschließen lässt (und auch das histologische Bild des Knochens gibt keinerlei Hinweise auf eine stoffwechselbedingte Störung der Knochenbildung oder des Knochenumbaus).

Möglicherweise zum gleichen Zeitpunkt – evtl. jedoch auch zu einer anderen Zeit – könnte der Sepperl auch alle seine Zähne – bis auf den einen erhaltenen – verloren haben. Der fast komplette Zahnverlust ereignete sich sicherlich ebenfalls bereits lange vor seinem Tode, denn die Zahnhaltefächer der Kieferknochen sind komplett verschlossen. Über die Ursache bzw. einen mutmaßlichen Trauma-Mechanismus auch hierfür kann man nicht weiter spekulieren – andere Ursachen für den Zahnverlust, wie massive Mangelernährung, Skorbut etc., sind jedoch sehr unwahrscheinlich, da hierfür keine weiteren Zeichen am Skelett zu finden sind. Immerhin aber dürfte der massive Zahnverlust auch zu einer eingeschränkten Versorgungslage des Sepperl beigetragen oder diese verschlechtert haben, da er sich ab dem Zeitpunkt vermutlich nur noch mit Flüssig- oder Breinahrung versorgen konnte.

Bevor wir uns nun den letzten Teil des Lebensweges des Sepperl ansehen wollen, müssen wir noch ein paar Nebenaspekte seines Lebens synoptisch betrachten.

Der Sepperl und die Frauen – und wo wohnte der Sepperl wirklich?

Ein besonderer Punkt im Leben des Finessenmannes sind die Frauen: Er selbst sagt – sofern dem vielfach zitierten autobiografischen Bericht Glauben geschenkt werden darf – dass er als junger Mann „sehr verliebt" gewesen sei, er wisse jedoch nicht (mehr), ob er verheiratet war oder nicht. Die offiziellen Papiere (des Personalmeldebogens) vermerken ihn als ledig, es wird an keiner Stelle (auch legendarisch nicht) von einer Ehefrau berichtet, und der 1840 aufgetauchte angebliche Sohn dürfte auch nur dem Versuch einer betrügerischen Aneignung von evtl. Vermögensresten geschuldet sein.

Die Beziehung des Sepperl zur „roten Näni" (auch Nänni, Nannerl, Nanni etc.) ist ebenfalls nur legendarisch berichtet. Eine intensive Suche nach einer hierzu passenden historischen Person verlief unergiebig – ja, eine Darstellung der „schönen Nanni" – hier zusammen mit dem historisch belegten „Ewigen Hochzeiter", einem zeitgenössischen weiteren Alt-Münchner Original – widerspricht der Angabe einer Zwergin (unter 1 m Körpergröße) mit roten Haaren. Gab es also diese rote Näni überhaupt? Weitere Zweifel erweckt die Tatsache, dass der Sepperl wohl alle Frauenspersonen mit „Nanni" anredete und hier keinerlei Unterschiede zwischen alt oder jung, hübsch oder hässlich, blond, rot- oder schwarzhaarig machte! – Insgesamt also ein Punkt, der ebenfalls einer weiteren wissenschaftlichen Klärung harrt.

Der letzte Wohnort des Sepperl in München ist uns durch den Personalmeldebogen bekannt: die Salzstraße in der damals gerade aufblühenden Maxvorstadt. Die verfügbaren Aufzeichnungen geben zudem an, dass der Sepperl dort eben nicht als Besitzer lebte, wie später einmal vermutet wurde[280], sondern wohl vielmehr zur Miete wohnte. Immerhin ist der Sepperl in den Verzeichnissen als Haus- bzw. Wohnungseigentümer nicht vermerkt, wobei einschränkend hinzuzufügen ist, dass solche Auflistungen oft auf alten Besitzstandsdaten beruhten und oft nicht oder erst sehr spät aktualisiert wurden. Davor könnte er durchaus in verschiedenen Stadtvierteln gelebt haben – auch in der Vorstadt Au wurde er schon verortet –, er könnte ebenfalls seine Wohnung immer wieder gewechselt haben, wie damals wie heute durchaus häufig der Fall. Dennoch ist es erstaunlich, dass in allen Berichten über ihn ausgerechnet dieser gesicherte und aktenkundige letzte Wohnort in der Salzstraße keinerlei Erwähnung findet und stattdessen die verschiedensten spekulativen Plätze und Straßen genannt wurden.

Die letzten Monate des Sepperl

Die vorgenannten Überlegungen und Interpretationen konnten also zeigen, dass der Sepperl zunehmend in seiner Beweglichkeit eingeschränkt gewesen sein muss und dass die mutmaßlichen Arthroseschmerzen des schwer deformierten rechten Hüftgelenks ihm Probleme bereiteten. Auch das Fehlen der Zähne dürfte ihm, was die Ernährung betrifft, deutliche Schranken auferlegt haben. Zudem haben wir gesehen, dass sich seine Versorgungs- und speziell die Ernährungsqualität etwas, wenn auch nicht dramatisch verschlechtert hat – obwohl der Sepperl durch sein kleines Vermögen durchaus in der Lage gewesen wäre, sich ausreichend

280) Korrekterweise muss hierzu erklärt werden, dass die spätere Erwähnung, dass der Sepperl einen Immobilienbesitz hatte, ohne Angabe geschah, wo dieser gewesen sein soll.

zu versorgen bzw. zusätzlich zu den Gaben, die er weiterhin eingesammelt haben dürfte, seinen Speiseplan mit gekaufter Nahrung aufzubessern.

Ebenfalls, wenn auch von vielleicht nebensächlicher Bedeutung für seinen Alltag, dürften die chronische Entzündung der Keilbeinhöhle (mit wiederkehrenden Kopfschmerzen) und die erhebliche Verbiegung der Nasenscheidewand (führt insbesondere zum Schnarchen) Auswirkungen gehabt haben, wenn diese auch Sepperls Leben nur sehr bedingt einschränkten. Die Untersuchung aller Gelenke wie auch der Wirbelsäule belegt, dass der Sepperl keine wesentlichen bzw. schwereren körperlichen Tätigkeiten ausübte – ganz in Übereinstimmung mit allen Erzählungen und Berichten.

Umso interessanter sind die letzten Wochen des Sepperl, die nicht nur durch einige zeitnahe Presseberichte, sondern auch durch Befunde am Skelett rekonstruiert werden können. So fällt nach zeitgenössischen Zeitungsberichten vom 26. März 1829 der Finessenmann „auf die Achsel“ – an anderer Stelle ist auch die Achsel als „ausgefallen“, also ausgerenkt, beschrieben – und der Sepperl muss ins Allgemeine Krankenhaus. Dort „gebärdete er sich ungestüm“, hatte also entweder einen Entzug[281] – oder so starke Schmerzen, dass er nur mit Mühe zu beruhigen war.

Zu diesem Ereignis passt sehr gut die bereits im Umbau befindliche, somit bereits einige Zeit vor dem Tod erlittene Schlüsselbeinfraktur. Diese zeigt eine sog. Kallusbildung, also neu gebildete Knochenbälkchen, die letztlich beim Heilungsvorgang zur Überbrückung der Bruchlinie führen sollen. Dabei klafft aber die Bruchlücke noch immer, da die bindegewebigen Anteile dieses Kallus im Zuge der Skelettpräparation abgebaut worden sein dürften. Man kann das Alter dieses Bruches anhand der vorgenannten Kriterien auf einige Wochen schätzen.

Ein Schlüsselbeinbruch stellt die zweithäufigste Form eines Knochenbruchs bei Erwachsenen dar. Häufig ist ein Sturz auf den ausgestreckten Arm die Ursache, manchmal können auch ein Sturz auf die Schulter selbst oder direkte Gewalt gegen die Schulter (z. B. ein Schlag) ursächlich sein. In mehr als drei Vierteln aller Fälle bricht – wie beim Sepperl – das mittlere Drittel des Schlüsselbeins. Wenn das Schlüsselbein gebrochen ist, treten Schmerzen vor allem bei Bewegung der Schulter, aber auch in Ruhe auf. Der Arm wird oft in einer Schonhaltung durch den gegenseitigen Arm stabilisiert. Selten kommt es zu begleitenden Nerven- und/oder Gefäßverletzungen. Der Schultergürtel kann geschwollen und von außen bereits eine Fehlstellung sichtbar sein. In der Regel heilt der Bruch von selbst innerhalb von etwa 6 bis 12 Wochen, vorausgesetzt, die Bruchstelle kann einigermaßen ruhiggestellt werden. Alternativ – und heutzutage eine empfohlene Option – ist eine operative Behandlung, was allerdings im 19. Jahrhundert ausgeschlossen war.[282]

Der Finessensepperl überlebte also den mutmaßlichen Sturz und den Schlüsselbeinbruch – dann allerdings kam es zu einem neuerlichen Sturzereignis, so zumindest berichten es die Zeitungen. Dieses scheint jedoch wesentlich ernsthaftere Verletzungen zur Folge gehabt zu haben, da „der Sepperl erbärmlich darniederliegt“ und sodann binnen kurzer Zeit verstarb. Auch zu diesem Ereignis haben wir einen physischen Befund am Skelett: Sowohl die Rippenserienfraktur als auch insbesondere die massive Fraktur des Schädelknochens mit der schweren Felsenbeinfraktur können als Folgen eines neuerlichen Traumas angesehen werden. Rippenfrakturen sind zumeist die Folge von direktem Thoraxtrauma, dem in der Regel eine ganz erhebliche Kraft- oder Gewalteinwirkung vorausgeht. Die Lokalisation der Frakturen ist abhängig vom Auftreffen der äußeren Gewalt, im vorliegenden Fall der rechtsseitige obere Rücken. Die Frakturen selbst verursachen, sieht man einmal von den Schmerzen ab, nur selten unmittelbare Komplikationen – dann z. B. beim Durchspießen des Lungenfells einen Pneumothorax – und heilen auch ohne weitere Behandlung im Regelfall aus.[283] Die Serienfrakturen der Rippen des Sepperl zeigen jedoch keine Knochenreaktion, sind also relativ kurz vor dem Todeszeitpunkt oder perimortal eingetreten.

Im Fall des Sepperl dürfte allerdings die massive Schädelknochenverletzung wesentlich bedeutsamer gewe-

281) Hierbei kann man u. a. auch an ein alkoholisches Delir denken.

282) https://de.wikipedia.org/wiki/Klavikulafraktur [Zugriff am 15.5. 2023]

283) https://de.wikipedia.org/wiki/Rippenfraktur [Zugriff am 15.5. 2023]

sen sein. Hierbei handelt sich um eine kombinierte Fraktur von Felsenbein (Schädelbasis) und Scheitelbein (*Os temporale*). Eine solche Fraktur entsteht durch massive direkte Gewalteinwirkung auf den Schädel. Typische Symptome umfassen einen Bluterguss um die Augen, eine Gesichtsnervenlähmung und mögliche Hörstörung. Es kann eine Gehirnquetschung (Contusion) auftreten. Die heute übliche Behandlung erfolgt meist konservativ. Solche Frakturen umfassen etwa 20 % (zwischen 14–22 %) aller Schädelfrakturen. Komplikationen sind Ausfall der Gesichtsnerven mit Lähmung, Zerstörung der Gehörknöchelchen-Kette, Schwindel und Hörverlust und Austritt von Gehirnflüssigkeit (Liquor). Oft kommt es zur intrakraniellen Blutung, die dann zum Tode führen kann und auch im vorliegenden Fall des Finessensepperl als letztliche Todesursache gut in Betracht kommt.

Der Tod des Finessensepperl

Insgesamt ist es sehr plausibel, dass das neuerliche, massive Traumaereignis durch eine externe Gewaltanwendung verursacht wurde und mithin eine massive Verletzung durch dritte Hand erfolgte. Kurz gesagt: Der Sepperl wurde angegriffen und durch zwei Schläge – einen gegen den hinteren Rücken (evtl. von hinten?) und den anderen gegen den rechten Schädel – niedergestreckt! Die Folge des Angriffs war der Tod. Juristisch gesehen liegt somit eine Körperverletzung mit Todesfolge vor, aus dem Ende des Sepperl wird somit eine veritable Mordgeschichte.

Zum Ablauf können wir also vermuten, dass der Sepperl vermutlich von hinten angegriffen wurde, wobei der Schlag gegen den hinteren oberen Brustkorb geführt wurde und dabei zu der Rippenserienfraktur führte. Dadurch könnte der Sepperl zu Fall gebracht worden sein, worauf mutmaßlich ein zweiter Schlag ausgeführt wurde, der mit einem kantig geformten Gegenstand gegen den Schädel des Sepperl gerichtet war. Dieser dürfte zu der festgestellten massiven Schädelbasisfraktur mit Felsenbeinfraktur geführt haben, die ihrerseits eine intrazerebrale Blutung, vermutlich eine epidurale Blutung, ausgelöst hat. Diese hat dann – typischerweise – mit einer gewissen zeitlichen Verzögerung durch intrakranielle Drucksteigerung zur Einklemmung des Gehirns und damit zum Tode geführt.

Eine alternative Überlegung, dass der Finessensepperl ein zweifaches Trauma ohne Beteiligung der vorerwähnten dritten Hand erlitten hat, ist demgegenüber deutlich weniger wahrscheinlich, ebenso wie die Lokalisation beider Verletzungen ein gleichzeitiges oder unmittelbar miteinander vernetztes Auftreten der Knochenbrüche allein schon bei der Betrachtung der notwendigerweise aus unterschiedlichen Richtungen auftreffenden Kräfte praktisch ausschließt.

So wird mit der Rekonstruktion dieser letzten Beobachtungen am lebenden Körper aus einem einfachen Skelettfund ein veritabler Kriminalfall, dessen Ahndung lediglich durch die lange zeitliche Distanz zu einer heutigen Strafverfolgung verhindert wird – denn eines ist gewiss: Mord verjährt nicht!

Es bleibt am Ende die Frage: Wer wollte den Sepperl niederschlagen bzw. wer hat den Sepperl letztlich getötet? War es der Versuch eines Raubmordes? – Dann hätte der Sepperl vermutlich sein Vermögen nicht mehr in Verwahrung bringen können, wie dies in den damaligen zeitgenössischen Zeitungen berichtet wurde (und als Vorgang auch aktenkundig ist). War es vielleicht der viel später anekdotisch berichtete Überfall, den der Sepperl dank seiner genagelten Stiefel und der zu Hilfe gekommenen benachbarten Handwerksburschen zwar noch kurzfristig abwehren konnte – der ihn dann allerdings doch (erneut) ins Krankenhaus brachte und in dessen Folge er mit etwas Verzögerung (die wie bereits gesagt durchaus typisch bei epiduralen Blutungen ist) starb? – Diese Fragen bleiben letztlich unbeantwortet – Nix G'wiss woas ma ned!

Wie sah der Finessen-Sepperl zum Zeitpunkt seines Todes aus?

Die heute verfügbaren Daten – besonders die CT-Daten – erlauben es, eine sehr wahrscheinliche Gesichtsrekonstruktion des Finessensepperl durchzuführen – ein insofern nicht uninteressanter Aspekt, als die Darstellungen des Sepperl zu seinen Lebzeiten durchaus gewisse Unterschiede aufweisen. Zudem erschien es uns interessant, das Gesicht des Finessenmannes zu seinem Todeszeitpunkt zu rekonstruieren, zumal die vorbeschriebenen pathologischen Veränderungen im Gesicht (v. a. der massive Zahnverlust) zwar deutlich vor seinem Tod aufgetreten sein müssen, der Zeitpunkt hiervon jedoch unbekannt ist. Würde eine postmortale Gesichtsrekonstruktion und deren Vergleich zu Abbildungen des Sepperl eine zeitliche Eingrenzung erlauben?

Die CT-Daten wurden – wie in früheren Beispielen erfolgreich angewendet[284] – genutzt, um die Weichteile auf den knöchernen Schädel virtuell aufzutragen und somit eine möglichst plausible Gesichtsdarstellung zu erhalten. Dies wurde auch im vorliegenden Fall durchgeführt.[285] Dabei wurde Wert darauf gelegt, dass der Wissenschaftler, der die Gesichtsrekonstruktion vornahm, keine unmittelbare Kenntnis von bekannten Darstellungen des Finessensepperl hatte.

Ausgehend vom knöchernen Schädelskelett wird dabei virtuell nach der bekannten Dicke der jeweiligen Weichteilauflage das Gesicht modelliert, wobei die wesentlichen – und identitätsstiftenden – Abstands-Verhältnisse von Augen, Nase, Mund und die Wölbungen von Stirn und Backenknochen zugrunde liegen. Über festgelegte Messpunkte wird sodann ein virtuelles „Netz“ gelegt und anschließend ein Hautüberzug modelliert. Im vorliegenden Fall wurde in Annäherung das Individualalter berücksichtigt und die Kopfbedeckung hinzugefügt und so ein Gesicht geschaffen, das mit hoher Wahrscheinlichkeit das Gesicht des Finessensepperls zum Zeitpunkt kurz vor seinem Ableben wiedergibt.

Das so „hergestellte“ Antlitz des Sepperl zeigt sehr eindrücklich die Folgen des fast vollständigen Zahnverlustes, lässt darüber hinaus aber doch eine große Ähnlichkeit zu dem Gemälde des Künstlers Joseph Hauber und den Skizzen des Emil Grimm erkennen, wohingegen das 1820 dem Finessensepperl (durch eine unmittelbar daneben angebrachte Inschrift) eindeutig zugeschriebene Porträt eines anonymen Künstlers (S. 45) hiervon doch erheblich abweicht und somit als nicht-authentisch angesehen werden kann. Wir können also davon ausgehen, dass der Sepperl auch in seinen letzten Lebensjahren keine ausgeprägte Änderung in seinem Gesicht trotz Zahnverlust und allgemeiner physischer Einschränkungen aufwies.

Immerhin blickt uns nun der – immer noch verschmitzt dreinschauende – Finessenmann auch aus seiner letzten Lebensperiode unmittelbar an.

284) Zur Methodik und Technik s. insbesondere: Nerlich A. 2019, a. a. O.; Nerlich et al. 2019, a. a. O. – Nerlich A. G., Fischer L., Panzer S., Bicker R., Helmberger T., Schoske S. The i nfant m ummy's face- Paleoradiological investigation and comparison between facial reconstruction and mummy portrait of a Roman-period Egyptian child. P LoS O ne 15:e0238427, 2020.

285) Die Rekonstruktion wurde von Herrn L. Fischer, 3-D-Construct, Köln vorgenommen und auf exzellente Weise virtuell modelliert.

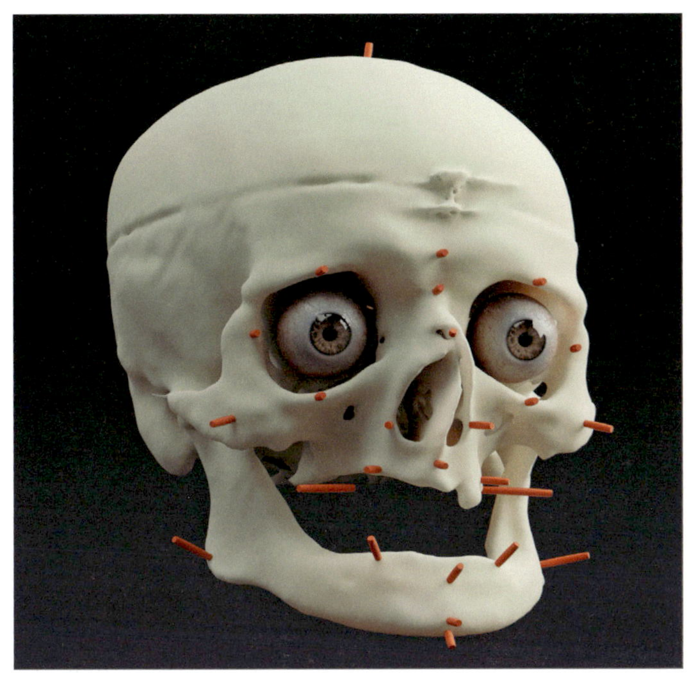

Das knöcherne Schädelskelett des Finessensepperl mit bereits positionierten Augäpfeln und den Markierungen der Weichteilauflage

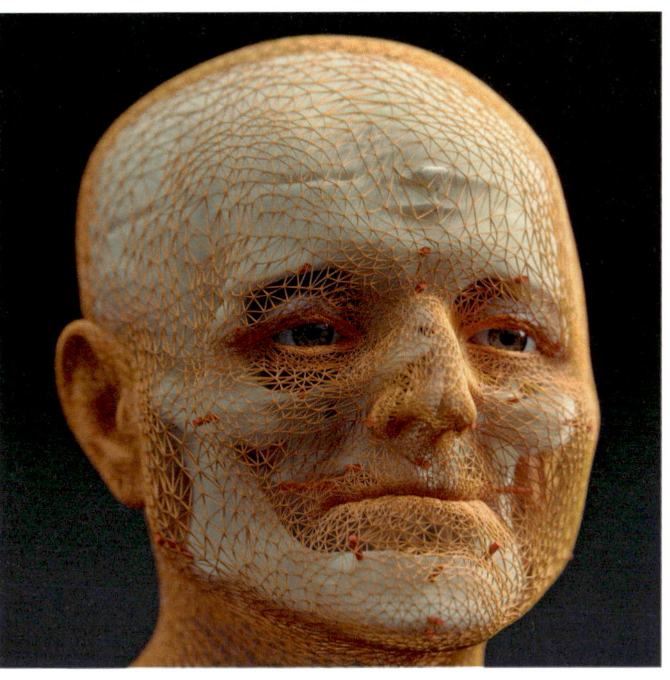

Entsprechend der Weichteilauflage durch ein virtuelles Netz verbundene Messpunkte zeigen bereits ein „Gesicht".

Das „fertige" Gesicht des Finessensepperl zum Zeitpunkt kurz vor seinem Tod

Anhang

Anthropologische Messwerte des Skeletts

(Untersuchung vom 02.07.1990, PD Dr. F. Parsche, München)

Schädel-Messwerte (alle Werte: in mm)

Messstrecke/Skelettregion	rechts (gesamt*)	links
Größte Hirnschädellänge	165	
Glabello-Inion-Länge	163	
Glabello-Lambda-Länge	161	
Hirnschädellänge vom *Nasion* aus	162	
Nasion-Lambda-Länge	161	
Größte Hirnschädelbreite	136	
Größte Stirnbreite	123	
Kleinste Stirnbreite	94,5	
Biauricularbreite	113	
Jochbogenbreite	126	
Hintere Jochbogenbreite	106,5	
Kleinste Schädelbreite	76,5	
Größte Hinterhauptsbreite	96	
Mastoid height	27,5	28
Mastoid width	10,5	11
Mediansagittale Frontalsehne	103	
Mediansagittale Parietalsehne	97,5	
Mediansagittale Occipitalsehne	55	
Ohr-Bregma-Höhe	91	
Horizontalumfang Schädel über die *Glabella*	478	
Transversalbogen	298	
Mediansagittaler Frontalbogen	124	
Mediansagittaler Parietalbogen	106	
Seitl. Gesichtslänge	94,5	
Obergesichtslänge	98	

Messstrecke/Skelettregion	**rechts (gesamt*)**	**links**
Biorbitalbreite	87	
Mittelgesichtsbreite	81,5	
Zygoorbitalbreite	47	
Cheek height	12	
Orbitalhöhe	31	
Orbitalbreite	39,5	
Zwischenaugenbreite	24	
Nasenbreite	20,5	
Nasenhöhe	42,5	
Seitenrandlänge des Nasenbeins	22	
Obere Breite der Nasenbein	11	
Kleinste Breite der Nasenbeine	8,5	
Untere Breite der Nasenbeine	16,5	
Obergesichtshöhe	54,5	
Höhe der Alveolarpartie	11,5	
Gesichtshöhe	86	
Condylenbreite des Unterkiefers	113	
Vordere Unterkieferbreite	44	
Kinnhöhe	21,5	
Höhe des *Corpus mandibulae*	20	18
Dicke des *Corpus mandibulae*	9	9,5
Asthöhe	61	59
Vordere Asthöhe	53,5	55
Astbreite	36	36
Winkelbreite des Unterkiefers	99,5	

Postcranium (alle Werte: in mm)

Messstrecke/Skelettregion	**rechts (gesamt*)**	**links**
Clavicula, größte Länge	n.b.	115
Clavicula, Umfang	34	34,5
Scapula, anat. Breite	143,5	143,5
Scapula, anat. Länge	n.b.	n.b.
Sternum, Länge	137	
Sternum, gr. Breite *Corpus*	33	
Sternum, Länge *Manubrium*	48	
Sternum, gr. Breite *Manubrium*	57	
Sternum, Dicke *Manubrium*	12	
Humerus, größte Länge	294	298
Humerus, ganze Länge	284	285
Humerus, kl. Durchmesser	15,5	15
Humerus, gr. Durchmesser	43	45
Humerus, Breite *Trochlea*	42	44
Radius, größte Länge	208,5	207,5
Radius, kl. Umfang	35	35
Radius, transv. Durchmesser *Caput*	21	22
Ulna, größte Länge	225,5	224,5
Ulna, kleinster Umfang	33	33
Becken, Höhe	192,5	
Becken, größte Breite	231	
Becken, Hüftbeintiefe	157	
Becken, gr. Durchmesser Gelenkpfanne	57	
Kreuzbein, vordere gerade Länge	79	
Kreuzbein, obere gerade Breite	91	
Femur, größte Länge	381	380
Femur, Umfang Diaphysenmitte	71	78
Femur, Epikondylenbreite	74	73
Tibia, mediale Länge	324	320
Tibia, größter sag. Durchm. *Tibia/Tuberositas*	35	34
Fibula, größte Länge	315	316

Messstrecke/Skelettregion	**rechts (gesamt*)**	**links**
Fibula, kleinster Umfang	29	29
Daumenlänge	89	89
Mittelfingerlänge	139,5	137
Kleine Fingerlänge	103	107,5
Größte Fußlänge	204	206

* „gesamt“ = keine seitengetrennte Messstrecke vorhanden; n.b. = nicht bestimmbar.
Anm: Eine Reihe von üblichen Messstrecken war an dem Skelett nicht beurteilbar, da die Gelenkverbindungen durch Kapselstrukturen intakt sind.

Wirbelkörper-Messungen (in mm)

Level	**Höhe**	**Breite**
Th12	21	34
L1	25	34
L2	23	35
L3	24,5	35
L4	25	37
L5	27	43

Literaturverzeichnis

Quellen aus Archiven

Stadtarchiv München, Personalmeldebogen (PMB) Buchstabe „H“.

Stadtarchiv München, Bestattungsamt DE-1992-BES-0993.

Archiv Erzdiözese München-Freising (AEM), Matrikel Sterberegister CB288, M9057, S. 223.

Staatsarchiv München (StAMü), AG München Nachlassgericht, Fasz. 27; Buchstabe „H“, Nr. 55.

Bayerisches Hauptstaatsarchiv (BayHStA) München, MInn 45125 bis 45164.

Zeitungsnachrichten *(chronologisch)*

Gesellschaftsblatt für gebildete Stände [Zeitschrift]. München, Jg. 12, Bd. I, Nro. 19, Samstag 9. März 1811, S. 155–157.

Intelligenzblatt des Königlich bayerischen Salzachkreises. Freitag 13. November 1812, S. 1310.

Nördlingisches Intelligenz- und Wochenblatt. Nro. 51, Freitag 17. Dezember 1813, [Beilage S. 2]

Oppositions-Blatt oder Weimarsche Zeitung. Nro. 54, Donnerstag 4. März 1819.

Münchner Allgemeine Literaturzeitung. Nro. 12, 9. September 1819, S. 91.

Königlich-bayerischer Polizey-Anzeiger von München. Nro. 27, Mittwoch 4. April 1821, S. 234–235.

Volksfreund in Baiern: wöchentliches Unterhaltungsblatt für alle Stände. Nro. 37, Samstag 10. Mai 1823.

Volksfreund in Baiern: wöchentliches Unterhaltungsblatt für alle Stände. Nro. 62, Freitag 8. August 1823.

Der baierische Volksfreund. Nro. 86, Dienstag 19. Juli 1825.

Der Bayer'sche Landbote. 2. Jg., Nro. 11, Donnerstag 26. Januar 1826.

Der Bayer'sche Landbote. 2. Jg., Nro. 99, Samstag 19. August 1826.

Tages-Blatt für München. Nro. 139, Freitag 16. November 1827.

Der Bayerische Volksfreund. Nro. 112, Sonnabend 12. Juni 1828.

Regensburger Wochenblatt. Nro. 48, Mittwoch 2. Dezember 1829. [S. 685].

Münchner Tagsblatt. Nro. 86, Freitag 26. März 1829.

Der Bayer'sche Landbote. Nro. 38, Sonnabend 28. März 1829.

Münchner Tagsblatt. Nro. 88, Sonntag 29. März 1829.

Der Bayer'sche Landbote. Nro. 40, Donnerstag 2. April 1829.

Der Bayer'sche Landbote. Nro. 51, Dienstag 28. April 1829.

Münchner Tagsblatt. Nro. 119, Donnerstag 30. April 1829.

Der Bayer'sche Landbote. Nro. 52, Mittwoch/Donnerstag 30. April 1829.

Der Bayerische Volksfreund. Nro. 69, Donnerstag 30. April 1829.

Königlich-bayerischer Polizey-Anzeiger von München. Nro. 31, Sonntag 3. Mai 1829.

Der Bayer'sche Landbote. Nro. 56, Sonnabend 9. Mai 1829.

Das Inland. Nro. 183, 2. Juli 1829.

Der Bayer'sche Landbote. Nro. 79, Donnerstag 2. Juli 1829.

Münchner Tagblatt. Nro. 247, Dienstag 8. September 1829.

Der deutsche Horizont. 1. Jg., Nro. 46/47/48, 20. Oktober 1831.

Der deutsche Horizont. Ein humoristisches Blatt für Zeit, Geist und Sitte. 1. Jg., Nro. 47, 21. Oktober 1831.

Münchner Conversationsblatt. Nro. 208, 26. Juli 1832.

Der Bazar für München und Bayern. Nro. 79, 2. April 1833.

Bayerische Nationalzeitung. Nro. 54, 23. Februar 1835.

Münchner Tagblatt. Nro. 21, Montag 21. Januar 1839.

Der Bayerische Eilbote. Nro. 7, Montag 15. Januar 1840.

Münchner Tagblatt. 14. Jg., Nro. 210, Freitag 31. Juli 1840, S. 877.

Münchner Morgenblatt. 7. Jg., Nro. 10, Mittwoch 4. Februar 1846.

Die Grenzboten. 7. Jg., Nro. 7, I. Sem., I. Bd., 1848, S. 410.

Politischer Gevattersmann. Nro. 55, 5. Juli 1848.

Münchner Tagblatt. Nro. 72, Dienstag 13. März 1849.

Blätter für literarische Unterhaltung. Nro. 124, Donnerstag 24. Mai 1849.

Die Grenzboten. Zeitschrift für Politik und Literatur. 8. Jg., I. Semester II. Band, Herbig Leipzig, 1849, S. 371.

Der Finessensepperl. Nro. 1, Dienstag 6. März 1849.

Der Bazar für München und Bayern. Beilage: Der Finessensepperl – ein Montagsfrühstücks-Geschenk für die Leserinnen des „Bazars". Nro. 1., 1. April 1849

Münchner Tages-Anzeiger. 7. Jg., Nro. 221, Montag 9. August 1858.

Anonymus. Die Botanik des Aberglaubens. Illustrierte Ztg. No. 879, 5. Mai 1860, S. 323.

Neue Augsburger Zeitung. Nro. 200, Sonntag 22. Juli 1860.

Süddeutsche Zeitung, Nro. 77 (Abendblatt), Montag 11. Februar 1861.

Bayerischer Kurier. Nro. 253, Sonntag 15. September 1861, S. 1726.

Münchener Tages-Anzeiger, altes Fremdenblatt. 1863, S. 312.

Die Presse. 26. Jg., Nro. 303, Dienstag 4. November 1873 und Nro. 304, Mittwoch 5. November 1873.

Neue freie Volkszeitung. 1. Jg., Nro. 22, Donnerstag 28. Januar 1875.

Freisinger Tagblatt. Nro. 81, 11. April 1875.

Kurier für Niederbayern. 30. Jg., Nro. 90, Sonntag 1. April 1877.

Freisinger Tagblatt. 77. Jg., Nro. 278; Beyblatt Unterhaltung. Nro. 97, Sonntag 4. Dezember 1881.

General-Anzeiger der Münchner Nachrichten. Nro. 188. Samstag 24. April 1897.

General-Anzeiger der Münchner Nachrichten. Nro. 491, Samstag 23. Oktober 1897.

Indiana Tribüne. 21. Jg., Nro. 264. Indianapolis USA, Sonntag 12. Juni 1898. [S. 7].

General-Anzeiger der Münchner Nachrichten. Nro. 400, Mittwoch 31. August 1898.

General-Anzeiger der Münchner Nachrichten. Nro. 105. Samstag 3. März 1900.

General-Anzeiger der Münchner Nachrichten. Nro. 390, Mittwoch 22. August 1906.

Fliegende Blätter. Nro. 127, 1907, S. 236–237.

Brauer- und Hopfen-Zeitung Gambrinus. 35. Jg. Nro. 10, Wien, 15. Mai 1908

Kölnische Zeitung (Abend-Ausgabe). Nro. 79, Montag 31. Januar 1921.

Rosenheimer Anzeiger. 68. Jg., Nro. 50, Mittwoch 1. März 1922.

Buch für alle: illustrierte Blätter zur Unterhaltung und Belehrung für die Familie und Jedermann. Nro. 59, 1927, S. 168.

Münchner Merkur. Die letzten Wochen der Münchner Café-Legende: Ciao Tambosi. Dienstag 22. November 2016.

Süddeutsche Zeitung. Huraxdax und Finessensepperl. 6. April 2018.

Allgemeine Aufsätze und Bücher/Buchbeiträge *(alphabetisch)*

Anonymus. Der aufrichtige und wohlerfahrene Finessen-Mann wie er leibt und lebt; oder: Leben, Thaten und Schicksale des Herrn Joseph Huber, Finessensepperls aus München. Zweite, vielvermehrte, gesalzene und gepfefferte Originalausgabe. Zängl'sche Schriften München, 1818

Anonymus. „Gesetz für die Ansässigmachung und Verehelichung" in Bayern, gedruckt im Verl. Drausnick Bamberg, 1825

Anonymus. Die königlich bayerische Haupt- und Residenzstadt nach der neuen Hausnummerierung. Verl. Franz München, 1833, S. 101.

Anonymus. Instruktion für die Seelnonnen des k. Landgerichtsbezirkes München. Joh. Deschler München/Au, 1846.

Anonymus. Wundersames Leben und höchst merkwürdige Stadt-, Reise- und Kriegsabenteuer des Simplicius Simpel, Nähweh seines Onkels, des einst in München als Wahrzeichen stadtbekannten und beliebten Finessensepperls: Köchin, Wäscherin, Büglerin, Nähterin ... Reiter, Fechter, Friseur, Soldat, Anbeter einer alten Schachtel und bürgerlicher Melber. Lutzenberger Altötting/Burghausen, 1860, S. 1–56.

Anonymus. 1861 – Münchner Nordlicht-Kalender für Gebildete und Ungebildete. 2. Jg. Lentner München, 1861, S. 10–11.

Anonymus. Münchner Oktoberfest-Kalender für 1865. Nix g'wiß woas ma nöd. 1865, S. 38ff.

Bauer R, Piper E. München – Die Geschichte einer Stadt. Piper Verl. München/Zürich, 1993, S. 146

Brunbauer W. Der Lauscher. Rosenheimer Verlag, 1988, S. 166.

Chevalley D. A., Weski T. Denkmäler in Bayern, Landeshauptstadt München-Südwest, Bd. II-2-2-2, Lipp München 2004, S. 565.

Dischinger M. Witzchronik in heiteren Memoiren aus dem Leben berühmter und berüchtigter Personen. Finsterlin München, 1858, S. 123–132.

Doellinger I. Bericht von dem neuerbauten anatomischen Theater der Königlichen Akademie. Lindauer München, 1826, S. 1–16.

Dreyer A. Lebenserinnerungen eines 90jährigen Altmünchners (Prof. Dr. H. Holland). Parcus Verlag München, 1920, S. 91

Freudenberger J. Aus der Geschichte der Au. Jung München, 1913, S. 58–64.

Fuchs M. Anekdoten und Schnurren des berühmten Münchner Finessensepperls und des Musikers Sulzbeck. Kanzenel München, 1864, S. 2–14.

Gistel J. Reise durch Süddeutschland und Nord-Italien. München, 1834, S. 306–307.

Glaser H. Krone und Verfassung – König Max I. Joseph und der neue Staat. Hirmer München, Bd. III/2, 1980, S. 535.

Goedecke K. Grundriß der deutschen Dichtung aus den Quellen. 2. Aufl., 10. Bd.: Vom Weltfrieden bis zur französischen Revolution 1830, 8. Buch, 3. Abt., Verl. Ehlermann Dresden, 1913, S. 299–300

Graf von Rambaldi K. Die Münchner Straßennamen und ihre Erklärung. Piloty und Löhle München, 1894, S. 230.

Grobe P. Die Entfestigung Münchens. Neue Schriftenreihe Stadtarchiv München, Heft 27, 1970, S. 1–48.

Hebel J. P. Der Komet von 1811. In: Der Rheinländische Hausfreund oder Neuer Kalender auf das Jahr 1813, Geiger und Katz Karlsruhe, 1813.

Hetzer G., Flierl B., Heimers M. P., Vedernikova G. Städte im Aufbruch, München und Moskau 1812–1914. Bay. Hauptstaatsarchiv München, 2009, S. 37.

Hoferichter E, Strobl H. 150 Jahre Oktoberfest 1810–1960 – Bilder und Geschichte. Münchner Zeitungsverlag, 1960, S. 21.

Holbein U. Narratorium – 255 Lebensbilder. Ammann Verl. Zürich, 2008, S. 303–306.

Hölder A. Wiener Licht- und Schattenbilder. Beck Wien, 1873, S. 28.

Huber A. München im Jahr 1819. Zängl München, 1819.

Immanuel Johann Gerhard Scheller's lateinisch-deutsches und deutsch-lateinisches Hand-Lexicon, 3. Bd., Geistinger Wien/Triest, 1820, S. 978.

Käppner J., Görl W., Mayer C. München. Edition Süddeutsche Zeitung, 2008, S. 200.

Kern G. Die Haberfeldtreiber – Oberbayerisches Sittenbild. Hallberger Stuttgart, 3. Aufl., 1862, S. 257–258.

König H. G'spassige Leut – Münchner Sonderlinge + Originale. Verl. Umverhau München, 1977, S. 16–19.

Koszinowski I., Leuscher V. Ludwig Emil Grimm. 1790 – 1863. Maler – Zeichner – Radierer. Verlag Weber & Weidemeyer Kassel, 1985, S. 66.

Kreis der Freunde Alt-Münchens (Hrsg.), Schönes Altes München, F. Bruckmann München, 1965, S. 224–225.

Kreis der Freunde Alt-Münchens (Hrsg.). München im Wandel der Jahrhunderte. F. Bruckmann München, 1958, S. 47 und 192.

Lehmbruch H. Ein neues München. Stadtplan und Stadtentwicklung um 1800. Buchendorfer Verl. München, 1987, S. 181.

Lewald A. Panorama von München. Hallberger Stuttgart, 1835, S. 305–307.

Mann V. Wir waren fünf. Bildnis der Familie Mann. Südverlag Konstanz, 1964, S. 184.

Maxstadt E. Münchner Volkstheater im 19. Jahrhundert und ihre Direktoren. Buchendorfer Verl. München, 2002, S. 10–14.

Mayer-Zaky R. Die Münchner Au. Bay. Verlagsanstalt Bamberg, 1993, S. 130–132.

Mittermaier S. Als Postillion d'Amour feiner Damen unterwegs. Traunsteiner Tagbl. Nro. 22, 1. Juni 2013.

Müller, Ch. München unter König Maximilian Joseph I. Ein historischer Versuch zu Baierns rechter Würdigung; 1. Theil, Verl. Kupferberg Mainz, 1816, S. 395–396.

Nerlich A. Der Riese vom Tegernsee. Shaker Verlag Aachen, 2013.

Nerlich A. Die Mumie des Königs General. Heinrich LII. Reuß-Köstritz: Lebensgeschichte eines bayerischen Generals zu Napoleons Zeiten. München, 2016.

Nerlich A. Prinzessin Wackerstein, Konrad Verl. Weißenhorn, 2019.

Nerlich A., Peschel O., Wimmer J. Berührt von der Majestät des Todes. Die Mumie in der Kirchengruft von St. Thomas am Blasenstein. Wagner Linz, 2019.

Nerlich A. G., Fischer L., Panzer S., Bicker R., Helmberger T., Schoske S. The infant mummy's face-, Paleoradiological investigation and comparison between facial reconstruction and mummy portrait of a Roman-period Egyptian child. PLoS One 15:e0238427, 2020.

Nerlich A., Lehn C., Horn P., Bachmeier B., Hagedorn H., Szeimies U., Hölzl S., Röcker P., Fernandes R., Hamann C., Rohrbach H. Interdisziplinäre naturwissenschaftliche Untersuchungen der Gebeine der Klostergründer Adalbert und Otkar von Tegernsee. In: Sommer C. S. (Hrsg.). Die Kirche St. Quirinus in Tegernsee und ihr Stiftergrab. Volk Verl. München, 2020, S. 93–128.

Nerlich A. Wilhelm von Jordan – Flügeladjutant von König Max I. Joseph. Konrad Verl. Weißenhorn, 2022.

Ottomeyer H. Biedermeiers Glück und Ende ... die gestörte Idylle 1815–1848. Münchner Stadtmuseum, 1987, S. 297–298.

Putz R. Die Anatomische Sammlung der Ludwig-Maximilians-Universität. In: Stein C. (Hrsg.). Die Sammlungen der Ludwig-Maximilians-Universität gestern und heute. Beiträge zur Geschichte der Ludwig-Maximilians-Universität München, Bd. 10, Utzverlag München, 2019, S. 166–171.

Riedl A. Reiseatlas von Bayern – Spaziergang durch München. Krauss München, 1796, S. 20.

Schematismus der Geistlichkeit des Erzbisthums München und Freising für das Jahr 1858. Hübschmann München, 1858, S. 45.

Schmitt L. Der baierische Zuschauer auf Reisen. Lentner München, 1821, S. 6–7.

Schneider A. Josef Hauber (1766–1834) – sein Leben und sein Werk. Neue Schriftenreihe des Stadtarchivs München 44, 1974, S. 31 und 92–93.

Schweiggert A. Münchner Originale. Liebenswerte Sonderlinge von gestern und heute. Bayerland Dachau, 2012.

Selting F. Besuch in München und dessen Streifzüge nach Augsburg, Regensburg, Salzburg und in die merkwürdigen Gegenden Oberbaierns. G. Heitenmann München, 1819.

Stadtatlas München. Karten und Modelle von 1570 bis heute. Verlag Schiermeier München, 2003, S. 34.

Stahleder H. Haus- und Straßennamen der Münchner Altstadt. Verl. Schmidt Neustadt a. d. Aisch, 2009, S. 482.

Stankiewiz K. Münchner Originale, Allitera Verl. München, 2019, S. 24.

Trautmann F. Im Münchner Hofgarten. Örtliche Skizzen und Wandelgestalten. Stahl München, 1884, S. 107–108.

Tworek E. München. In: München, Hoffmann und Campe, 2012, S. 74–85.

Von Daxenberg S. Münchener Hundert und Eins. 1840.

Von Eckertshausen H. Über die Zauberkräfte der Natur. Eine freie Übersetzung eines Egyptischen Manuscripts in coptischer Sprache. Lindauer München, 1819.

Von Scanderbeg H. Der Bokkowarische Finessenseppel – eine alterthümliche Untersuchung nebst einigen schönen Gedichten. In: Scanderbeg. Pillen aus meiner Hausapotheke. Lokman's Erben Gondar, 1819, S. 114–123.

Von Schaden A. Jäckele und Jakobine, oder: Die Reise nach München. Jenisch und Stage Augsburg/Leipzig, 1826, S. 167–170.

Waldenburg L., Simon C. E. Handbuch der allgemeinen und speziellen Arzneiverordnungslehre. 8. Aufl., Hirschwald Berlin, 1873, S. 264.

Weichselgartner A. J. Bayerische Originale einst und jetzt. Verlag Bayerland Dachau, 1998.

Weiniger H. Hof- und Schalksnarren. Westermanns illustrierte deutsche Monatshefte, 1862, S. 645–650.

Westenrieder L. Beschreibung der Haupt- und Residenzstadt München, Strobl München, 1782 (Nachdruck im Original: Gerber Verlag München 1984), S. 216–232.

Wilhelm H. In der Münchner Vorstadt Au. Buchendorfer Verl. München, 2003, S. 117–119.

Wimmer J., Nerlich A. G., Peschel O. Dieser Zeitlichkeit entrissen – Die Mumien in der Gruft der ehemaligen Stiftskirche Waldhausen. Wagner Linz, 2022.

Wolff G. J. Ein Jahrhundert München 1800 – 1900. Franz Hanfstaengl München, 1905, S. 104–105.

Wolf G. J. Die Münchnerin. Kultur- und Sittenbilder aus dem alten und neuen München. Franz Hanfstaengl München, 1924, S. 136.

Naturwissenschaftliche Aufsätze und Bücher/Buchbeiträge *(alphabetisch)*

Bergerhoff W. Atlas anatomischer Varianten des Schädels im Röntgenbild. Springer Berlin/Heidelberg, 1964, S. 35–41.

Bollinger O. Über Zwerg- und Riesenwuchs. In: Virchow R., v. Holtzendorff F. (Hrsg.) Sammlung gemeinverständlicher wissenschaftlicher Vorträge. XIX. Serie, Carl Habel Berlin, 1884, S. 3–32.

Ericksen M. F. Histologic estimation of age at death using the anterior cortex of the femur. Am. J. Phys. Anthropol. 84, 1991, 171–179.

Glüh D. Über Mikrocephalie, in: Vogt H., Weygandt W. (Hrsg.) Zschr. Erforsch. Behandl. Jugendl. Schwachsinns 6, Fischer Verlag Jena, 1913, S. 207–223.

Graves R. Beetles and bones: care, feeding, and use of dermestid beetles, Jillett Publ. South Berwick, USA, 2006, S. 44.

Hermann E. Über Gewicht und Volumen des Menschen. Mittheilungen aus dem Pathologischen Institute zu München. H. von Buhl (Hrsg.), Enke Stuttgart, 1879, S. 1–25.

Hermanussen M. Von Zwergen und Riesen. Med. Welt 42, 1991, S. 603–610.

Herrmann B., Grupe G., Hummel S., Piepenbrink H., Schutkowski H. Prähistorische Anthropologie. Leitfaden der Feld- und Labormethoden, Springer Berlin/Heidelberg/New York, 1990.

Jowsey J. Age changes in human bone. Clin. Orthop. Rel Res., 1960, S. 210–218.

Kerley E. R, Ubelaker D. H. Revisions in the microscopic method of estimating age at death in human cortical bone. Am. J. Phys. Anthropol. 49, 1978, S. 545–546.

Kerley E. R. The microscopic determination of age in human bone. Am. J. Ohys. Anthropol. 23, 1965, S. 149–164.

Kraus F., Brugsch T. Spezielle Pathologie und Therapie innerer Krankheiten. Bd. I. Urban und Schwarzenberg Berlin, 1919, S. 698–699.

Mahlke N. S, Renhart S., Talaa D., Reckert A., Ritz-Timme S. Molecular clocks in ancient proteins: do they reflect the age at death even after millennia? Int. J. Legal Med. 135, 2021, S. 1225–1233.

Martin R., Saller K. Lehrbuch der Anthropologie. Bd. II, Fischer Stuttgart, 1959.

Merimee T. J., Zapf J., Hewlett B., Cavalli-Sforza L. L. Insulin-like growth factor in pygmies. New Engl. J. Med. 316, 1987, S. 906–911.

Nemeskeri J., Harsanyi L., Acsädi G. Methoden zur Diagnose des Lebensalters von Skelettfunden. Anthropol. Anz. 24, 1960, S. 70–94.

Nerlich A., Peschel O., Parsche F. Warum war der „Finessensepperl" so klein? Münchn. Med. Wschr. 133, Heft 50, 1991, S. 12–16.

Nerlich A. Ent-wickelt und ent-rätselt. Die Rolle von Mumien als „Bioarchive" am Beispiel der Mumie aus der Orientalischen Sammlung des Museums Kloster Banz. In: Fackler G. et al. (Hrsg.) Human remains. Wbg Darmstadt, 2022, S. 323–334.

Nerlich A. G., Parsche F., Kirsch T., Wiest I., von der Mark K. Immunohistochemical detection of interstitial collagens in bone and cartilage tissue remnants in an infant Peruvian mummy. Am. J. Phys. Anthropol. 91, 1983, S. 279–285.

Phulari R. G. S., Dave E. J. Evolution of dental age estimation methods in adults over the years from occlusal wear to more sophisticated recent techniques. Egypt. J. Forensic Sci. 11, 2021, 36 (14 pages).

Ranke J. Der Mensch. Bd. II. Die heutigen und die vorgeschichtlichen Menschenrassen. Bibliograph. Inst. Leipzig, 1923, S. 123–130.

Ranke J. Zur Statistik und Physiologie der Körpergröße der Bayerischen Militärpflichtigen. Bd. IV. Beiträge zur Anthropologie und Urgeschichte Bayerns, 1880, S. 1ff.

Ritz-Timme S., Cattaneo C., Collins M. J., Waite E. R., Schutz H. W., Kaatsch H. J., Borrman H. I. M. Age estimation: the state of the art in relation to the specific demands of forensic practise. Int. J. Legal Med. 113, 2000, S. 129–136.

Ritz-Timme S., Collins M. J. Racemization of aspartic acid in human proteins. Ageing Res. Rev. 1, 2002, S. 43–59.

Schröder H. E. Orale Strukturbiologie. Entwicklungsgeschichte, Struktur und Funktion normaler Hart- und Weichgewebe der Mundhöhle, 5. Aufl., Thieme Stuttgart, 2000.

Singh I. J., Gunberg D. L. Estimation of age at death in human males from quantitative histology of bone fragments. Am. J. Phys. Anthropol. 33, 1970, S. 373–382.

Stout S. D., Paine R. R. Histological age estimation using rib and clavicle. Am. J. Phys. Anthropol. 87, 1992, S. 111–115.

Stout S. D., Gehlert S. J. Effects of field size when using Kerley's histological method for determination of age at death. Am. J. Phys. Anthropol. 58, 1982, S. 123–125.

Sturm L. B. Präparationstechniken und ihre Anwendung in den Meckelschen Sammlungen zu Halle/Saale. In: Schultka R., Neumann J. N. (Hrsg.). Anatomie und Anatomische Sammlung im 18. Jahrhundert. Lit Verlag Berlin, 2007, S. 377–388.

Thomas C. D. L., Stein M. S., Feik S. A., Wark J. D., Clement J. G. Determination of age at death using combined morphology and histology of the femur. J. Anat. 196, 2000, S. 463–471.

Thompson D. D., Galvin C. A. Estimation of age at death by tibial osteon remodeling in an autopsy series. Forensic Sci. Intl. 22, 1983, S. 203–211.

Weygandt W. Aus der Geschichte der Erforschung und Behandlung des jugendlichen Schwachsinns, in: Vogt H., Weygandt W. (Hrsg.) Handbuch der Erforschung und Fürsorge des jugendlichen Schwachsinns, Fischer Verlag Jena, 1911, S. 1–31.

Weygandt W. Der jugendliche Schwachsinn. Enke Verlag Stuttgart, 1936, S. 4.

Internetbeiträge

https://de.wikipedia.org/wiki/Einwohnerentwicklung_von_München [Zugriff am 1.4.2023].

Schreiber J. Das Jahr ohne Sommer 1816: Als der Welt die Ernte fehlte. In: https://www.evangelisch.de/inhalte/101874/03-10-2010 [Zugriff am 1.5.2023].

https://www.potenzial-leben-blog.de/ein-ungewoehnlicher-beruf-liebesbriefbote/ [Zugriff am 1.5.2023].

https://www.med.lmu.de/pathologie/de/das-institut/geschichte/index.html [Zugriff am 1.5.2023].

https://de.wikipedia.org/wiki/Klavikulafraktur [Zugriff am 15.5.2023].

https://de.wikipedia.org/wiki/Rippenfraktur [Zugriff am 15.5.2023].

Bildnachweis

Nach Seiten. In runden Klammern Fotograf und/oder Bildagentur, in eckigen Klammern Inventarnummer oder Signatur

Antiquariat Bierl: 78/79 (Artikelnr. 28124CG)

Architekturmuseum der TUM: 91 oben (Sign. kle-68-1)

Bayerisches Hauptstaatsarchiv München: 21 (Plansammlung 952 b), 23 (Kartensammlung 325)

Galerie Joseph Fach: 31

Konrad, Raul: 61 unten

Lehn, Ch.: 111, 112

Literatur: 9 (neu bearbeitet nach einem Repro in: König H. G'spassige Leut. München 1977, S. 119), 28 (Der aufrichtige und wohlerfahrene Finessenmann. Reprint München 1996), 34 (Ludwig Emil Grimm 1790–1863. Maler, Zeichner, Radierer. Kassel 1985, S. 66), 45 (Biedermeiers Glück und Ende. München 1987, 298), 50 (nach König H. G'spassige Leut. München 1977, S. 53), 53 oben (Wenng G. Topographischer Atlas von München 1849/50. Reprint München 2002), 54 unten (Meißner F. August Seidel, Altmünchen. Weißenhorn 2023), 66 unten (Wundersames Leben ... des Simplicius Simpl. Altötting/Burghausen 1860), 68 (Münchner Oktoberfest-Kalender 1865), 70 (Meißner F. August Seidel, Altmünchen. Weißenhorn 2023), 71 oben (Finessen-Sepperl Jg. 1849), 71 unten (Der Finessen-Sepperl, Beilage zum "Basar", 1849), 75 (Wolff G. J., Ein Jahrhundert München. München 1905), 91 unten (Döllinger I. Bericht von dem neuerbauten anatomischen Theater. München 1826, Taf. 1), 92/93 (Vogt H., Weygandt W. Handbuch der Erforschung und Fürsorge des jugendlichen Schwachsinns. 1. Heft, Jena 1911), 114 unten (Nerlich modifiziert nach Herrmann B, Grupe G, Hummel S, Piepenbrink H, Schutkowski H. Prähistorische Anthropologie. Leitfaden der Feld- und Labormethoden, Springer Berlin/ Heidelberg/ New York, 1990., S. 67)

Locher, Wolfgang G.: 84

Panzer, S.: 107 rechts, 108, 109

Staatsbibliothek Bamberg: 89

Staatsarchiv Hamburg: 94 (StAHH 720-1_287-07)

Staatsarchiv München: 73 (AG München, Nachlassregister Nr 27)

Stadtarchiv München: Frontispiz (DE-1992-FS-NL-KV-2252), 13 (DE-1992-HV-BS-A-05-58), 41 (DE-1992-HV-BS-A-05-68), 47 (DE-1992-HV-BS-A-05-69), 52 (DE-1992-GS-A-0507), 66 oben (DE-1992-FS-STB-8349)

stadtgeschichte-muenchen.de: 69 (Gerhard Willhalm)

Stadtmuseum München: 16/17 (GR_57-341), 19 (SLG_36-2169), 20 (Wikimedia), 24 (G-P114), 36/37 (G-III-f-5), 51 (SLG_30-1678), 53 unten (G-P1357), 63 (G-Z-1948), 56 (Puschkin Inv.-Nr. 13)

Alle übrigen Aufnahmen stammen vom Autor.

Dank

Die Herstellung einer „interdisziplinären Biografie“ wie im vorliegenden Fall über das Alt-Münchner Original „Finessensepperl“ ist nicht möglich, ohne dass zahlreiche „helfende Hände“ dazu ihren Beitrag geleistet haben. All denjenigen, die entweder bei der Beschaffung und Bereitstellung von historischen Information, Aufzeichnungen oder Bildern oder bei der naturwissenschaftlichen Analyse ihre Expertise eingebracht haben und damit halfen, das „Wissen“ über den Finessensepperl und sein Leben zusammenzutragen, sei an dieser Stelle ganz besonders gedankt.

Mein besonderer Dank geht dabei an das Stadtarchiv München, hier besonders an Herrn Anton Löffelmeier M.A., sowie an die Teams des Bayerischen Hauptstaatsarchivs München und des Staatsarchivs München für wichtige historische Hinweise, des Weiteren an Frau Prof. Dr. Stephanie Panzer, Frau Dr. Christine Lehn und Prof. Dr. Oliver Peschel für ihre entscheidende Unterstützung in der Auswertung und Interpretation von naturwissenschaftlichen Befunden und schließlich an den Verleger, Herrn Dr. Christoph Konrad vom Anton-Konrad-Verlag in Weißenhorn für seine umsichtige Bearbeitung von Text und exzellente Bebilderung. Schließlich sei an dieser Stelle die hervorragende Zusammenarbeit mit Herrn Alfred Riepertinger, Oberpräparator am Institut für Pathologie des Klinikums Schwabing, hervorgehoben, ohne den vermutlich das historisch wertvolle Skelett des Finessensepperls nicht mehr in seinem immer noch ausgezeichneten Erhaltungszustand erhalten wäre. Möge die Lebensgeschichte des Finessensepperl ein kleines Stück Münchner Lokalgeschichte auch für künftige Generationen bewahren und den Lesern dieses Werkes viel Freude bereiten.

München, Juli 2024
Prof. Dr. Andreas Nerlich